· 教育家成长丛书 ·

熊伟
与本真课堂

XIONGWEI YU BENZHEN KETANG

中国教育报刊社 · 人民教育家研究院 组编

熊 伟 著

北京师范大学出版集团
BEIJING NORMAL UNIVERSITY PUBLISHING GROUP
北京师范大学出版社

图书在版编目（CIP）数据

熊伟与本真课堂/熊伟著；中国教育报刊社人民教育家研究院
组编. —北京：北京师范大学出版社，2017.1
　（教育家成长丛书）
ISBN 978-7-303-21401-3

Ⅰ.①熊…　Ⅱ.①熊…②中…　Ⅲ.中小学－教学法－研究
Ⅳ.①G632.4

中国版本图书馆 CIP 数据核字（2016）第 255605 号

营销中心电话　　010－58802181 58802123
北师大出版社高等教育教材网　http://gaojiao.bnup.com
电　子　信　箱　gaojiao@bnupg.com

出版发行：北京师范大学出版社　www.bnup.com
　　　　　北京市海淀区新街口外大街 19 号
　　　　　邮政编码：100875
印　　　刷：大厂回族自治县正兴印务有限公司
经　　　销：全国新华书店
开　　　本：787 mm×1092 mm　1/16
印　　　张：19.5
字　　　数：337 千字
版　　　次：2017 年 1 月第 1 版
印　　　次：2017 年 1 月第 1 次印刷
定　　　价：42.00 元

策划编辑：倪　花　　　责任编辑：齐　琳　韩　妍
美术编辑：焦　丽　　　装帧设计：焦　丽
责任校对：陈　民　　　责任印制：陈　涛

教育家成长丛书

编 委 会

总　序

　　教育是国家发展的基石，教师是基石的奠基者。古人云："国将兴，必贵师重傅。"兴国必先强教，强教必先重师。党中央、国务院高度重视教师队伍建设。2013年教师节，习近平总书记在给全国广大教师的慰问信中指出："百年大计，教育为本。教师是立教之本、兴教之源，承担着让每个孩子健康成长、办好人民满意教育的重任。"2014年，在第30个教师节前夕，习总书记到北京师范大学视察并发表重要讲话，指出："一个人遇到好老师是人生的幸运，一个学校拥有好老师是学校的光荣，一个民族源源不断涌现出一批又一批好老师则是民族的希望。"《国家中长期教育改革和发展规划纲要（2010—2020年)》也明确提出，"有好的教师，才有好的教育"，要"努力造就一支师德高尚、业务精湛、结构合理、充满活力的高素质专业化教师队伍"。"倡导教育家办学"，要创造有利条件，鼓励教师和校长在实践中大胆探索，创新教育思想、教育模式和教育方法，形成教学特色和办学风格，造就一批教育家。"两个一百年"奋斗目标的实现、中华民族伟大复兴中国梦的实现，归根到底靠人才、靠教育，而支撑起教育光荣梦想的，是千百万的教师。

　　时代呼唤好老师。有一流的教师，才有一流的教育；有一流的教育，才有一流的国家。出名师、育英才、成伟业，是时代赋予我们教育战线的神圣使命。"大学者，非有大楼之谓也，有大师之谓也。"好学校、好教育的最重要标准，就是要有好老师。一所学校、一个地区乃至一个国家，如果教师有理想、有爱心、有学识、有高超的教育艺术，那么硬件设施即使有些简陋，家长、学生也会心向往之。教师是中国梦的奠基者。教师的重要使命，就是为每个孩子播种梦想、点燃梦想，并帮助他们实现梦想。每一间平凡的教室，每一节朴实的课堂，都不仅是知识的传递，更是人类文明精神的接续、人生梦想的起航。正是有亿万个孩子梦想的放飞、绽放，中国梦才更加光彩夺目。如果说中国梦最坚实的土壤是在学校，那么教师就是最伟大的"筑梦师"，他们用默默无闻、孜孜不倦的智慧劳动，让每一颗年轻的心灵都与中国梦激情相拥。

倡导教育家办学，造就一批好老师，首先要尊重、珍惜我们的本土智慧、本土创造。教育家不是凭空产生的，而是扎根于自己的民族文化土壤，同时吸收一切人类文明成果，从而创造出独特而生动的教育实践、教育智慧和教育文明。五千年源远流长的中华文明，不但形成了有我们民族特色的教育理论话语体系，而且涌现出了千千万万优秀的教育家，有被推崇为"大成至圣先师""万世师表"的孔子，有"匹夫而为百世师，一言而为天下法"的韩愈，有"捧着一颗心来，不带半根草去"的人民教育家陶行知，等等。改革开放 30 多年来，随着教育改革的不断深入，教育战线涌现出了一大批杰出教师。他们痴情教育事业，坚守理想信念和教育良知，在三尺讲台上默默耕耘、刻苦钻研，同时以敢为天下先的精神大胆创新，不断进取、不断超越，形成了各具特色的教育思想和教学风格。正是他们的成功探索和实践，创造了具有中国风格的教育经验，丰富了具有中国特色的教育理论宝库。原由教育部师范教育司组织编写，现由中国教育报刊社人民教育家研究院具体组织编写的《教育家成长丛书》，就是要向这些可贵的本土创造性的教育经验致敬。

当前，教育领域综合改革正在深入推进，考试招生制度改革的大幕已经拉开，立德树人、培育和践行社会主义核心价值观成为大中小学教育的头等任务。可以预见，中国教育将发生深刻的变革，将从"中国制造"向"中国创造"转变。"没有革命的理论，就没有革命的运动。"没有适合中国土壤、具有中国智慧的教育理论，就不可能为未来的中国教育改革提供有效的指导。我们的教育要向"中国创造"飞跃，必然要首先创造属于我们自己的教育理论，而不是"言必称希腊"或者老是贩卖欧美的教育理论。170 多年前，美国思想家、诗人爱默生发表了著名演说《美国学者》，号召美国知识界："我们依赖旁人的日子，我们师从他国的长期学徒期时代即将结束。在我们周围，有成百上千万的青年正在走向生活，他们不能老是依赖外国学识的残余来获得营养。"由此，美国迈入精神立国阶段。

如今，我们也面临与爱默生同样的情形。随着我国 GDP 已从世界第二向第一迈进，我们的经济崛起已成为事实，但在道德文明、文化精神等方面，我们还需急起直追。没有文明的崛起，经济崛起就难以持续。当务之急，是我们需要化解内心深处的文化自卑情结、摆脱对他国文明的精神依附，自觉养成强烈的"中国意识"、独立的中国文化品格，并由此去俯视世界，去改造本土实践，去创造属于我们自己的精神养料——这在教育界显得尤为紧迫。《教育家成长丛书》，就旨在把我们本土教育实践中蕴含的中国智慧提炼出来，从而形成具有时代意义的中国特色的教育话语体系，再以此去观照、引领、改造中国的教育实践，为伟大的教育改革提供经验、理论支持，也为未来的教育家提供丰富、可资借鉴的精神养料。

让我们为中国教育的伟大未来一起努力吧！

郑金洲

2015 年 3 月 9 日

前　言

　　见证着中国基础教育半个世纪的春华秋实，代表着中国基础教育教学成果最高成就的"首届基础教育国家级教学成果奖"中，闪耀着李吉林、窦桂梅、吴正宪、张思明、洪宗礼、唐江澎、邱学华、于永正、孙双金、薄俊生、龚春燕等一大批优秀教师的名字，而上述这些中小学教师的杰出代表恰恰都是《人民教育》"名师人生"栏目中最受读者喜爱的名师，都是《教育家成长丛书》的作者。

　　《教育家成长丛书》（以下简称《丛书》），是在第20个教师节前夕，"为了研究、总结、宣传和推广我国众多优秀中小学教师的先进教育思想和鲜活的宝贵的教育教学经验，培养造就一大批德才兼备的优秀教师和杰出的教育家，促进教师队伍整体素质的提高，根据教育部党组安排，由师范教育司组织编写"的一套凝聚着一大批教育家成长智慧的大型教育丛书。

　　《丛书》自2006年问世以来，不但得到国务院和教育部领导同志的高度重视，而且先后印刷多次尚不能满足广大读者的需求。这其中的奥秘何在？

　　当你翻开《丛书》，每一部著作都讲述着一位教育家成长的故事。这些著作主要从"成长历程""思想概述""课堂实录"和"社会反响"等方面全景式反映其教育思想、教育智慧、专业精神和专业人格的形成过程和教学实践过程，这是教育家成长的基本素质所在。

　　当你沿着教育家成长的足迹走近他们的时候，你会融进这些带有"草根色彩",扎根中华教育实践大地,充满田野芳香的真实感人的教育故事中。

当你从《丛书》中,从这些当年和自己一样的普通教师,成长为今天受人尊敬的教育家的成长过程中受到启迪,当你触摸着自己的爱心,把学生的成长和祖国的未来紧紧连在一起的时候,你会真切地感受到教育家离我们并不遥远。

当你用整个身心蘸着自己的生活积累去品味《丛书》中的每一部著作的"成长历程"时,在其浓缩着一位位名师在不断学习、不断超越自我、不断超越学科教学的求索足迹中,你会读懂"教育是事业,其意义在于奉献"的丰富内涵。

当你研读《丛书》中的每一部著作的"思想概述",和每一位名师展开心灵对话的时候,都会深深地感受到,一个教师对教育独立的理解与执著的追求有多么重要。从一位普通的教师成长为受人尊敬的教育家的过程中,你会读懂"教育是科学,其价值在于求真"的深刻含义。透过《丛书》,你会看到一代代教师用爱与智慧塑造民族未来的教育理想。

随着我们从"知识核心时代"走向"核心素养时代",教师教育教学活动的视野已拓展到人的生存与发展的方方面面。作为一名教师,要结合自己的教学实践去感悟"教育理念是指导教育行为的思想观念和精神追求",应该把爱化为自己的教育行为,让爱充盈课堂、触摸到一个个灵动的生命,让爱产生智慧,让爱与智慧在学生心中留下岁月抹不去的美好回忆,让教育者和受教育者都感受到教育的幸福,这是《丛书》给我们的启示,也是每位教师应有的胸怀和视野。

时代呼唤教育家。为了进一步把我们本土教育实践中蕴含的中国智慧提炼出来,从而形成具有时代意义的中国特色的教育话语体系,以此去观照、引领、创新中国的教育实践并在更大范围加以推广,《教育家成长丛书》将由中国教育报刊社人民教育家研究院继续组织编写,希望能够在更广大教师的心田中播种教育家成长的智慧,从而出更多的名师、育更多的英才、成就中华民族复兴的伟业,这是时代赋予广大教育工作者的神圣使命。如果广大教师能在每位教育家成长、探索教育智慧的过程中受到启迪,形成自己的教育智慧,则实现了我们编辑这套丛书的初衷。

《教育家成长丛书》

编委会

2015 年 3 月

目 录
CONTENTS
熊伟与本真课堂

做一个有思想的人

"本真课堂"时空的变革：三段教学

"本真课堂"主体的落实：二元导学

["本真课堂"的实践案例]

["本真课堂"的影响与推广]

做一个有思想的人

一、择业篇：思想决定态度

一个人，有什么样的思想，才会有什么样的态度；或者说，有什么样的思想，就有什么样的态度。有什么样的态度，才会有什么样的行动；或者说，有什么样的态度，就有什么样的行动。

当内心想要做什么，便明白要怎样去做，并付诸行动时，思想就影响了态度，改变了行动。可以说人的每一个行动都是由心中的念想支持的，无论这念想是主动产生的，还是被动产生的，只要它产生，并付诸行动，就能获得一种改变。长久的态度和行为，必然会养成习惯，而习惯的力量是巨大的，它会形成人的比较稳定的性格，从而来推动人朝前发展。

工作中的熊伟校长

因此，思想对，态度就对；态度对，行为就对；行为对，习惯就对；习惯对，性格就对；性格对，命运就对！

我们知道，任何一个人，放在社会这个大背景下来看，都是渺小的。

作为 20 世纪 60 年代中期出生的人，我们这一代经历了太多的风风雨雨。先是三年困难时期，接着是史无前例的"文化大革命"。

历史终于在 1977 年发生了根本的改变！就在那一年冬天，被尘封长达十年之久的高考大门终于又重新打开了。

1977 年的高考，犹如中国大地上的一声春雷，改变了许多人、许多家庭的命运。那场中国历史上规模最为庞大的考试，它不单单是恢复了参加那场考试的 570 万考生的信心与希望，它更直接改变和推动了中国的教育改革和教育发展，也让整个国家充满了新的生机和活力，成为一个国家得以复兴的根本。

紧接着，改革开放的春风吹遍了神州大地！个体劳作，包产到户，这一生产关系的改革，大大地调动了农民的生产积极性，整个国家的经济，很快出现了明显的质的飞跃！在农村，人们已经不再担心吃了上顿没下顿，不再害怕"过年过节"了！改革开放解决了人们的温饱问题，逐步提高着人们的生活质量！

经济基础的改变，使得人们开始把目光转移到"上层建筑"上来。由于当时国家急需培养大批科学人才建设四个现代化，在那段日子里，报刊、广播中，最常看到、听到的一句教育口号就是——培养有知识、有文化的新一代，为四个现代化做贡献。

就在这样激情澎湃的年代，作为恢复高考后的第四届考生，1980 年，我志向"清华、北大或复旦"，朝着自己狂热的物理学进发。是的，我要做研究，搞科技，要为四个现代化做贡献！我的理想蓬勃生长，而在现实的土壤中，那个年代为了读书的保险性，大家都会填上愿意服从调配。就是这一"调配"，便把我推离了自己最初的梦想，推向了重庆涪陵师专！

高出高校录取分数线 75 分，没能让我高兴；全公社唯有我一个人考上大学，也没能激起我内心的半点波澜。

"我要重考！"内心反复滚动着这个声音。"重考？等三年后的重考？"父亲语重心长地反问。那个时候的高考政策，凡是拿到录取通知书，如果放弃去读，就必须等三年才有高考资格。三年，我等得起吗？太漫长了，我知道，我是等不住的。

怎么办？做老师？这个身份我从来没有思考过，现实逼着我必须认真思考。命运为我关上"科学"的大门，为我打开"教师"这扇窗。我想，我的痛苦是"教师选择了我"，为何不是"我选择了教师"？

"我选择了教师，就一定要把教师做好！"内心转过这个弯，我便以火热的激情投入大学生活。大学三年，我积极地担任生活委员、学习委员和班长等职务，连续三年被评为三好学生，并由衷地爱上了自己的数学专业。在毕业时，还获得了任选工作单位的资格。

思想决定态度，态度决定行为，无论这思想是主动产生的，还是被动产生的，只要它产生，并付诸行动，就能获得一种改变。当现实这个大杯子来盛装我们，要我们改变形状时，不妨改变我们的态度，主动去适应，积极去面对，进而获得生命的主动权。

二、教师篇：思想指引方向

"父母在，不远游"，我母亲一直身体不好，在选择工作时，首先要考虑能方便照顾母亲。因为在大学我获得了任选工作单位的资格，1983年7月毕业时，我就选择了离家最近的垫江三中工作。这一工作就近十年，那时的我，刚二十出头，做一名优秀的数学老师，是我的人生目标。

优秀教师，是需要在实践中去磨砺的，因此，我勇担重任。一上讲台，就担任了两个班的数学教学工作及兼任一个班的班主任工作。高86级、高88级、高91级以及高94级，从没有松懈过，后来还担任了高中数学教研组长。学校有什么工作，但凡自己能做的，也积极参与。

优秀教师，是需要不断成长的。一方面，我积极听课，向有经验的教师学习；另一方面，也注意个人素质的提升，1987年9月，我便开始参加了四川省教育学院数学本科函授的学习，注意从专业上提升自己。

优秀教师，是需要对教育教学问题进行有效的解决的。在读函授期间，学习不能落下，工作也不能落下，怎么办？问题逼人思考，我终于想到引导学生自学的方法。我把教案设计得很细，让学生明白学习流程和知识要点，又将重点和关键处进行挖空，让学生自学后再完成我设计的问题。我给这个做法取了一个名字叫"暗射性教学"，这与后来研究的导学案是同一个理念。

这些努力，让我积累了丰富的教育教学和科研经验，还荣获"国家奥林匹克二级教练员"称号。1990年3月，我被民主选举为工会副主席，开始走上学校管理岗位。

与朋友同道

优秀教师，是需要广阔眼界的。母亲去世后，我走出了"鸟飞眷故枝，狐死必首丘，故土不可离"的传统乡土观念，逐渐转变为"发展才是硬道理，哪里有助于发展就向哪里走"。

1992年，我从重庆垫江三中来到双流棠湖中学应聘。那时，棠湖中学的"招聘"模式在我们看来，已经是非常超前和先进的了。作为首开"招聘"先河的棠湖中学，能够抛弃狭隘的地域观念和地方保护主义思想，在全省范围内公开选拔人才，完全离不开双流县党政机关及县教育局的高度重视和大力支持！这些，都是在改革开放逐渐深入的情况下发生的可喜变化，它有利于人才的流动与汇集，有利于推动地方的教育、经济的发展。历史已经证明，双流县委、县政府当年走这一步是英明的，大量的外县市乃至外省的人才汇聚到了双流，为双流教育、经济的发展做出了巨大贡献。

而我本人，也在当年的招聘考试中，以数学组考核第一的成绩顺利进入办学伊始的棠湖中学，从地处偏远山区的垫江，来到了"天府之国"成都平原。

优秀教师，是需要提升理论修养的。在棠湖中学，我先后担任高95级、高99级和高2000级数学教师和班主任。在教学过程中，我养成写教学总结和心得的习惯，善于去发现一些教育问题，并深入研究。逐渐养成教研教学两条腿走路，撰写了《如何提高数学课堂教学效益》和《新的教育观念在课堂中如何体现》等数十篇科研

与学生同乐

论文，分别获得国家、省市级奖励，并在报刊上发表。

　　优秀教师，是要有教育的理想和情怀的。"不想当将军的士兵不是好士兵"，这包含着几个方面的内涵：一方面，一个人要有愿景，要努力，要奋斗；要创造条件，充实自己，获得认可。另一方面，当不了将军的士兵未必不是好士兵，要有当不了将军时的心态。教师是培养人的工作，一个孩子没有培养教育好，不但会影响孩子的一生，而且还会影响一个家庭，甚至会影响整个民族和国家的未来。作为教育工作者，一定要把学校教育和民族的兴旺、国家的富强联系起来，承担起教书育人的历史使命，让责任感自觉成为我们的精神动力。

　　因此，我对自己提出了这十条要求：

　　①在上课铃声拉响之前，务必精神饱满、信心十足地出现在学生面前，以我的方式向学生问好；下课铃声拉响之后，也不急着离开教室，也许有学生需要帮助。当然，还不要忘了向学生道别。

　　②我的课堂我做主。但一定要牢记教育者的使命：教书育人、授业解惑、课堂管理、人身安全、心理健康……

　　③教学是一种仪式，走进教室时，务必带着课本、教案和学生名册；要带着微笑进课堂、带着欣赏进课堂；讲课时应注意"精、气、神"合一。

　　④注意仪容和言行举止。着装要整洁、大方、庄重、体面；言行要文明，态度

要和蔼慈爱。这会潜移默化地影响学生。

⑤对学生激励性、期待性的评价。将讥讽、挖苦、轻蔑等变为宽容、惋惜和欣赏，当发现学生的不足时，就说："如果你能够克服这个弱点，你会变得更加完美，更加可爱。"

⑥时刻要牢记教育教学的效益：一是教师的针对性（目标、活动、评价）；二是学生的参与度（预习、互动、训练）。

⑦世界其实就是我自己，我的思想就是我的处境；给自己多一点积极的、乐观的心理暗示。

⑧没有任何一门课程可以直接教给我教育的智慧，她只能从丰富的内心世界中生长出来。学而不厌是优秀教师的重要特征。

⑨心胸要宽广，对烦恼的事要善于忘却。扩大生活领域、尝试新的事物。

⑩关心周围的人、事、物，我怎样对待生活，生活就怎样对待我。

心有多宽，境有多大，可以说，正是我在教学实践中的不断思考，促进我明确了自己专业成长的方向，让我保持对教学探索的深度热情，对教育发展的执着追求。

三、校长篇：思想促进提升

进入棠湖中学的第四年，即1996年，我被任命为棠湖中学教务处副主任；1998年5月，我被任命为校长助理，主管教学常规和分管高三工作，协助校长协调和管理各部门工作；2004年6月1日，被任命为棠湖中学副校长；2007年4月，被任命为棠湖中学党总支副书记；2008年1月15日，被任命为棠湖中学总支书记、校长；2012年5月14日，任双流中学校长、党总支书记。身为管理者尤其是身为校长后，我的思想理念越来越明晰，同时我也认识到理念对管理工作的重要性。

人们常说："一个好校长就是一所好学校。"我希望自己也能成为这样的校长。由此，我首先对"校长"这一职位进行了思考认识。

校长要有理念：眼中有学生，心中有教师。

校长要有目标：构建训练有素的团队，树立训练有素的思想，培养训练有素的行为。

棠湖中学海棠园留影

校长要有策略：观察、思考、决策、协调。

校长的作风：严（严格、严谨、严己），公（公平、公正、公心），勤（勤快、勤俭、勤政），能（能做、能说、能写）。

校长的价值：校长的价值在于教师的快乐，教师的价值在于学生的成长，学生的价值在于未来的发展。

校长的语录：一个教育人的人不接受教育如何教育人？

校长的方法：资源、时机、指令；说服、示范、指导；督促、检查、纠正。

校长的用权：总揽不独揽、宏观不主观、决断不武断、放手不撒手。

校长的重点：做选择题，做正确的事。

校长一般分三类。

第一类校长是事务型的，以处理常规工作为主，无目标，无计划，一切都是短期行为。这种校长不需要多大能力，一般人都可以胜任，其结果是学校也是常规型的。

第二类校长是谋略型的，有谋略，讲究工作艺术与技巧，有明确的目标与一定的计划，甚至可以管住教师与学生，乃至在一定的范围内取得具有一定轰动效应的业绩。

第三类校长是思想型的，是形而上的，有自己的主张和价值观、教育教学观、学生观、人才观、管理观。其思想自成系统或者尚不成系统。这种校长注重精神领域的东西，不大过问具体的事务。

我追求第三种类型的校长，并对以下几方面进行了深刻的思考。

2009 年 5 月，应邀在"第三届中国百强中学"颁奖典礼上做题为"缔造传奇，再创辉煌——例说棠湖中学办学特色"的专题报告

（一）校长要具备很高的素质

提高学生素质主要靠教师。提高教师素质主要靠什么呢？我认为最直接、最主要的因素是校长。

俗话说"有什么样的校长，就有什么样的学校"。有些学校师资水平一般，但换了素质高的校长去管理，经过几年的努力，教师的政治思想素质、文化业务素质都有了明显的提高。反过来，有的学校尽管一部分教师素质高，但由于校长管理水平低，教师积极性受到压抑，空有良好的素质，却难以发挥作用，有的甚至将较高的文化业务素质用于内耗。教育改革的不断深入，课程结构的变革，校本课程的开发，研究性学习的引入，将迫使现任的校长转变为专家型的校长，"不会教书当校长"的时代将一去不复返。

一名合格的校长的合理的素质结构，主要由德、学、能、体四个基本要素组成。

1. 政治思想品德素质

第一，校长应能够正确理解和贯彻党和国家的各项方针政策。特别是知识分子政策，重视知识，尊重知识分子，才能团结广大教师，把学校的工作搞好。

第二，校长应有强烈的事业心和崇高的责任感。热爱教育事业，热爱学校，热爱学生，不仅要全力以赴做好当前的工作，还要为学校的远景发展谋划。不仅要完成上级布置的任务，更应着力于工作的创造性，不满足于已取得的成绩，不甘于暂时落后的状态，勤奋好学，不断吸取新的知识，掌握新信息，保持乐观的朝气蓬勃的精神状态，带领全校师生员工，不断探索前进的新起点。

第三，校长要有高尚的道德情操和优良的作风：实事求是，深入实际，联系群众，作风民主，通情达理，团结群众，与人为善，诚恳热情，正直谦逊，任劳任怨。校长个人的品德和作风，能直接感动学校成员的情感，带领群众一道同舟共济，为实现既定目标而奋斗。正如当年棠湖中学在接受"国重"的检查评估时，受到的评价一样："校长以自己的人格魅力和前瞻意识把学校广大教职工团结在自己和党总支周围，实现了学校的高效运转，超常规发展，为我们提供了一个鲜活的样本和相对成功的经验。"

第四，校长要具备改革创新和坚忍不拔的精神。现代社会要求学校培养出来的人，是投身社会主义建设的革新者，如果校长是墨守成规者，就无法完成科学育人的任务。校长要善于根据教育方针、教育法规并从学校的实际出发，设计自己学校的办学方案，不断地提出本校新的奋斗目标，使学校全体成员经常处在新的具有挑战性的状态之中，力求把自己领导的学校办成具有特色的学校。

2. 文化理论知识素质

校长应是办学的行家里手，要有真才实学。

第一，校长要有一定的马列主义的理论知识。校长应系统地学习哲学、政治经济学、科学社会主义、中国革命史、中国共产党党史等。

第二，校长要有较广博的文化科学知识。对一个校长来讲，不但要有社会科学知识，同时也要有自然科学知识和文学艺术方面的知识。这既能增强校长的领导能力和领导艺术，同时也会提高校长的威信。校长的知识越广博越好。

第三，校长要懂得教育理论和学校管理理论。校长要有教育学、心理学、教育史、教育心理学、教学论、教育哲学等方面的知识；校长还必须有教育行政学、学校管理学、管理心理学等方面的管理理论知识，并熟悉教育法律、法规，这些知识是校长掌握教育规律、运用科学的教育理论指导工作不可缺少的。

第四，校长要有一定的专门科学知识。学校开设的课程，校长要熟悉一两门，文理兼顾为最好，达到既能较好地从事教学，又能进行某学科的教育科研指导。

3. 能力素质

有了广博的知识，有了业务专长，还不能算完全具备了校长的素质，一名特级教师，不一定是一名优秀的校长，校长还必须具备校长的能力素质，才能成为一位称职的校长。校长应具备以下能力。

第一，校长要有宣传鼓动的能力。校长既是学校的领导者又是学校的教育者，若教育者没有宣传鼓动的才能，就很难发挥教育者的作用。校长要善于演讲，语言清晰，逻辑严密，形象生动，说理透辟，富有情感，能动人心弦。当初，棠湖中学以 2 万元启动资金办学，老师的工资、奖金难以兑现，人心浮动。老校长黄光成不仅带病工作，在办公室输液，而且带头在食堂吃饭，时常给老师描述棠湖中学美好的发展前景，让大家对未来充满信心，他的口头禅就是："现在勒紧裤腰带过几年苦日子，今后一定会回报大家的！"质朴而有底气的话语，安定了人心，坚定了团队的信念。

第二，校长要有组织指挥的能力，学校人多事多，校长要将教职工、学生严密地组织起来，才能发挥组织的作用。校长要有识才、用才的能力，并精通用人之道。要用人首先要识人，识人要全面看一个人的德才学识，德看主流，才看专长；用人就要用人之长，避人之短，用人不疑，疑人不用，用人不能苛求；校长要善于发现人才，培养人才，给强过自己的人搭桥铺路，不能嫉贤妒能。刘邦总结自己成功经验时说，论带兵打仗，我不如韩信；论管理钱粮，我不如萧何；论运筹策划于帷幄之中，决胜于千里之外，我不如张良。"三者皆人杰，吾能用之，此吾所以取天下也。"校长应是学校的帅，要有帅才之能，才能胜任校长这一职务。学校工作的对象是生动活泼的青少年学生，工作过程是动态的过程，这就要求校长要有调节、控制、引导和组织指挥的才能，才能使学校的教育教学工作活而不乱，有秩序地向既定的目标运动，才能提高教育质量，获得满意的工作效果。

第三，校长要有综合分析的能力。校长的重要工作就是对学校的教育教学工作进行管理，管理要得法，就需要调查研究，了解情况。校长要了解教师教的情况，学生学的情况，师生的思想状况，对了解到的情况进行综合分析，然后制定相应的措施，以提高工作效率，提高教育质量。如果对错综复杂的情况不能进行综合分析，抓不住事物的主流和本质，就不可能制定出切合实际的工作措施，而给工作造成损失。

第四，校长要有敏锐的观察能力。从对青少年教育的角度来讲，细小的好事情可见精神，细小的不良习惯可能造成终身成才的障碍或对社会做贡献的障碍。校长要善于发现好的典型，利用好的典型对师生进行教育，善于察觉学校成员中个体和群体的变化，能把握住趋势和管理过程中可能出现的问题，及早准备应变方案。校长还要善于发现不良的苗头和征兆，及时采取正确的果断措施，防患于未然。只有这样，学校的管理效能才能不断地提高。

第五，校长要有应变能力。学校的工作规划和计划，只是一种期望而不是现实。在实施规划、计划向目标逼近的过程中，情况会随时有变化，这就需要有应变措施，修改原来的计划。"计划赶不上变化"，一成不变的规划和计划在现实生活中是很难找到的，这就要求校长根据变化了的情况，制定应变措施，需要校长能够瞻前顾后，顾全大局，立即拿出方案办法，才能提高学校的管理效益。

第六，校长要有远见卓识。根据事物发展的规律，有推断和预测未来的能力。教育的产品是人，不是工业产品，不合格不可以回炉再生产。校长要从事物的细微变化中，观察敏锐，思考周密，捕捉事物之间的内在的联系及其发展变化的趋向。预见性强的领导，能避免被动局面的出现。校长的预见性主要表现在善于发现积极因素，也能抓住不利因素，采取措施，使自己的工作经常处于主动的状态。预见性来源于对客观规律的掌握和实践经验的积累，校长要善于学习理论，提高理论对实践指导作用的认识，要善于总结经验，从经验中掌握事物发展的规律。

第七，校长要有自我调控能力。有自我调控能力是一个人成熟的标志，是建立良好的人际关系的基础。自我调控能力要求遇事沉着冷静，宽容耐心，豁达大度，善于控制自己的感情，克制无益的激情和冲动，遇事不急躁冒进，为了工作能承受委屈，能够友善地与他人合作共事，超越感情地处理问题。校长的自我调控能力，能促进全体师生员工和睦相处，协商共事，形成凝聚力，对学校的精神文明建设，具有重要的影响作用。

第八，校长要有公共关系的能力。随着我国改革开放的深入和市场经济的发展，公共关系的重要性日益被人们所认识，使它迅速成为各行各业管理者实施有效管理的重要手段。但提及公共关系，人们往往以为是工商企业等经济管理领域所独有的事，学校是不需要的，或者是无所谓的。其实，任何社会组织都存在公共关系，学校是社会组织，当然也不例外。只是在一切按计划行事的大一统管理操作下，学校公共关系被掩蔽或被淡化而已。学校一旦建立起适应社会主义市场经济需要的新的管理体制，一旦处于更加激烈竞争的社会环境之中，公共关系的作用就立即会显现出来，成为学校与社会建立良好关系的纽带和桥梁。公共关系能力则成为现代学校校长必须具备的素质。校长的公共关系能力既是学校管理能力的体现，也是校长影响力的综合反映。棠湖中学就是一个很好的例子，从建校时只有 4 个班，200 多名学生，发展到后来的 57 个班，3000 多名学生。1995 年以前，我们到乡下去招生，宣传学校，提到棠湖中学，都说不知道，只知道有一个棠湖公园……然而，经过十多年的努力，学校先后获得了"全国职业道德建设先进单位""全国中小学现代教育技术实验学校""全国创建绿色学校活动先进学校""全国影视教育先进学校""档案管理国家二级标准单位"等 20 项国家级、29 项省级、90 项市级、159 项县级的称号和奖励。这些成绩的取得，除了加强内部管理，练好内功外，与校长的公共关系能力分不开。通过公共关系的沟通和媒体的宣传，学校创造了宽松的外部环境，得到了社会各界的了解与支持，因为"酒好不怕巷子深"的年代已经过去了，只有给社会、家长、学生提供一个认识学校、了解学校的机会，才能使之承认学校价值的存在。

4. 身体素质

身体要健康。校长应自觉地、积极地参加体育锻炼，以使体质强健，精力充沛，在任职期间能承担工作的重负。

(二)学校要明确办学的思想

学校要有明确的办学思想指导办学行为，以现代的教育思想指导教育方法，以优化的教学方法提升教学效益，以高效的学习方式提升学习质量。其精髓是"用思想提升教育的品质"。

学校办学思想的范畴很广，办学理念、教育思想、校训、育人目标、教学思想等都归属于这个范畴。办学思想应贯穿于学校各项工作之中，甚至校园用语中都要

2008 年 11 月 9 日，中央电视台记者、著名节目主持人敬一丹
采访棠湖中学学生

体现学校的办学思想。

1. 在棠湖中学任校长期间，与全校教师共同完善的学校建设

办学理念：以人为本，为师生的发展创设和谐的环境，帮助每位师生走向成功。

办学思想：开放、民主、求实、创新。

办学目标：创建全国知名的素质教育示范学校，实现"从优秀到卓越"的跨越。

办学品牌：大众教育，多元办学。

办学特色：一品牌两特色三亮点。

一品牌——大众教育，多元办学。

大众教育：面向全体、因材施教、素质教育、全面发展。

多元办学：课程多样、特长张扬、多元培养、人人成才。

两特色——三格教育，三段教学。

三格教育：主题课程、养习立志、递进教育、修养品格。

三段教学：学教和谐、乐学得法、合作展示、培养能力。

三亮点——党建群团、信息技术、校本课程。

党建群团：思想引领、业务示范、凝聚人心、共创品牌。

信息技术：整合资源、优化手段、广泛运用、提升效益。

校本课程：特色课程、多育并举、特长课程、个性发展。

校训：仁、德、志、谋。

仁：仁爱、仁慈、仁义，做人的灵魂。

德：道德、情操、修养，行为的准则。

志：志向、志气、志趣，人生的目标。

谋：聪慧、学识、谋略，腾飞的翅膀。

校风：恒、健、卓、创。

恒：恒心、恒言、恒力、成功的保证。

健：健康、健全、健美，生命的血脉。

卓：卓见、卓识、卓越，精神的源泉。

创：创意、创新、创造，前进的动力。

育人目标："六会一长"（会做人、会求知、会生活、会健体、会审美、会创造，有特长）。

棠中口号：超越自我，追求卓越。

棠中精神：团结协作，永争一流。

学校承诺：学生在这里，情绪、欲望和德行得到和谐，知识、方法和能力得到统一，智力、情商和特长得到发展，心灵、愿景和人格得到升华。

教师承诺：具有高尚的师德情操，建立平等的师生关系，体现先进的教育理念，展示深厚的教学功底，给予科学的思维启迪，提供多元的成长平台，唤起强烈的心灵共鸣，叩开快乐的成功之门。

教学理念：效益在每一个课时，希望在每一个学生，成功在每一个环节。

教学模式：三段教学——自主生疑、互动解疑、内化迁疑。

教学行为：形成"自信、自觉、自主、自发"的教学行为。

自信：张扬自己的教学风格，追求高效的课堂教学，树立学生的自信心。

自觉：自觉地遵循教育教学规律，努力优化教学过程，有助于学生学习兴趣的培养，有助于学生自觉学习习惯的养成，有助于学生学习方法的获得。

自主：自主地探索适合不同课型的教学方法，充分发挥教师的主导作用，不断生成、发展、提升、张扬学生的主体性、能动性和独立性，使学生自主探究的学习方式得以充分发挥。

自发：自发地将新的教育观念融入教学行为，自发地向"教育家"转化，充分挖掘学生的自身潜力，使之形成自我发展的态势。

教学楼名称：立德楼、励志楼、致知楼、致公楼。

立德楼标语：进来一个希望，走出一个人才。（学校与家长的对话）

励志楼标语：投入一分参与，取得一分收获。（教师与学生的对话）

致知楼标语：播撒一些宽容，换取一些友爱。（学生与学生的对话）

校歌：

《人生的起点》

熊伟/词　何北/曲

玉兰花开，海棠争艳，美丽的棠中，和谐家园；开放民主，乐在心间，求实创新，敢为人先。

严公勤能，攻艰排难，仁德志谡，立身的本源；六会一长，学优品端，情操高尚，我们高峰永攀。

啊，美丽的棠中，温馨的家园。大众教育，人生的起点，

啊，和谐的棠中，智慧的乐园。多元办学，人才的摇篮。

啊，美丽的棠中，温馨的家园。大众教育，人生的起点，

啊，和谐的棠中，智慧的乐园。多元办学，人才的摇篮。

2. 在双流中学任校长期间，与全校教师共同完善的学校建设

（1）校徽设计，凸显"双中"元素

校徽主体图案由两部分组成。

上半部分整体造型是建成于 1949 年的钟楼，她是学校悠久历史的见证和象征，代表双流中学厚重的文化积淀和高雅的育人氛围。钟楼的重檐由银杏树叶变形而成，同时又形似"人"字，体现了双流中学"以育人为本"的教育理念；重檐下方的图案是两位背靠背屈膝端坐，专心读书的"双中人"（刻苦学习的学生或认真工作的教师），突出了行业特色。

双流中学校徽

下半部分是"双流"两字的汉语拼音声母"S""L"变形组合而成的两条蜿蜒河流，象征着锦江和金马河，突出了学校所在地的地方特色。

校徽主体图案构成了这样一幅画面：双流中学师生正在两条河流环绕的钟楼下认真工作，勤奋学习。这幅画面还有着双流中学文化源远流长的寓意。

主体图案周围是建校时间"1940"、于右任先生的题字"双流中学"和英语"SHUANGLIU MIDDLE SCHOOL"，它们与主体图案呈圆形组合，浑然一体，视觉冲击力极强，让人一目了然。校徽整体呈绿色，象征着希望、关爱、育人。

（2）教育理念，格物致雅

育人目标： 平民本色，精英气质；民族情怀，国际视野。

"平民本色"是指在精神领域将学生培养成质朴善良、宽厚平易、诚信感恩、勤奋踏实、具有健全人格的合格公民。而"精英气质"则是立足于"平民本色"的卓越追求，即是培养学生的高深的学识、高尚的精神、高雅的情趣、高超的领导力、高明的创造力和高远的想象力。两者相辅相成，缺一不可，只有具备"平民本色"的精英才具有雄健的精神动力和强烈的社会责任感。

所谓"民族情怀"，就是要让学生树立民族自尊心、自信心和自豪感，爱国爱民，自觉承担起中华民族伟大复兴的使命。"国际视野"就是要让学生学会用全球的眼光看世界，善于理解和吸取各国文化的精华，能用书面语言和口头语言进行基本的国际交流。"民族情怀，国际视野"就是要使学生成为出色的中国人和国际人。

办学理念： 规范＋人本。

办学理念是对学校发展过程中的一系列教育观念、教育实践及其价值追求的积淀，是学校努力建构起来的学校教育文化与教育哲学。它是学校用于指导教育教学行为的最高价值标准，是一切办学行为的逻辑起点，是学校文化的灵魂。

规范办学的原则：在行为准则、精神追求方面坚守符合现代学校教育标准的原则。

以人为本的宗旨：学校以教师发展为本，教师以学生成长为本；学校成就教师，教师成就学生，学生成就学校。

校训： 仁智雅和。

校训是指学校提出的对学校全体师生具有规范、警策与导向作用的行动口号，它往往是学校核心理念的具体写照，是对学校整体价值追求、精神气质、文化底蕴的高度概括，它蕴含着师生的道德理想、学术人格和历史责任，集中体现学校的办学传统与精神风貌，直接反映学校的育人理念。它是师生的"座右铭"，是学校的"文化名片"。

"仁"——博爱。"仁者爱人"是孔子终生倡导并实践的行为准则。合格的现代精英，不仅要尊爱他人，还要尊爱自然、尊爱社会、尊爱祖国。

"智"——智慧。孔子提倡"知礼""知仁""知人""知政""知命""知道""知义""知过"等，这启迪我们"智"的运用要弘扬正能量。

"雅"——优雅。既是一种外在行为，要求我们衣着整齐、谈吐文明；也是一种内在气质，要求我们活泼健朗、光风霁月；另外，我们所追求的雅，还是一种不安现状、心怀梦想的力量。

"和"——和谐。既是中华民族的传统美德，又是建设社会主义和谐社会的关键词。在人与自身关系方面，要协调发展；在人的意识方面，要和而不同；在人与他人、与学校、与社会、与自然方面，要和平共处、和谐共生。

"仁、智、雅、和"是时代精英所必须具备的品质目标，也是成为时代精英的方法与途径。既体现了双流中学教育的基本要求，又体现了每一个人的成长内涵。

校歌：

《桃李名园沐春风》
熊伟/词   何均/曲

蓉城南郊，蜀都名园，芬芳我桃李万千；玉兰香远，钟楼流韵，名师教诲，润物无声。

允雅允和，春风复春雨；宜仁宜智，文理融中西。为梁为栋须及时，强国使命待我辈。

努力吧努力吧双中人，奋斗在今朝，明天更美丽！

教风：敬业、精业、乐业。

教风是教师道德、才学、作风、素养的集中反映，是体现学校教师教学观、教材观、学生观、课堂观的整体行为，同时又是反映教师队伍师德水平、协作意识的自觉行为。

"敬业"：用一种严肃的态度对待自己的工作，勤勤恳恳，兢兢业业，恪尽职守。

"精业"：精通业务，具备扎实的岗位基本功，能做出优异成绩，争创一流。

"乐业"：热爱自己的职业，从中能够找到乐趣，并且享受其中的快乐。

学风：勤学、善学、乐学。

学风是学生在学习过程中应该养成和遵循的风气，是学生志向、品格、态度、个性、治学的充分展示，是学生在长期的办学过程中一贯表现的学习风貌。

"勤学"：勤勤恳恳、持之以恒地向书本学习，向他人学习，向生活学习。

"善学"：运用科学合理的学习方法来激发学习兴趣、提高学习效率。善于把学习与生活结合起来，把学习与创新结合起来，用所学的知识和技能指导生活实践，形成学以致用、用以促学、学用相长的良性循环。

"乐学"：喜欢学习，对学习有兴趣、有动力，能充分享受学习乐趣。让学习成为令人享受的过程，成为生活的一部分。

校风：言则成文，动则成德。

指人开口言谈，文雅得体，彬彬有礼；一举一动，合乎道德规范，有气质，有修养。（出自汉·扬雄《法言·君子》："或问：'君子言则成文，动则成德，何以也?'曰：'以其弸中而彪外也。'"弸：充满；彪：文采。）

三雅文化：校园典雅，教师儒雅，学生文雅。

校园典雅：典雅优美的校园不仅是指整洁、安静、优美的学习、工作和生活环境，同时也是育人的文化氛围，是学校重要的课程资源。

双流中学共有四幢教学楼，分别以"弘雅楼""博雅楼""明雅楼""乐雅楼"命名。"弘""博""明""乐"寓意学识广博，立志高远，快乐成长；均缀之以"雅"，意在彰显学校的"雅文化"。

教师儒雅：教师有自觉高远的追求，有"以学科教学为平台，培养学生的道德，润育学生的智慧，为学生一生的幸福奠定成长的基础"的神圣的使命意识，师德高尚，理念先进，教法灵活。

学生文雅：培养学生的意志力、领导力、记忆力、思维力、想象力、创造力，使之成为有精英意识、有智慧、有品位、有尊严、有文化的学生，强化男生的绅士风度与女生的淑女风范，做到九"自"：自理、自信、自爱、自律、自主、自知、自尊、自省、自强。

优美的校园环境，温馨高雅的校园文化，现代化的教学设施，是提升办学档次，增强竞争力，谋求可持续发展的基本保证。双流中学还充分发挥校园文化墙和钟楼校史陈列室对学生教育的强大功能；在校园建设和布局调整中特别强化文化内涵，调整与更新橱窗宣传栏、名言警句的布局；完善钟楼陈列室；调整校园绿化带；建设校园网络等。

　　我们将把双流中学深厚的文化积淀与现代办学理念、办学实践有机结合，形成双流中学特有的治学精神和文化氛围，并把它作为双流中学学校文化发展的终极目标。

双流中学德馨楼

(三)管理要具备创新的思想

1. 加强两支队伍建设，更新教育教学观念

　　通过机构的专业培训、校长的示范指导、员工的自主学习、政策的管理牵引，努力使干部具有"严(严己、严肃、严格)、公(公心、公正、公平)、勤(勤快、勤奋、勤俭)、能(能做、能说、能写)"的行政作风，教师具有"六讲"(讲"人本"、讲秩序、讲责任、讲品位、讲实绩、讲境界)的基本素质。

　　一讲人本。杜威说，教育，人是目的。学校中的一切都是为了人，为了学生和教师。"人本"的另一含义就是要有人文关怀，教育就是一种关怀的人生，这就是为

双流中学桂园晨景

什么我们的管理行为和教育活动中要始终充满着"爱",饱含着"情"。这一点我们今后要特别注重。

二讲秩序。一所学校的常规工作,按部就班,张弛有度,收放自如,就必须要讲秩序。秩序就是纪律,秩序就是规范,就是有令必行,令行禁止。

三讲责任。各人忙好各人的事,努力做最好的自己。人人恪尽职守,各司其职,各负其责。我们要把"学校发展,人人有责"细化为"学校发展,我的责任;学生发展,我的责任;自我发展,我的责任"。人人尽好分内之责,就会产生巨大的聚集效应和推动力。有时候,学校工作是有分有合的,但"分工不分家",责任感还体现在合作与共享中。

四讲品位。"品位"就是追求卓越。追求卓越才能与双流中学的身份相符。在双流中学,今后要多一些与大师的对话,多一些深邃独创的思想,多一些德艺双馨的名师,多一些高雅的文化活动……品位造就品质,也才能最终铸就品牌。

五讲实绩。学校要形成这种风气和文化:父母给我姓名,自己打造品牌;要凭本事吃饭,靠实绩取胜。在教师培养和干部任用上,要坚持"赛马不相马,有为才有位"。

六讲境界。我们的教师要做到三个"超越"：要超越自我，不断提升，做"有奋斗感的教师"；要超越小我，以事业为重，学校为重，团队为重；要超越旧我，树立目标意识、成长意识，使自己日积月累，终成大器。教师要始终坚持"因材施教、分层教学、多元评价"的育人原则，采取"从最后一名学生抓起"的策略，努力形成"教师教育要仁、教师行为要德、教师追求要志、教师教学要谋"的教风。

2. 完善常规管理制度，落实教育教学环节

第一，全体教师必须坚持"自信、自觉、自主、自发"的"四自"教学思想。自信：教师要自信地张扬自己的教学风格，追求高效益的课堂教学；教师的教学要有助于树立学生的自信心。自觉：教师要自觉地遵循教育教学规律，努力优化教学过程；教师的教学要有助于学生学习兴趣的培养，有助于学生自觉学习习惯的养成，有助于学生学习方法的获得。自主：教师要自主地探索适合不同课型的教学方法，充分发挥教师的主体作用；教师的教学要不断生成、张扬、发展、提升学生的主体性、能动性和独立性，使学生自主探究的学习方式得以充分发挥。自发：教师要将新的教育观念自发地融入教学行为中，自发地向"教育家"转化；教师的教学要激发学生个性特长的发展，充分挖掘学生自身的潜力，形成自我发展的愿望。

第二，教学研究：以备课组为单位，坚持"三研究三统一"，即"研究课程标准、教法，研究学生心理、学法，研究评价内容、方法；统一备课要点、统一教材资料、统一质量分析"。

第三，每学年坚持上好"五课"。即新毕业分配的教师人人上合格课；新调入的教师人人上研究课；其余教师人人上公开课；由此推选学科优秀教师上示范课；学校每学年组织两次（文、理各一次）全校性的教学观摩课。每课必须"五有"：有教案，有说课，有上课，有评课，有反思。评课要"五评"：评教学目标，评教学思想，评教学方法，评学生表现，评教学素养。评课时每人要求有五分钟的发言，不能重复，说出评语并阐明依据，提出改进意见。每位教师每学年听所在学科组教师的随堂课至少一次，每学年听课总数至少40节。

第四，备课坚持十一个原则：一备课标教材。明确目标，选择课型，突出重点，突破难点。二备学生学情。了解学情，确立标高，灵活教法，有的放矢。三备新课导入。导入要能引起注意，激发兴趣，清楚学标，形成动机。四备结构层次。要优化结构，分明层次，减小梯度，增强信心。五备启发设问。能促进参与，启发思维，反馈信息，发展能力。六备训练巩固。让学生能积极应用，凸显疑难，推进迁移，积累经验。七备课堂语言。要规范语言，柔和关系，调动情绪，激活思维。八备板书设计。能呈现内容，帮助理解，增强记忆，提高效率。九备教法活动。能保持注意，减轻疲劳，活跃气氛，提供机会。十备教具演示。调动感官，符合规律，画龙点睛，培养能力。十一备归纳总结。归纳总结要概观要点，建立联系，回顾方法，深化拓展。在十一个原则的基础上，编写出"四体二点三性"（体现课标、体现学情、体现活动、体现反思；突出重点、化解难点；作业要有针对性、层次性和开放性）的教案。特别是课堂活动课的设计（10～20分钟）。

第五，上课做到"十注重"：注重教师仪表，注重组织教学，注重讲课激情，注重课程整合，注重教学方法，注重师生互动，注重三维目标，注重学生学法，注重信息反馈，注重激励评价。尤其是组织教学、师生互动和激励评价要作为考核的重点。

第六，作业要"两半两面两时"（半批半改；出错多的面改，学困生面改；及时分析、及时订正）。每课结束后必有一定作业量。

第七，检测考试。试卷要"五有"（有精选，有层次，有选做题，有开放性，有明确检测目标）；监考"四要四不要"（要认真负责，要杜绝作弊，要严格和蔼，要密封试卷；不迟到，不分心，不离室，不掉卷）；改卷必须做到准确无误，签名备案，统一入册，试卷分析。

第八，上述环节落实由学导处制定考核细节并严格考核兑现。

（四）训练有素的理念和行为，让评价落地生根

1. 训练有素的理念

1979年，有个中国访问团去美国考察基础教育，认为美国孩子加减乘除还在掰手指头，就整天奢谈发明创造；下午一点多就放学回家；课堂乱如集市……得出结论：美国基础教育病入膏肓，20年后中国的科技将赶上这个超级大国。

同年，美国也派团考察中国基础教育，认为中国学生在世界上最勤奋，起得最早、睡得最晚，学习最好。得出结论：再过20年，美国的科技将被中国甩在后面。

27年过去了，美国"病入膏肓"的教育又培养了数十位诺贝尔奖得主，作为一个创新型国家，美国的科技继续领先世界……

两家的预言都错了，但错在哪里？非常发人深思！

　　还有一个事实：美国的学生往往随年级的升高成绩越来越好，中国的学生往往随年级的升高成绩却越来越差，原因何在？

　　其根源在于美国与中国的教育理念不一样：美国是发散性教育，学生的思维越来越宽、越来越活跃；中国是聚拢性教育，学生的思维越来越窄，越来越死板。美国是大众教育，而中国是精英教育。由于高考制度单一，一考定终身，使教师的功利性教育和学生功利性学习的意识非常浓厚。导致出现了应试教育越来越激烈，淡化了教育的本质。所以，我们必须回归到教育的本质上去——教育的本质是唤醒，是开发，是健康。唤醒学生的良知、唤醒学生的道义、唤醒学生的责任，开发学生的智慧、开发学生的技能、开发学生的特长，让学生拥有健康的情趣、健康的人格、健康的心理。作为教育工作者，我们有责任通过我们这代人的不懈努力还给我们的孩子一个灿烂的青春年华！

　　高中阶段的教育是九年义务教育和高等教育的衔接口，在整个教育体系中处于承上启下的特殊地位。高中阶段教育不是大学的附属阶段，不能仅仅为升大学做准备，我们既要为高一级学校输送人才，又要为每一个学生的终身发展打好基础，使学生具有规划人生的意识、继续学习的能力、创业的基本能力、面对未来生活的能力。学校是为学生存在的，课程是为学生开设的，教师所做的一切归根结底是为了促进学生最大限度的发展。但反思高中教育，我们不难发现，传统教学以传授课本知识为中心，以掌握知识为主要目的，以死记硬背为主要学习方法，以强化、题海战术、填鸭式为主要的教学方法，以考试成绩作为衡量学生的主要标准。因此，高中教育就自觉不自觉地办成了大学的预科，将办学目标直接指向升学，学校教育教学主要是围着高考指挥棒转，高考考什么，学校就教什么，办学变成了一种工具，升学变成了一种目的，在追逐高分的过程中，忽略了学生健全人格和身心的发展。为此，《普通高中课程方案(实验)》强调高中阶段的教育仍然是基础教育，对于提高国民素质承担着重要任务，即"普通高中教育是在九年义务教育基础上进一步提高国民素质、面向大众的基础教育。普通高中教育为学生的终身发展奠定基础"。

　　为了实现上述培养目标，此次高中新课改，将在以下方面实现新突破：①精选终身发展必备的基础知识，加强课程与社会发展、科技进步、学生经验的联系，引导创新与实践；②适应社会需求的多样化和学生全面而有个性的发展，构建重基础、多样化、有层次、综合性的课程结构；③创设有利于促进学生主动学习的课程实施环境，提高学生自主学习、合作交流以及分析和解决问题的能力；④建立发展性评价体系，改进校内评价，实行学生学业成绩与成长记录相结合的综合评价方式，建立教育质量监测机制；⑤赋予学校合理而充分的课程自主权，为学校创造性地实施国家课程、因地制宜地开发学校课程，为学生有效选择课程提供保障。例如，普通高中新课程结构由学习领域、科目、模块三个层次构成，这种新的课程组织形式，特别强调学科的关联及多种学科的共同价值。学习领域的设置，有利于反映现代科学综合化的趋势，在一个比较广阔的视野下，研制各科课程标准，指导教师教学，防止陷入学科本位。这有利于整体规划课程内容，体现对高中学生提升综合素质、全面发展的要求。由于每一个学习领域都代表着对学生不同素养的要求，所以，学生在每一个学习领域都必须获得一定的学分。这样，既防止学生过早偏科，又避免了科目过多，能确保为每一个学生打好共同的基础。当然，学生学习某一个领域的课程时，允许有不同的水平选择。这样可以使一般学生打好基础，优秀学生脱颖而出。

由上可见，高中新课程方案无论从教育观念、培养目标、课程结构、课程内容到课程管理都体现了全新的思路，充溢着鲜活的时代气息。新课程不仅重视学生基础知识的学习和基本技能的训练，也特别强调学生对学习过程的理解、学习方法的掌握、各种综合能力的培养，以及态度、习惯、情感与价值观的培养，注重从单纯的知识传授转向关注学生的全面发展。

高中新课程通过课程门类的增设、课时的调整、内容的更新、教材的多样，改变教师的教学方式、转变学生的学习方式、完善师生的评价方式、优化学校的管理方式，从而构建具有学校特色的课程文化、课堂文化、教研文化和管理文化，实现普通高中新课改的培养目标。

总之，对新课程的一个概括是：一种理念——转变学习方式，让学生在学习中获得个性的解放；两类课程——学科课程（人的心理经验与学科逻辑的关系）和综合实践活动课程（人的心理经验与生活世界的关系）；三维目标——知识与技能，过程与方法，情感、态度与价值观；四个多样——课程设置的多样，课程实施的多样，课程管理的多样，课程教材的多样。

2. 训练有素的行为

对美国和中国中学生做了这样一个试验：问——公园地板上有纸屑你该怎么办？

中国孩子具有高度统一的答案——将纸屑捡起来放到垃圾箱里。而美国孩子却有三种回答——若纸屑少我就捡起来放到垃圾箱里；若纸屑较多，我就到公园管理部门去告公园的清洁工不负责任；若纸屑很多，我就到环保部门控告公园的管理部门，其管理存在严重的问题。事后将这批孩子带到故意放了些纸屑在地上的公园玩耍，结果呢？没有一个中国孩子将纸屑捡起来。

由此可见，只有训练有素的理念，没有训练有素的行为，理念与行为不统一是不会有良好的结果的。

教师的教学是一个不断反思的过程，教师的反思又使课程总是处于变化之中。同样，不断变化的课程对教师的发展又提出了一系列的挑战。尤其是高中新课程改革，使每所高中学校、每位高中教师面临着前所未有的新问题。高中新课程不仅要求教师改变陈旧、落后的教育观念，树立符合高中新课改需要的新理念，还要改变高中教师多年来习以为常的教学方式、教学行为，要求教师学会开发课程资源、重新构建教学模式、优化组合教学内容，从而实现教学方法的多样化、师生关系的重建以及教学评价的多元化。这些新的问题都是高中新课改给教师带来的严峻挑战。

（1）教师是否具有课程意识和课程能力

英国的课程论专家施瓦布提出，课程是一个由教师、学生、教材、教学环境四个因素动态交互作用构成的一个"生态系统"。课程由这四个因素组成，就决定了它是独特的且永远变化的，有多少所学校、多少个班级，就有多少个"生态系统"，就有多少种课程。也就是说，课程不仅是文本课程，更是体验课程；课程不仅包括了知识和教材，而且包括了学习者占有和获取知识的主体活动过程，包括了教师和学生共同探求新知识的过程。长期以来，教师执行教学任务，是课程实施的工具，是传授科学知识的道具、载体。教师对于课程来说，只有选择怎么教的权利而没有选择教什么的权利，教师考虑的主要是怎样将国家规定的课程有效地教给学生。这次高中新课程改革，在课程内容的建构上除了强调课程内容的时代性和课程内容的基础性外，特别强调课程内容的选择性——为适应社会对多样化人才的需求，满足不同学生的发展需要，在保证每个学生达到共同基础的前提下，各学科分类别、分层次设计了多样的、可供不同发展潜能的学生选择的课程内容，以满足学生对课程的不同需求。因此，突出课程的选择性、灵活性和多样化，为满足学生发展的多样化需求，为学生具备进入学习化社会所必需的各种能力打基础，为学生进一步接受高等教育打基础，为学生具备面对社会就业所需要的生存能力、实践能力和创造能力打基础，为学生发展个性、走向自立提供一个良好的平台，是此次高中新课程改革的重要突破点。

高中新课程由必修课和选修课组成，必修旨在保证所有高中生都达到共同要求，选修1是"根据社会对人才多样化的需求，适应学生不同潜能和发展的需要，在共同必修的基础上，各科课程标准分类别、分层次设置若干选修模块，供学生选择"；选修2是"学校根据当地社会、经济、科技、文化发展的需要和学生的兴趣，开设若干选修模块，供学生选择"。这就要求教师必须具备课程意识，形成正确的课程观念，培养和增强课程开发的能力，逐步由国家课程的执行者转变为校本课程的研制者和开发者。在以往的传统教学中，教师只有大纲意识、教材意识、教参意识，而课程的意识十分淡薄，课程设计、课程研究和课程开发的能力十分脆弱。普通高中新课程改革将教师的课程意识和课程能力提到了十分重要的位置，强调教学不只是忠实地实施计划、教案的过程，更是课程创新和开发的过程，教学过程要成为课程内容持续生成和转化的过程。尤其是校本课程的开发，已经成为21世纪初期我国基础教育课程改革乃至整个教育改革的一个热点和焦点问题。而校本课程开发首先需要教师进行创造性的劳动，具备一定的课程意识和课程开发能力。

(2)教师能否改进自身的教学行为

怎样指导高中生进行选课，高中教师如何实施基于模块的教学？如何对高中生进行评价，如何进行教学研究？高中综合实践活动如何开展？高中课程资源如何开发，这些都是高中新课程改革中教师必须面对的新问题，要解决这些问题和困难需要高中教师的教学行为发生根本性的变革。

教学在本质上是以对话、交流、合作等为基础的知识建构活动，失去了沟通的教学是不可想象的，因此，没有沟通就没有教学。这主要取决于教师能否实现教学行为的以下转变。

一是能否从以教师的教为中心转向以学生的学为中心。传统教学以教师的教为中心，教师牵着学生走，学生围绕教师转，教师是课堂的主宰。长此以往，学生习惯被动地学习，学习的主动性渐渐丧失。高中新课程扩大了信息来源，打破了过去单一灌输型的教学，将主动学习和研究性学习纳入高中教学，突出个性化的教学特点，允许学生提出不同意见，甚至反对教师的意见，这种迥异于以往的教学模式，将使以学生的学为中心的教育新理念落实到课堂教学中。高中新课程中，教师不再是知识的权威、真理的化身，学生很可能超过教师，并把教师难住、问倒。因此，教师要更多地考虑怎样创建灵活、宽松的学习环境才能促进学生的学习，要允许学生采用自己的方式学习，允许学生在一定范围内选择学习内容和学习方法。

二是能否从教师权威的讲授转向师生平等的对话。传统教学中，教师处于至高无上的权威地位，学生无条件地接受教师的一切灌输，师生之间显然是不平等的。高中新课程要求建立平等和谐的新型师生关系。对高中新课程而言，教学意味着师生的互动、对话和知识的生成与建构，它是弥漫、充盈于师生之间的一种教育情境和精神氛围，是学生心态的开放、主体性的凸显、个性的张扬和创造性的解放。

三是能否从注重教学的结果转向注重教学的过程。传统教学中，教师往往更加重视结果、注重结论，让学生死背标准答案。这种压缩或省略学生思维过程的教学，不可能培养学生的探究能力和创新精神。高中新课程强调学生的学习过程是一个发现问题、分析问题、解决问题的过程，是一个暴露学生各种疑问、困难、障碍和矛盾的过程，也是一个展示学生的聪明才智、独特个性、创新成果的过程。因此，教师在教学中就不能过分注重结论或提供答案，而要强调学生探索新知的过程和获取新知识的体验。

四是能否从统一规格的教学模式转向个性化的教学模式。高中课程功能、课程结构的改变，使学生发展的空间进一步拓宽，必将促进学生学习方式走向多样性和丰富性。新课程使每个学生可以根据自己的需要选课，这样，每个学生都能获得一份适合自己的课程计划。经过一段时间的学习，如果发现不适应，还可以重新选择。在这个过程中，学生逐步学会选择，学会负责，实现自我成长。人海茫茫，教海无边，我们既找不到两个完全相似的学生，也不会找到能适合任何学生的一种教学方法。这就需要我们的教师去关注、研究学生的差异，以便找到个性化教学的科学依据。

五是能否从孤军作战转向协同合作。高中新课程开发是教师、学生、校长、家长、社区人员广泛参与的活动，因而必然要求教师与教师之间、教师与学生之间、教师与校长之间、教师与家长之间、教师与社区人员之间、教师与课程专家之间进行广泛的合作。

六是能否从评价模式的单一化转向评价模式的多元化。高中新课程提出要建立发展性评价体系,"实行学生学业成绩与成长汇录相结合的综合评价方式。学校应根据目标多元、方式多样、注重过程的评价原则,综合运用观察、交流、测验、实际操作、作品展示、自评与互评等多种方式,为学生建立综合、动态的成长记录手册,全面反映学生的成长历程"。让学生全面发展,并不是让每个学生及其每个方面都要按统一规格平均发展。备课用一种模式,上课用一种方法,考试用一把尺子,评价用一种标准是现行教育中存在的一个突出问题。这种评价模式不符合学生实际,压抑了学生个性和创造力的培养,使他们成为应试教育下潜在的牺牲品。高中新课程要求不仅要关注学生在知识与技能方面的发展,而且要通过建立新的评价指标和改革评价方法,发展学生过程与方法以及情感、体验、价值观方向的潜能。评价方式也要多样化,不仅要重视量的评价,还要注重质的评价;不仅要重视学生解决问题的结论,更要注重学生得出结论的过程;不仅要重视评价的甄别筛选功能,还要重视评价对学生发展的激励和促进功能。

(3)教学设计时是否考虑了这些环节

一是确立真正属于自我的教学目标和任务,以及重点、难点及课时安排。

二是在心中有一个清晰的教学环节步骤图和课时分段施工图。

三是重视以下环节的设计。

①创设情境——导语、多媒体应用、问题呈现、活动方式、师生资源;聚焦与辐射,开放与生成。

②精心设计问题——在每个环节都应提出问题(活动要求);形成问题系统;相互呼应又各自独立。

③在问题呈现时,要伴之以方法和活动形式以及局部时间的要求——要推敲方法与学习方式、活动形式的有效和适宜;注意方法与活动的生成性效果;坚定落实自主、探究和研究性学习等学习方式(查阅、观察、调查、讨论、展示、撰写小论文、实验探究、设计实验等)。

④要关注时间的紧凑和有效——为每一个教学环节计算最可能的时间;把一节里的时间做一个统计,在时间的总量上留有余地;为教学的重点和难点留够黄金时段(最恰当的时间,最饱满的时间);有课时"延长"的观念(课前尽可能安排给学生自主探究的任务和问题,让学生带着探索欲望在课堂上呈现和交流;课后留有探究性作业,让学生的探究保证质量)。

⑤要推敲教学手段的实效——树立"备教学手段是准备教学的重要组成部分"的意识，在"利其器"上下功夫（教具、学具的选择、设计及操作；多媒体课件的准备、下载、设计及操作；在简明、奏效上下功夫，不摆花架子）。

3. 训练有素的评价

我国高中课程评价的最大问题是学校内部评价（校本评价，核心是教师对学生的评价）缺乏自身的独立性格，沦为以高考为核心的各种外部评价的简单复制、预演和准备。于是，从进入高中的第一天起，学生就得昼夜兼程，为三年之后的那次高考做准备。教师除为学生的高考殚精竭虑以外，还要应付来自上级行政部门的形形色色的检查、考评。

本次新课改旨在建立符合素质教育要求的新的高中课程评价体系，并将此视为改革的关键。第一，完善校本评价，把学校的内部评价视为真实描述、记录、反映学生发展历程和状况的过程，视为教育过程、学生发展过程，而非高考的预演。《普通高中课程方案（实验）》指出："改进校内评价，实行学生学业成绩与成长记录相结合的综合评价方式。"具体而言，"学校应根据目标多元、方式多样、注重过程的评价原则，综合运用观察、交流、测验、实际操作、作品展示、自评与互评等多种方式，为学生建立综合、动态的成长记录手册，全面反映学生的成长历程"。由此观之，校本评价的完善过程，即是课程评价找回失落的内在价值的过程，这是素质教育的基本要求。

第二，优化外部评价，建立教育质量监测机制。外部评价即来自学校以外的评价，它包括高考和形形色色的来自教育行政部门及社会的评价。积极稳妥地推进高考制度改革，建立行之有效的教育质量检测机制，这既有助于学校主动性、积极性的发挥，又能有效杜绝各种违背学生身心健康发展的舞弊行为、违法行为。

第三，合理处理高中课程评价和大学入学考试的关系。首先，作为高中课程评价的一部分，大学入学考试应符合素质教育的要求，符合课程改革的方向，而不能外在于课程改革。其次，既然合格的高中毕业生和高考成功者是两个概念，而高中教育的基本目标是前者，因此，应把对合格的高中毕业生的发展水平的认定与高考适度分开。最后，要把真实反映学生发展水平的校本评价与大学入学考试有机联系起来。有信度和效度保证的校内评价应成为大学入学考试的组成部分；大学入学考试也应成为校本评价的自然延伸。

其实以前之所以教师对学生的评价单一，只看考试成绩，其原因是学校对教师的评价也是只看学生的考试成绩，其根源是上级部门和社会影响对学校的评价还是只看学生的高考成绩。所以要使学生得到科学有效的评价，学校对教师的评价也应符合新课程改革的要求。

(五)课堂要具有本真的意识

课堂是教育的主阵地，应具有本真意识，首先要明确其内涵。"本真"一词，其含义有四。

一是正道，准则。汉代扬雄的《〈法言〉序》中说："事有本真，陈施于意，动不克咸，本诸身。"二是真实情况，本来面目。宋代程大昌的《考古编·诗论十四》中说："古民陈诗以观民风，审乐以知时政。诗若乐，语言声音耳，而可用以察休戚得失者，事情之本真在焉。"三是天性，本性。清代曾国藩在《陈仲鸾同年之父母七十寿序》中说："天之生圣人也，大抵以刚直葆其本真。其回枉柔靡者，常滑其自然之性，而无以全其纯固之天。"四是我国易经、道家、阴阳学、中医理论的观点，认为"本"，元气，乾坤，宇宙万物的根，属先天性的；"真"，真气，五行，金木水火土，宇宙万物生长、发展的元素，属后天性的；"本"与"真"相互作用，形成宇宙万物的兴衰。

"本真教育"的理论一是美国学者爱德加·戴尔的"学习金字塔"理论。

"学习金字塔"理论告诉我们：不同的学习方法达到的学习效果不同。研究表明，在24小时之后，学生对知识的保留度，从5％到90％不等。由此可见，学习方法不同，学习效果大不一样，因此，教师要学会调整教学方式，学生要努力转变学习方法，由被动听转向主动学，要眼、耳、脑、口、手多种器官综合使用。在教学中，要大力提倡小组合作学习，引领学生掌握知识、生成能力，实现知识到能力的转化。

理论二是维果茨基的"最近发展区"理论。

维果茨基认为，儿童具有两种发展水平：其一是现有水平，即由一定的已经完成的发展系统所形成的心理机能的发展水平（如已经完全掌握了某些概念和规则）；其二是即将达到的发展水平。这两种水平之间的差异区域，就是"最近发展区"。也就是儿童在有指导的情况下借助成人帮助所能达到的解决问题的水平与独自解决问题所达到的水平之间的差异，实际上是两个邻近发展阶段之间的过渡状态。"最近发展区"理论说明了儿童发展的可能性，其意义在于，教育者不应只看到儿童今天已经达到的发展水平，还应看到仍处于形成的状态和正在发展的过程。所以，维果茨基强调教学不能只适应发展的现有水平，而应适应"最近发展区"，从而走在发展的前面，最终跨越"最近发展区"而达到新的发展水平。

理论三是杜威的"问题教学法"。

"问题教学法"强调学生在解决问题过程中运用智慧去探究或探索。杜威认为，科学家解决问题的过程本质上是一个试图达到理智决定的过程，对"问题教学法"来说，这个解决问题的过程可以概括为五个步骤：第一，教师要为学生设置一个与实际经验有关系的问题情境，在这个情境中，学生的活动是连续的，他们对活动本身是感兴趣的；第二，学生在活动过程中发现了问题的存在，并由此而引发积极思维；第三，学生根据自己已有的知识，对问题进行全面的观察分析，提出解决问题的种种设想；第四，学生把自己各种解决问题的方法条理清晰地整理排列出来；第五，由学生尝试运用提出的设想来解决问题，直到问题解决。针对不同的教学，这五个步骤或顺序应根据实际情况适当调整、灵活运用。

理论四是布鲁纳的"发现学习法"。

布鲁纳认为，发现是教育的主要手段，学生掌握学科基本结构的最好方法是发现法。所谓发现法，就是教师向学生提出问题，引导学生学习、搜集有关资料，通过积极思考，自我体会，"发现"概念和原理。它是一种以培养学生独立思考、发展探究性思维为目标，以基本材料为内容，使学生通过再发现来进行学习的教学方法。

布鲁纳指出发现不局限于寻求人类尚未知晓的事物的行为，它包括用自己的头脑亲自获得的知识，尽管都是人类已经知晓的事物，但是，如果这些知识的获得是依靠学生自己的力量，那么对学生来说，仍然是一种"发现"。因此，教学不应该使学生处于被动接受知识的状态，而应当让学生自己"整理"知识，成为主动的发现者。发现法没有固定的模式，而要依据不同学科和不同学生的特点灵活运用，一般来说，包括以下六个步骤：第一，提出并明确学生感兴趣的问题；第二，使学生体验到问题某种程度的不确定性，以激发探究的欲望；第三，提供解决问题的各种假设；第四，协助学生搜集和组织相关资料；第五，组织学生审查资料，得出结论；第六，引导学生分析、验证结论，最终使问题得到解决。总之，在整个过程中，教师要向学生提供材料，让学生亲自发现应得的结论或规律，真正成为发现者。

总之，"本真教育"是关于"人"、指向"人"的教育。无论是"学习金字塔""最近发展区"理论,还是"问题教学法""发现学习法",都以"人"的成长为出发点,以"人"的全面发展为终点。而人的成长与发展,集中体现在"双商"(情商与智商)上。因此,"本真课堂"教学模式应该是在广泛进行理论研究的基础上促进学生的双商发展的教育。它是指向人的自主、自由、自觉发展的教育,是回归教育本义、个性化和社会化完美统一的教育,是遵循师生身心发展规律和教育发展规律的教育,是彰显青春文化的教育。我们的课堂,必然要体现这"本真"的追求。

这就需要对课堂教育的本真进行拷问。结合新一轮的课程改革新的教育理念,我们的教育是否体现了"本真",我们从以下几方面进行拷问。

1. 教师是"教授教科书,还是用教科书教",是否实现了教学与课程的整合

过去教师教课本内容,以课本为中心,学生也局限于课本之中,师生都成为课本的奴隶。现在,课程由"专制"走向民主,由封闭走向开放,由专家走向教师,由学科走向学生,课程就不只是"文本课程",而更是"体验课程"。教师要以课本为依据、为线索,搭建师生共同发展的平台,使师生相互合作,共同发展。所以课本仅是一个媒体和中介,不应该束缚住师生,而应该拓展师生各自施展才能的空间。新教材的开放性极强,不配备教师用的教辅书,也没有准确的答案,怎样遵循于教材,又不囿于教材,既凭借教材,又要跳出教材、延展教材,这使得每一个教师都面临着新的挑战。比如,一学期的教学可以根据学生的学习情况和知识体系在整体上对教材内容进行重新调整,按学情进行教学。以高一力学为例:力学是整个高中物理的基础。力学包含三条主线:第一条从物体的运动与受力的瞬时关系的角度出发,以牛顿三大定律为主干,研究各种不同的受力情况下物体的运动规律。第二条从力的作用效果在时间上的积累的角度出发,引入冲量概念,得出动量定理和动量守恒定律。第三条从力的作用效果在空间上的积累的角度出发,引入功的概念,得出动能定理和机械能守恒定律。其中,第一条主线中的牛顿运动定律,是整个力学的基础和核心。当力学的教学进行到机械能这一章时,也必须首先掌握机械能全章的知识体系网络。机械能全章可归结为七个概念(功、功率、能、动能、重力势能、弹性势能、机械能),一条定理(动能定理),一条定律(机械能守恒定律),而"功是能的转化的量度"这一基本线索贯穿全章。

教材是为了达到一定的教学目标而设置的课程资源的一种表现形式,怎样达到这个目标却不一定照教材所设置的方式进行处理,所以教学活动应是教师、学生、教材、环境四个因素相互作用的动态系统。在教授教材时，在实际问题的引入、应用型的数学问题的处理过程中可结合学校及当地的师生都较为熟悉的事例改编或充实。比如，讲到垂径定理的计算时，教师和学生一道采用实地测量校门的跨度及高度，然后根据这两个量，提出问题并以如何解决这些问题为切入点组织教学，通过这种开放的教学模式极大地调动学生的主观能动性，同时也让学生体验到"生活中处处有数学"和"我能应用数学"的数学应用意识。

2. 师生是否建立了互动的关系

教学是教师的教与学生的学的统一，这种统一的实质是交往互动。通过交往互动，重建人文的、和谐的、民主的、平等的师生关系，在这样的师生关系中，学生会体验到平等、自由、民主、尊重、信任、友善、理解、宽容、亲情与关爱，同时受到激励、鞭策、鼓舞、感化、召唤、指导和建议，形成积极的、丰富的人生态度与情感体验。课堂是否建立了互动的师生关系，取决于课前备课时教学方法的设计，根据教学的内容，设计恰当的学生活动。整堂课都是一问一答，或者全是分组讨论，或者学生练习教师订正，这样会使学生产生疲劳感。只有依据不同的教学要求变换不同的学生活动形式，才能达到减轻疲劳、活跃学习气氛的目的。必须留给学生足够的时间让学生进行多种形式的活动，才能真正做到突出学生在教学活动中的生动性、活动性、开放性、创造性。要正确确定活动的内容、方法和时机。

备课时还必须全盘考虑与之配套的教学方法，才有可能在课堂上建立起互动的师生关系。教学工作是一个系统工程，在实施时，需要根据"系统论""控制论""信息论"等现代理论所提供的方法进行。"控制联系"是保证教学系统发挥有效功能的基本联系，在选择教学方法时，要寻求"控制联系"与学生自主性对比关系的最佳尺度。教学过程是信息的加工、传输、存储的过程，要发挥教师在这个过程中的"编程"和"调控"作用，使教学要求和教法符合学生的发展水平和认识特点，达成最佳匹配，使师生的双边活动处于"共振"状态，从而取得最高的教学效率。因此，教法的选择，要体现教师的主导作用与学生主体作用相结合，突出学生教学活动中的主动性、活动性、开放性和创造性，并与学法的指导相结合。创设多维互动的(师生之间互动、学生之间互动)，多向交流的(知识交流、方法交流、信息交流、探究交流、情感交流)，开放性的教学形式。备课时，要根据教材实际、学生实际、学校设备实际，从争取最佳教学效果出发，精心设计最佳教学程序。

除了合作学习、探究式学习、研究性学习等新的学习方式可以有效地建立互动的师生关系外，我们以前常用的这些教学方法同样能够达到此目的，如启发式、讲练结合法等。

启发式是一种基本的教学方法，可采用"三启发，五要从"的经验：启发学生的求知欲望，启发学生运用科学思维方法去分析和概括事物的规律，启发学生灵活运用所学知识去解决实际问题。要从学生实际出发进行启发；要抓住主要问题进行启发；要从揭露和分析矛盾中进行启发；要遵循感性认识和理性认识的辩证关系进行启发；要讲练结合，从练中进行启发。在备课过程中，要结合具体的教学内容，对"启发什么""如何启发"进行具体的精心设计。

讲练结合法是一种较常用的教学方法。这种方法改变了教师一言堂、满堂灌的模式，在教师的主导下，通过师生的双边活动，在传授知识的同时，发展学生的智能，提高课堂教学效率，减轻学生负担。教师的讲要讲得精，讲得有启发性，掌握好讲和练结合的时机。练的内容要精选，要循序渐进，由易到难，并贯彻面向多数、因材施教的要求。练的重点应随着学生在认识过程中的主要矛盾的变化而变化。在练的形式上，可通过动脑、动手、动笔、动口、动眼等多种形式进行。课堂上指导学生阅读课本、进行课堂讨论、做课堂小实验，也是可以经常采用的练的形式。备课时，要根据教材的具体内容，对讲和练的内容和方法进行精心的设计。

此外，根据具体的教学内容，有的可采用一些特殊的教学方法。物理教学中的"单元导学法""引导探索法""类比扩展法""精讲自索法""研讨式的物理实验演示法"等。应大力把研究性学习引入课堂教学，从而更好地理解和体验知识的探究、形成和发展过程，学习科学探究的方法，促进学生创新意识、创新能力和实践能力的提高。我们要解放思想，勇于创新，备课时精心设计，在教学中反复试验，通过实践的检验，创造出有自己特色的各种新的教学方法。

3. 教学目标是否围绕实现三维目标而制定

新课程标准教学目标包括"知识与技能""过程与方法""情感、态度与价值观"三个方面，这三个方面的整合，体现了新课程的价值追求，是各学科课程目标的共同框架。传统课堂教学过分强调认识性目标，知识与技能成为课堂教学关注的中心，知识的价值是本位的、首位的，智力、能力、情感、态度等其他方面的价值都是附属的，可有可无的，这种教学在强化知识的同时，从根本上失去了对人的生命存在及其发展的整体关怀。

作为课程目标，确确实实都应该关注"知识与技能""过程与方法""情感、态度与价值观"三个方面，而且能力的问题，情感、态度、价值观的问题，对一个人的一生意义更加深远。不是说知识、技能不重要，知识、技能仍然是新课程重要的目标，但我们不得不承认，能力与情感、态度、价值观更重要。当然，能力的问题，情感、态度、价值观的问题，都是依附于知识的发生、发展过程之中的，是在探索知识的过程中得以形成和发展的。

一个人的素质越核心的部分，是越难量化的。知识的、技能的东西是外显的，是比较容易量化的，而能力、情感、态度、价值观，则难以测量。正因为如此，它和人们的现实利益，或者现实需要出现了一定的剪刀差。现实中，尤其是在东方文化中，选拔人才时过于崇尚书本，崇尚学历。在这种情况下，评价一个人能力的高低，自然就变成了简单地用知识和技能这种外显指标去测量、去评价。

我们习惯的做法是"堂堂清，周周清"，一节课结束，马上做一个教学质量的测验，看学生是否掌握了该学的东西。这件事情非常值得思考，每节课能测的、能清的，多是知识和技能方面的东西。情感的目标，能力的要求，绝对不是靠某一节课、某一周能完成的，但是每一节课都必须体现这些目标。因此，这就需要教师在一个比较长的阶段通过利用课程资源去熏陶学生，让学生去体验，并通过潜在的积累而获得。这正体现了问题的复杂性，也正是挑战教师的地方。如何创造一个良好的氛围，让教师对学生的能力与情感、态度、价值观的关注成为一种内在的教学品质，是学校和老师们应该深入反思的问题。

三维目标不是三块，而是一个整体。不是要在知识、技能上加上情感。因为实际上在整个教学过程中，情感、态度、价值观是始终存在的，只不过我们过去没有关注而已。学生在学习过程中，总是有一个态度、情感倾向的，而且可能有相当多的学生是带着消极的情感在学习。我们现在就是要让学生热爱学习、积极学习。

也不能一节课分成三大环节，分别完成三个目标，而应该在教学各个环节融入这三个目标。比如，"帮助残疾人"，不是靠老师站在讲台上给学生讲，为什么要帮助残疾人，如何帮助，而是让学生坐在轮椅上或者把眼睛蒙起来，在这个过程中，体验残疾人的种种感受，自然就会在情感上、价值观上发生变化，不再会嘲笑残疾人，而是从内心产生帮助残疾人的愿望。

　　总之，情感、态度、价值观不是完全可以通过讲授来实现的，它需要通过创造情境、创造氛围，让学生自己去体验、去领悟的。

　　教学目标的行为主体应是学生，我们不能用"教给学生什么"这样的字眼，而应该用"学生应该怎样""学生通过什么"等陈述方式。在行为的描述上应选用表示可观察、可测量的具体行为的动词，如了解、理解、掌握、体验、经历、探索、认出、识别、指明、写出、做出等。

4. 是否建立了民主、开放、充满生命力的课堂教学

　　学生作为一种活生生的力量，带着自己的知识、经验、思考、灵感、兴致参与课堂活动，并成为课堂教学不可分割的一部分，从而使课堂教学呈现出丰富性、多变性和复杂性。课堂教学不应当是一个封闭系统，也不应拘泥于预先设定的固定不变的教学程式。预设的目标在实施过程中需要注入直接经验、弹性灵活的成分以及始料未及的体验，要鼓励师生在互动中的即兴创造，超越目标预定的要求。封闭导致僵化，只有开放、民主、平等，才可能构建充满生命力的课堂教学。

　　美国的教育界流传着这样一句话："告诉我，我会忘记；分析给我听，我可能会记住；如果让我参与，我就会真正理解。"课堂就是学生学习的乐园，真正把课堂还给学生，让学生在学习中产生疑问，在疑问中产生学习的兴趣，只有带着疑问的学习才能产生最大的效果。比如，语文学科只有靠学生在语文实践活动中自己建构的知识，才能真正成为学生自己的知识。因此，我们要设计丰富多彩的语文活动，让学生充分参与活动。

　　课堂教学的四大属性：①认知活动——"晓之以理"。"动脑"，学会认知（learn to know）；"达理"，"我思考，我存在"。②情感活动——"动之以情"。"动情"，学会存在（learn to be）；"通情"，"我感动，我存在"。③交往活动——"处之以群"。"动口"，学会共处（learn to live together）；"交际"，"我交往，我存在"。④实践活动——"导之以行"。"动手"，学会做事（learn to do）；"致用"，"我运动，我存在"。

　　据此，我们可以在课堂中设计下列一些活动。

　　①探究性活动。将教材的重点、难点转换成问题，然后通过分组讨论，同桌交流等形式，引导学生进行探究，在探究中发现，在活动中提高。

　　②体验性活动。请学生上台分角色朗诵，扮角色演讲，按角色表演，充分体验该"角色"在特定的场合下的感受。

③发现性活动。鼓励学生对接触的各种文本信息进行质疑，从中发现问题。一是从所学教材中发现；二是从报刊中发现；三是从电视媒体中发现；四是从生活中发现。

④制作活动。比如，进行课文的配音制作、手抄小报的制作、课文插图的制作、文献参考资料的剪辑、多媒体课件的制作等。

⑤创作活动。比如，进行个人写真、个人小传的撰写，进行科幻作品的制作，进行文学作品的创作，进行科技论文的写作。

⑥传播性活动。比如，个人信息发布、读书报告、小记者采访等。

以语文课《狼》为例，在熟悉课文后，采用表演法进行巩固练习，效果显著。分角色扮演，由教师增设"暂停键"：在学生表演过程中，教师可以适时喊停，让大家共同分析研究这个同学的表演是否到位。这样做的好处有三：一是可以品味动词的准确性和学生的表演艺术；二是可以化枯燥乏味为生动有趣；三是可以增强学生学习文言文的识记效果。再如《海燕》一课，教师在介绍了作者及时代背景，进行了声情并茂的朗读后，学生若有所悟，似有所语。在这"不愤不启，不悱不发"的关键时刻，引导得好，恰如其分，将引领学生进入一个文学的殿堂，那么怎样来寻找这个最佳的最近心理发展区呢？我们发现课本中的插图很有意义：似中国的写意山水——坚硬的礁石，浪花四溅，天空阴霾重重，一只矫健的海燕，展开双翼，搏击苍穹。教师可以此为着力点，让学生驰骋想象，大胆说话。在整个想象与说的过程中，学生想象丰富、大胆，积极踊跃，不断迸射出奇异、闪耀的火花，想象力在不知不觉中得到提高。随时点拨，培养想象。要提高学生的想象能力，不能只限于课堂，只限于课本，那样太狭隘了。教师只有经常带领他们到大千世界去接触、去学习、去思考、去感受，并且有的放矢，随时点拨，方可收到预期效果。

5. 课堂教学是否有助于转变学生的学习方式

转变学习方式就是转变学生被动性的学习状态，把学习变成人的主体性、能动性、独立性不断生成、张扬、发展、提升的过程。这种学习观的变革意味着要改变学生的学习态度，培养学生的学习责任感，并使学生树立终身学习的愿望。传统学习方式过分突出和强调"接受和掌握"，冷落和贬低"发现和探究"，从而在实践中导致了对学生认识过程的极端处理，使学生学习书本知识变成仅仅是直接接受书本知识(死记硬背书本知识即为典型)，学生学习成了纯粹被动地接受、记忆的过程。这种学习窒息人的思维和智力，摧残人的学习兴趣和热情。它不仅不能促进学生发展，反而成为学生发展的阻力。转变学习方式就是要改变这种状态，把学习过程之中的发现、探究、研究等认识活动凸显出来，使学习过程更多地成为学生发现问题、提出问题、分析问题、解决问题的过程，强调发现学习、探究学习、研究学习，将研究性学习的学习方式引入课堂。

引导学生改善学习方式。各学科课程标准结合本学科的特点，强调过程性、体验性目标，引导学生主动参与、亲身实践、独立思考、合作探究，从而实现学生学习方式的变革，改变单一的记忆、接受、模仿的被动学习方式，发展学生搜集和处理信息的能力，获取新知识的能力，分析和解决问题的能力，以及交流与合作的能力。

6. 课堂教学是否面向全体学生

要让课堂教学面向全体学生，应注意以下三个方面：①注意教学目标的全面性。②注意教育发展的协同性。在课堂教学中，不仅要发展学生的智能，还要重视在学科教学中渗透德育、体育、美育、心理健康教育，发挥它们的整体效应，促进学生各方面得到和谐发展，通过教学使学生学会做人、学会求知、学会生活、学会劳动、学会审美、学会健体。③注意共性发展和个性发展的协调统一。素质教育强调全面发展，就个体而言，指的是"一般发展"和"特殊发展"的统一；就群体而言，指的是"共同发展"和"个性发展"的统一。全面发展的实质是最优发展，不是一刀切，齐步走，平均发展。因此，在课堂教学中任何一门学科教学都应把群体培养目标和个体发展目标统一起来，把及格率和优秀率结合起来。同时，要把"共性发展目标"和"个性发展目标"统一起来，根据学生的个体差异，针对学生的个性特长，重视学生个性爱好的培养。使学生能走的走，能跑的跑，能跳的跳，能飞的飞，培养出更多的"合格＋特长"的学生。

比如，数学课程标准中指出"人人都能获得必需的数学"，教学时应针对具体的班级设置恰当的标高，让每一个学生能学有所获，学有所得，让全体学生都能有一个积极的心态和百倍的信心投入学习生活，切不可拔苗助长，让学生在学习中缺乏成就感。

在课堂教学中不同程度的提问、不同层次的练习及作业、一个学习小组内由不同成绩层次的学生承担不同的工作，以及对学生的回答及作业试卷的完成情况给予不同层次的鼓励性的评价都是面向全体学生的具体体现。

比如，在英语阅读课教学中，对于基础较差的学生，他们只要能根据课文做出"Yes/No"的回答即可；对于成绩一般的学生要求他们用完整的句子回答出课文中的问题；对于基础好但内向的学生，可以要求他们复述课文内容；对于成绩好又外向的学生，可以要求他们把课文改编为对话进行表演。这样针对不同层次的学生提出不同的要求，可使每个学生都体验到成功。

7. 教学媒体是否得到了优化

使用小黑板，节约了课堂上的板书时间，增大了课堂容量。利用自制教具可以增强直观性，有利于学生的接受。使用电化（电教器材）和媒体教学，可以将物质的微观变化展现在学生面前，调动学生的感官，增强学生的理解力。

教具是教学工作的一种重要手段。要使学生深刻理解和学会运用所学知识，单凭教师一张嘴巴、一根粉笔，往往达不到目的，而必须借助教具。常用的传统教具包括黑板、实物、模型、仪器、挂图、图表等。随着近代科技的发展，出现了各种现代的教学手段，如投影机、收录机、多媒体电脑，还有学校已建成的高标准的校园网等。应充分利用这些教具，利用现代网络技术这一前所未有的优越条件，认真做好准备，熟悉它们的原理和操作，考虑如何引导学生进行观察、思考、分析和操作。

对于多种教学媒体的组合运用，应遵循下述三条基本原则：

①对于物理、化学、生物这一类以实验为基础的学科来说，实验是教学最基本的媒体，首先要充分发挥实验作为基本媒体的作用，正确处理实验与其他教学媒体的关系。

②各种教学媒体的选择和组合运用，必须从效果出发，为教学目标服务。

③各种教学媒体的组合运用，必须与教法改革相结合，特别是与教师主导作用和学生主体作用的关系相结合。

关于电脑应用于备课和教学，大体应包括下述的一些方面：教师自制或下载软件进行演示；教师自制或下载软件用于学生实验；学生自制软件，用于学生的研究性课题的研究探索，或供教师教学之用；利用校园网和互联网进行学习和探索研究。上述这些方面都为教学工作提供了一种高效的现代化的教学手段。

总之，教学媒体是为了提高课堂效率而采用的一种辅助教学手段，主要是为了在教学中达到化抽象为直观、化微观为宏观、化静态为动态的目的。不可将电脑当成电影、把屏幕当成黑板，若有条件制作 CAI 课件时，建议多做针对某一个教学难点的突破的小课件，以加强课件的针对性和可移植性。注意任何媒体不能代替板书。更不可变"人灌"为"机灌"。是否能充分地和有效地利用教具，包括各种传统教具和现代教学媒体，达到教学手段的优化，是评价一堂课的一个标准。而不是只用多媒体充当电子黑板，搞得热闹就是教学现代化。

8. 教学重难点的设计是否在学生的课堂兴奋时区，是否符合学生生理、心理特征

一堂课 40 分钟，学生的生理、心理状态分为五个时区，波谷—波峰—波谷—波峰—波谷的起伏发展规律。

起始时区：5 分钟，角色进入时区。这 5 分钟的意义，犹如一部乐章的序曲，教师必须有导演的功夫，促使学生的兴奋点从课间活动转移到课堂学习上来，引导学生将注意力集中到课堂教学内容上来，并且尽可能缩短这一时区，以延长兴奋时区。

兴奋时区：15 分钟，第一黄金时区。在这个时区内，学生的兴奋点已经转移到课堂上，生理、心理进入最高波峰，教师必须不失时机地把学生的思维引入最佳境界，并尽可能延长兴奋时间，教学的密度、力度，都应达到最大限度，重点、难点都应尽可能得到解决。

调试时区：5 分钟，心理过渡时区。教学时间已过去一半，学生的兴奋过程开始转为抑制过程，会出现一个疲劳波谷。教师必须进行调适，帮助学生度过疲劳波谷区。

回归时区：10 分钟，第二次黄金时区。经过 5 分钟的调适过渡，学生的生理、心理出现第二次波峰状态。因此，教师应当因势利导，再次把教学推向新的高潮。如果说第一黄金时区是以新课教学为主，以培养学生的思维能力为主的话，那么第二黄金时区则应当以巩固新课和能力训练为主，当然也不可过于拘泥。

终极时区：5 分钟，总结回应时区。这时候，学生趋于疲劳状态，注意力渐次分散，进入尾声。教师应当加大信息量，加快语速，强化情绪，总结新课，圆满完成任务。终极的最佳境界是：教学计划完成，下课了，学生还回味无穷。

9. 教学的设问、训练是否具有层次性、针对性、开放性

教学中发挥教师的主导作用，主要体现在一个"引"字上；充分发挥学生的主体作用，又必须突出一个"放"字。"引""放"都离不开教师的设问。比如，创设良好的教学情境引入新课，思路让学生讲，疑难让学生议，规律由学生找，结论由学生得，错误让学生改，都必须通过教师的设问。通过设问，引导学生的思维，让学生变被动为主动。精心考虑如何提出问题。备课时根据教材的重点和难点，发掘教材内容本身和学生认识过程中的矛盾，准确选择有针对性的问题，精心准备好富有启发性的语言，引起学生的悬念，使他们疑惑、惊奇，这样提出的问题最能抓住青少年的心，激起他们的思维活动的层层波澜，最后通过问题的解决，感到豁然开朗。提出问题是否有针对性（针对重点和难点），是否有启发性（揭露矛盾，激发思维）。启发式必须注意实效，不要只追求课堂上热热闹闹，要防止形式主义和庸俗性。不能认为一问一答，学生经常齐声大合唱就是启发式。教师提出问题的水平如何，是否有启发性和针对性，在相当程度上反映出教师的整个教学水平。为了使这方面做得更好，应把自己在课堂上提出问题的方法和语言写在教案上。

提问方法有：搭桥式、曲问式、递进式、定向式、比较式；观察式、分析归纳式、陷阱式、类比式、复习巩固式；全班提问、个别提问、综合提问等。

训练是指整个教学过程中与训练有关的口答题、笔答题、板演题、教师讲解的例题和所布置的作业等。

每堂课开头的引导练习要起到承上启下的作用，既巩固了上次课的知识，又自然地引入了新课，或为新知识的传授做了铺垫。

例题的选择要有代表性、典型性、思维性，不仅要有利于巩固概念，还要有利于揭示一类问题的思维规律，能让学生举一反三，特别要注意例题的一题多解、一题多变和一图多用，教师备课时就应考虑题目的各种变化情况，各种可能的解法。这样讲解时才能心中有数，避免盲从。

学生的课内训练和课外作业，要注意习题中有大量的模仿题；题目要紧扣重点，有利于基础知识的巩固和规律的掌握；要注意题型的多样性，重视变式训练和探索训练，以培养能力和发展智力；对于课外作业，要布置必做题、选做题和思考题，以利于分层要求、因材施教。解习题是学生掌握知识的必经之路，也是学生应用所学知识解决实际问题的起点。所以，备习题是教师备课工作的重要组成部分。

精选习题，就要求教师在分析教材的基础上，把本单元的习题和例题全部做一遍，掌握题目的深浅度和各种解法，然后确定题目中哪些作为课前预习题，哪些作为课堂提问或课堂练习，哪些作为课堂举例，哪些作为课外作业或作单元复习之用，这些都要统筹安排。选用例题应具有典型性，既能巩固加深对基础知识的理解，又能对解题方法起示范作用。教师对例题的讲解要规范，着重分析题意，步骤要清楚，书写和作图要工整，对学生起示范作用。对于课本外的补充作业，也要进行精选、归类和配套。对批改课外作业过程中发现的问题，要记下加以分析，及时在课堂上给予讲评和纠正。这些工作，都是教师备课时必须认真做好的。

10. 教师对学生的评价是否具有多样性，是否具有激励作用

加强评价改革指导。体现评价促进学生发展的教育功能，"评价建议"要有更强的操作性。各学科课程标准力图结合本学科的特点提出有效的策略和具体的评价手段，引导学校的日常评价活动更多地指向学生的学习过程，从而促进学生的和谐发展。课程标准中建议采取多种方法进行评价，如成长记录与分析、测验与考试、答辩、作业（长周期作业、短周期作业）、集体评议……

特别值得一提的是，其中"成长记录与分析"提倡学生不断反思并记录自己的学习历程：最好的作业、最满意的作品、最感兴趣的一本课外书、最难忘的一次讨论。通过记录并反思学生的成长历程，激发学生的学习兴趣和自信心，发展学生的自我意识，为全面而客观地评价学生积累素材。

为了达到激励学生的目的，在具体的评价体系中应注意：评价目标多元化、评价方式多样化、评价过程动态化、评价主体多元化。比如，评价对二次函数的理解时，可以提问，什么叫二次函数？结合具体的函数、符号和图像，解释你是如何理解二次函数概念的？评价观察能力时，可以提问，有一串数如下：3、4、12；3、2、6；3、6、6；3、8、24；3、9、9…你能发现其中的规律吗？请说明理由。又如，评价学生的情感态度时可以提问，调查你家中爸爸、妈妈和你一周做家务活的总时间，将你获得的结果用扇形统计图表示。对此你有何想法？

总之，教育教学实践中，教师更多关注学生的感受和声音，放弃传统的教师"话语霸权"，做学生的聆听者；技巧性地避免直接批评而"侧面迂回"，用更多"尺子"去评价和衡量自己的学生，发现每一个学生都有可爱之处；面对自己在教学过程中的失误，勇敢地向学生检讨过失；把教育与育人紧密结合起来，把一个个意外事件甚至师生冲突、学生之间的矛盾转化为教育契机和素材；带着学生走向知识，而不再是单单带着知识走向学生，让知识成为学生自己思考的果实。这些不正是教师们新的教育观念的体现吗？苏霍姆林斯基说：教师无意间的一句话，可能造就一个天才，也可能毁灭一个天才。我们不仅在教育和引导学生，也在保护学生的每一点"天才成分"，给学生一些权利，让他自己去选择；给学生一些机会，让他自己去体验；给学生一点困难，让他自己去解决；给学生一个问题，让他自己找答案；给学生一种条件，让他自己去锻炼；给学生一片空间，让他自己向前走。这不正是素质教育所倡导的让学生主动发展、生动活泼地发展吗？只要教师"放下架子"，用心灵感受心灵，以感情赢得感情，时常反思教与学是否和谐，就一定能在新一轮课改中与学生同步成长。

在"本真教育"理念观照下的课堂，就是"本真课堂"。从"三段教学"到"二元导学"，都是以"本真教育"理念为依据，在实践的探索中自然生成的两种高效课堂模式。

思想是有意义的命题，维特根斯坦曾对"思想"做过明确释义，"事实的逻辑形象就是思想""思想是有意义的命题"。用我们的日常话语来表达，思想就是我们对于事实的描述、解释和预言，就是我们用以诱导、申述、劝说、暗示等言辞的集合。

如果当初我没有正确地认识教师这一职业，就不会主动去学习，去钻研，那么，我不会成为一名教师；如果我拘于故园之地，不思发展，就不会在人生的中途，敢于背井离乡，从山区来到平原，成为棠湖中学的教师，继而成为校长。思想改变人的行为，进而改变人的命运，一所学校，乃至一个民族和一个国家的命运，亦是同理。

教育需要用思想来提升品质，作为一种有着丰富的价值内涵和精神旨趣的活动，其行为是有着明确的目标追求的。而目标的确定需要理性的思考，需要对历史、社会、文化与人性的洞察。所以，教育需要思想来促进发展，需要有思想的教育学者去解释教育的现象、揭示教育的真谛、预见教育的未来；需要有思想的行政领导，去制定教育政策，用思想推动教育的改革；需要有思想的学校领导，用思想凝聚人心、管理学校，去构建先进的办学模式；更需要成千上万有思想的教师，不懈追求，实现自己的教育理想。

四、收获篇：思想成就梦想

俗话说："一分耕耘，一分收获。"我一边思考着一边行动着，同时也收获着。

(一)收获了家庭的幸福

可以说，孩子幸福，便是家庭真正的幸福。

教育家一致认为，对一个孩子进行教育的最佳时期，是在孩子 0～10 岁这个阶段。民间也有一句俗语，叫"从小看到大"。即一个人小时候什么样，长大了就会是什么样。这话虽然绝对了一点，但也从一个方面说明了"幼教""幼学"的重要性。因为一个人在 0～10 岁这个阶段，是人脑发展的重要时期，也是行为习惯养成的最好时期。就像人们常说的，这个阶段的孩子就像一张白纸，白纸好画画。但关键是，你在这张白纸上画什么，以及怎么画。落笔不好，这幅"画"就废掉了。一个人长大后是否有健全的人格，良好的品性和习惯，以及学习能力、处事能力、有效的智力开发等，都在于从小是否受到正确的引导，细心的培养。这个阶段的基础没打好，再往上走，进入中学，尤其是进入高中阶段，矫正起来就十分困难了。

我的女儿小的时候，学过跳舞，学过画画，学过奥数，得过奖并获得"成都市美术十佳"称号，但我们家长还是希望她考上北大、清华。若直接提出家长的看法，女儿接受的效果不一定好，我们采用的是间接的方式，我们收集了大量的世界名牌大学及北大、清华的资料放在家里或者张贴在家里，随时举一些北大、清华学子所取得成功的例子。逐渐地女儿自己就产生了要考北大、清华的意向，而且是从小学四年级就有了明确的志向——非考上北大、清华不可。有了清晰目标后就是如何使之达成目标的问题了，高考不仅仅是考知识，还要考心理、身体以及情商，要使自己的孩子得到全面发展，即使到时目标达成不了，在这个奋斗过程中所养成的品质也会在今后的生活和工作中起作用的。我逐渐引导女儿从当小队长开始，通过自己的竞选先后当中队长、大队长、班长、学生会主席、帮困助学基金会主席等学生会干部，在这个过程中，她学会了宽容、沟通、交流，养成了大气、勇敢、吃苦的品质，具有良好的心态和健全的心理。这些品质为她在高考中取得优秀的成绩打下了坚实

结婚二十周年照

的基础。在她八年级的时候，我校教师周荣的女儿考取了双流县高考文科状元，填报志愿时只填了一个志愿——北京大学，为了引导我女儿树立牢固的理想，在吃饭时，她妈妈对我说："周荣家女儿真行，高考都只填一个北大志愿。""妈妈，不要羡慕别人，我高考时也只填一个志愿。""北大清华是很难考的。""我都考不上谁考得上？"

最终，女儿以全县第二名的优异成绩，如愿以偿地考上了北大。而且，在大学里同样体现出了这种早期教育的优势，即具备独立学习、独立思考和独立生活的能力。我也为此而感到欣慰，这种欣慰不仅仅是作为父亲的虚荣，也是自己作为教师用在女儿身上的教育理念和方法收到了预期的效果，为我面对更多学生的教育提供了可利用的宝贵经验。

这就是，要让学生养成良好的习惯，一定要有一个动力来支撑。这个动力是什么？就是要有一个长远而明晰的人生目标。如何才能实现这个人生目标？那就需要养成持之以恒的习惯。因为习惯决定成败，习惯决定人生，习惯决定命运。教育的实质，就是培养良好的习惯。如果你想当一名科学家，那么你就要无限期地去培养科学家应该具备的素质和能力，时时刻刻以科学家的标准来要求自己，朝着既定的目标努力奋斗。

（二）收获了教师的成长

广大教职工是学校建设发展的中流砥柱，是学校未来的希望。教师是办学之本，是立校之本，是学校可持续发展的基础和影响教育质量的关键因素。

我一贯重视对全体教职工的培训工作，为教师打造好成长的平台。我们建立健全了公平而规范的管理制度、奖励政策和进修学习计划。除了假期按上级要求进行集中培训之外，还定期组织召开全校教职工大会进行培训；通过"名师工作室"引领、师徒结对等形式，对青年教师进行培训；分期分批外派教师，到省内外兄弟学校或

与教师交流

教育机构进行学习交流；广泛开展国际交流，让教师走出去，参与深度课程、文化的学习体验活动，帮助教师通过课程比较、文化比较，将国际视野融入课程课堂，提升教师队伍的国际视野与课程的反思能力。这样的培训学习让教职工澄清了认识，明确了学校发展方向，也凝聚了人心，切实加强了教职工队伍作风建设和职业道德建设，促进了教师队伍整体水平的提高，为促进学校全面、协调、可持续发展奠定了坚实的思想和业务基础。

除了教育培训工作，我还重视为教师提供展示自我发展成就的舞台。在校内，我们实施了"草根课题"研究，开设了"精英大讲堂"，让全校教职工分享优秀教师在教育教学工作中的成功经验；在校外，我们尽一切可能为名优教师提供外出讲学的机会，辐射优质教育资源，扩大双流中学乃至双流县的影响。

打造成长平台，提供展示舞台，切实关心教职工的培养与发展，努力解决与广大教职工切身利益相关的困难和问题，为全体教职工创造良好的教书育人环境和施展才华的舞台；确立学校发展的工作愿景——建设"精英教育"特色品牌，变革课堂教学模式，让教师有所作为，提升教师的教育观念，让教职工看到学校未来发展的希望，让他们体会到作为"双中人"的自豪，是我这个校长不可推卸的责任！

同时，我一直重视加强领导班子队伍建设，不断提高领导水平，增强执行力。打造乐于干事业，为人善良正派，不甘落后，积极向上的班子队伍。形成想干事，会谋事，干成事，求真、务实、创新的工作作风。建设思想先进，团结务实，有凝聚力、亲和力、战斗力的领导集体。校长及班子成员每学期平均听课不少于 20 节。新的领导班子由全体教职工推选，绝大部分在一线教师中产生，他们在师生中威信高，教职工对班子的满意度超过 90%。学校各部门设立"助理"职位，以培养锻炼后备干部。

基于学校办学理念、学生发展需求、情商和智商的协调发展等多方面综合考虑，在充分论证的基础上提出培养学生"人文素养、科学素养、身心健康素养、人际交往能力、自我认知和生存能力"五项基础素质和"独特的智能品质、卓越的领袖气质、执着的创新精神、自主的研究能力、开阔的国际视野"五项特色素质。大力提倡校本课程的开设，以此促使教师教育研究水平和课程开发水平不断提高，实现由"经验型"向"科研型"转变。

具体从以下几方面来说。

1. 新教师如何应对新课改

（1）要树立新型的教师观

长期以来，人们习惯于把教师看作知识或智慧的拥有者和传授者，认为教师的基本职能就是将自己的知识传授给学生。"知识中心"和"教师中心"的观点是常态。然而，随着时代的发展和新课改的不断深入，新型的教师观必然走上舞台，这也是每一位教师都要面临的问题。那么，该树立怎样新型的教师观呢？

第一，教师是学习的共同体。一方面，就知识的来源看。互联网强大的功能，使知识具有了公平性，教师不再具有优先权或独有权，且知识更新快，这就必然要求教师与学生一道学习，更新知识。另一方面，新课程的实施确定教师和学生不是外在于课程的，而是课程的有机构成部分，是课程的创造者和主题，需要共同参与课程的开发过程。教学不只是课程传递和执行的过程，而是课程创生与开发的过程。新课程要求教学的过程转变为师生交往、积极互动、共同发展的过程，师生之间从而形成一个真正的"学习共同体"。

第二，教师是学生潜质的开发者。当今知识爆炸，知识量多且更新速度快，教师的作用重点不再是知识的传递，而在于对知识的认识；不在于传授多少知识，而在于引导学生掌握获得知识的路径方法；不在于对知识占用，而在于对知识如何去认识及运用。即不是静态地掌握知识，也不是掌握静态的知识，而是在动态中最大限度地开发学生的潜能，开发其能力，培养其思考力和创造力。

第三，教师是教育教学的研究者。现代教师不再仅仅是传统文化的继承者与给予者，而更应该是知识的创造者。创造是教师职业内在的尊严和欢乐的源泉，没有创造加入的教育教学工作将非常枯燥。所以，教师应具有丰富的专业知识、教育教学理论知识、教学情境知识、信息技术知识。并且要做到继续学习，终身学习。在教学过程中要以研究者的心态置身于教学情境之中，以研究者的眼光审视和分析教学理论与教学实践上的各种问题，对自身的行为进行反思，对出现的问题进行探究，对积累的经验进行总结，使其形成规律性的认识。这种"行动研究"能把教学与研究有机地融为一体，它是将教师由"教书匠"转变为"教育家"的前提条件。这种"行动研究"是教师持续进步的基础，是提高教学水平的关键，是创造性实施新课程的保证。

第四，教师是学生学习的引导者和促进者。教师要引导学生学会做人，激发学生兴趣，培养学生良好的思想品质，从而形成良好的思维习惯；要克服求同思维模式，培养学生全面发展的同时，促进学生个性发展。教师应成为学生健康心理、健康品德的促进者、催化剂；应引导学生学会自我调适，自我选择。所以，教师应该帮助学生树立正确的人生观和世界观；帮助学生充分认识自己并正确评价自己，接纳自己；帮助学生建立良好的人际关系；帮助学生保持健康、愉快的心情；让学生学习有关青春期的知识，帮助他们认识心理咨询的重要性和必要性。

第五，教师是学生未来成长的参谋与顾问。当终身教育、终身学习成为生活的一部分时，学生学习的范围不断扩大至社会生活的各个层面，学习成了学生适应社会发展的必要手段，因此，学生的学习不能只停留在掌握某些知识上，而应着力于培养能力；"教师的职责已经是越来越少地传递知识，越来越多地激励思考；除了他的正式职责以外，他将越来越成为一名顾问，一位交换意见的参考者，一位帮助发现矛盾论点而不是拿出现成真理的人"。这就是说，终身学习中的教师，在学生未来成长的过程中，将只起参谋和顾问的作用，他们必须与学生一道，共同谱写美好的未来。

(2)树立以人为本的教育思想

"以人为本"是科学教育发展观的本质，是当前教育改革和发展的核心思想，也是教育教学工作的根本出发点。"为了每一位学生的发展"所倡导的素质教育理念是以人为本的人文关怀的具体体现，尊重每个学生，以宽容的态度对待他们学习过程中所犯的错误，努力营造宽松、民主、和谐的教学气氛。这需要树立新型的师生关系，新型的师生关系是平等、和谐的，也是互敬互动的，这种关系的建立又取决教师的人格品德、学识水平、专业知识、组织能力。具体应做到以下几点。

第一，以德育德，言传身教，用人格的力量吸引人。教师的形象就是学生的榜样，要求学生做到的，教师首先应该做到，因为教师的思想品德、学识作风本身就是一本无形无言的教科书，对学生成长成材发挥着潜移默化的作用。

第二，以才培才，才自才来，用知识的力量感召人。教育是要培养有创新能力、有竞争能力的人才。教师首先应有竞争创新的能力，也就是说教师不仅要有真才实学，还要有真知灼见，要有不断学习新知识、应用新知识的能力。我们已不是往日单纯知识的传授者，而要成为学生学习的促进者、参与者。

第三，爱动其心，情到理通，用情感的力量去感化人。我们知道，我们教育的对象是人，没有对学生的满腔热情是不会产生心灵撞击的火花的，爱学生就要尊重他们的人格，理解他们的心理。当然这里的爱中也要包含严格的要求，只爱不严是宠爱、溺爱；只严不爱是束缚、苛求，爱中有严，严中有情，方能爱动其心，严导其行，做到以情感的力量感化人。

第四，因材施教，循循善诱，用真理的力量说服人。因材施教就是要了解学生，掌握学生的个性，承认人文全才，肯定人人有才，既有人情又要有道理，做到有情有理，情理交融。

而当前师生人际关系中普遍存在着教师中心主义和管理主义的不良倾向，严重地损害了学生的主动性、自觉性、积极性，摧残了学生的自信心，学生根本没有主动参与、主动探求的机会，使学生在一种压抑、沉闷的气氛中学习。所以，尊重学生的人格，宽容对待学生创造性活动中一切合理的挫折和失败，注意发现和肯定学生在失败的学习创造过程中体现出来的学习热情和进取精神，尽量呵护学生的灵感。学生是发展中的人，要承认学生具有巨大的潜能，坚信人人都可以成功，每个学生都有待于完善，允许其犯错误并改正错误。把学生的错误当作教学资源加以开发和利用。

总之，教师作为引导者、舵手，需要尊重学生的主观能动性、创造性，培养他们获取信息和创造出思维的能力，使学生具有良好的道德品质、宽厚的基础知识、活跃的思维方式、较强的动手能力，学会学习，学会生存，学会做人，学会做事。

（3）探求新的教学策略和方法

第一，教学策略。一是突出学生的主体地位，教师要转变教学观念，变"指挥者"为"引导者"。要从学生的角度设计教学过程，引导学生积极主动地参与教学教程并进行自主的学习活动。引导学生自我定向、自我探究、自我评价、自我调控、自我激励。二是面向全体学生，重视学生的个性差异。"为了每一位学生的发展"是新课程的核心理念，为了实现这一理念，教师必须尊重每一位学生的尊严和价值。不伤害学生的自尊心，学会赞赏每一位学生，帮助、引导学生。重视学生的个性发展，因材施教。关注学生的情绪生活和情感体验，关注学生的道德生活和人格养成。

第二，教学方法。教学方法直接关系到教学效果，在素质教育的今天，教师要从单纯的讲解式教学方法中走出来，向综合运用多种教学方法转变，激发学习的学习积极性，培养学生的学习兴趣，学习情感，培养学生的良好思维品质，培养学生的创新精神、创新思维、创新技能、创新人格，创造一个愉快、和谐的教学环境。

（4）形成良好的教学风格

良好的教学风格是教师向学生有效传授知识的促进因素，对学生的学习产生很大的影响，与学生在情感行为、认知领域的学习有密切的关系。友好的态度、坦诚的性格，戏剧性的语言和行为使教学能够给学生留下深刻的印象。加大情感的投入，理解学生，尊重学生，宽容学生，平等对待学生，让所有的学生都得到健康、和谐、全面的发展。

2. 新教师如何进行课堂管理

（1）初次与学生见面时要避免过于随便

教师给学生的第一印象十分重要，因此，最好是在开始与学生相处时表现得正式一些，待与学生有更多的了解后再逐渐与他们建立更亲密的关系，就像结交新朋友一样。调查显示，许多影响力差的教师是以与上述相反的方式开始与学生接触的，然后在他们已经给学生形成一种过于松散的第一印象后又竭力使自己严肃起来。这样做效果不理想，教师的权威也难以树立。

另外，教师说话的风格、穿着、姿势要避免过于"独特"，防止学生分散注意力。

（2）快速记住学生的姓名

快速记住学生的姓名，并发掘每个学生的优点，不仅能让学生感觉到教师对自己的重视，而且也便于让学生参与课堂教学。

（3）使用积极的语言，而非消极的语言

课堂管理应该从对消极行为的控制转向对积极行为的促进。因此，教师在课堂上应该强调的是希望学生去做什么，而不是禁止他们去做什么。比如，教师要说"安静地走进教室"而不要说"不要这样乱"，要说"看你的书"而不应说"不要回头"等。消极的语言会暗示学生做出可能在此之前根本没有想到的行为。

（4）有选择地使用强化策略

为了预防课堂内违纪行为的发生，教师可以对某些学生采取选择性强化策略。在课堂学习中，当某个学生出现不良行为迹象时，教师可以不加理会，而向他提出一个比较容易回答的问题。这样，他就会感到教师在注意他。如果回答正确，他就会获得成就感，他的正当行为就会受到强化，实际上也就抑制住了他的不正当行为。

选择性强化也可以通过赞扬其他学生，即转移强化来实现。学生出现问题行为时，教师不加理会，而是采取赞扬其他学生的策略，选择他邻座的同学或他最要好的同学加以赞扬。赞扬的方式可以是表扬他的家庭作业或让他回答一个较容易的问题。待他回答正确后予以表扬，这样可以使有问题行为的学生意识到，教师已经知道了他的行为表现，他应控制自己的问题行为。

(5)运用非言语线索

如果有迹象表明某个学生将出现不正当行为，教师要立即使用非言语线索，给学生一个暗示信号。例如，可以给学生一个眼色或一个手势，也可以一边讲课一边走过去停留一下。这种非言语线索，既可控制不当行为的产生，又不影响课堂教学秩序。

(6)处理当前的事，而不是过去的事

当学生出现了不当行为时，教师要教会学生将来遇到类似情境时应该怎么做，而不是对学生过去的错误纠缠不放。要处理当前的事，而不是过去的事。比如，教师要避免问学生"你当时为什么那么做?"因为学生多数时候不能发现其原因。教师应该问学生"你现在在做什么?""这样做会带来什么后果?""你应该怎么做?"等问题，这样有助于学生更清楚自己行为的目的和后果。

(7)给学生提供承担责任的机会

应提供机会让学生参与课堂纪律的制定与实施，同时给学生提供承担责任的机会，这不仅能让学生感受到教师的信任，也能使他们认识到建立一个有效的学习环境，不仅是教师的责任，更是他们自己的责任。

课堂上发生了违反纪律的事件时，教师不要去听信学生的借口，否则只会让学生学会推卸或逃避责任。教师更不要去引导全班学生讨论该生的理由是否成立，这会使违纪学生认为此行为受到了重视，反而客观上强化了其违纪行为。这时，教师应该问学生在下次遇到相同情况时，正确的做法是什么。

(8)要就事论事，不要羞辱学生

当发生学生违纪事件时，教师应该就事论事，诚恳地表达自己的意见和对学生的希望，而不要去羞辱学生，更不要当着全班同学的面去揭露该生的短处。羞辱学生不仅不能起到预防消极行为再次发生的作用，反而会让学生产生逆反心理。

(9)避免不必要的威胁

仅仅依赖于威胁来控制学生是无效的，而且总是用"这是最后一次机会"来威胁学生会极大地损害教师在学生心中的形象。当然，威胁信号一旦发出了，就一定要执行，让学生感到教师言而有信。

3. 教师的人生

有人说："教师像蜡烛，燃烧了自己，照亮了别人。"但是蜡烛的光太微弱了，蜡烛的结局太悲壮了。教师固然要有蜡烛的奉献精神，但在奉献的同时更要成就自己、发展自己。育人是从育己开始的，没有教师自身的发展，教师的"光"只能是短暂的。

有人说："教师是人类灵魂的工程师。"它表明，教师从事的是一个非常崇高的事业，目的是塑造人的灵魂。但是，将教师比喻为"工程师"，反映的是一种工业模式。学校被视为工厂，教师是工程师，学生则是等待被加工的产品。工业模式强调产品标准的整齐划一，在这样的思维模式主导下，学生鲜活的生命被遗忘了，学生多样的个性也被泯灭了。

著名教育家叶圣陶说过一句意味深长的话："教育是农业，不是工业。"农业产品是有生命的，有它自身的意志和精神，有属于它自身的内在力量。对这种内在力量，外部环境不能彻底改变它，只能因地制宜、因时制宜地培育它。而且，不同的作物有不同的生长季节，不同的品种有不同的栽培方式，农夫只能根据作物的生长习性和规律，对它们精心呵护，而不能拔苗助长。从这个意义上来说，教师更像农夫。而学校的核心工作，就是帮助每位教师得到发展，从而促进每位学生得到发展。教师应该充满自信充满热情地学习、工作、生活，从而使自己的人生成为奋斗的人生、成功的人生、健康的人生、快乐的人生。

（1）教师的人生应该是奋斗的人生

这包含两层意思。一是教师是一种职业，是每位教师赖以生存、养家糊口的职业。但是，我们要清楚地认识到自己所从事的是一种特殊的职业，即培养人的职业。这要求每位教师不管是否理解，不管是否感受到教育工作的崇高，都要把它当作事业来做，在工作中逐渐感受从事教育事业的意义，进而对事业有所追求。一个人民教师任教的几十年就是对教育事业不断追求、不断奋斗的几十年。

二是为事业而奋斗就要有目标，每位教师要确定近期与远期的人生目标，制定切实可行的生涯规划，使自己在教育教学的过程中不断实现人生目标。教师的发展目标不仅包括教育教学、进修学习等专业发展目标，还应该包括与人交往、身体锻炼、购车买房等生活目标。

(2)教师的人生应该是成功的人生

教师要在平凡的工作中体验人生的成功。有人认为，不想当特级教师的青年教师不是好教师。从鼓励青年教师努力奋斗、积极进取的角度讲，其善意是可以理解的，但是这样的目标往往使许多教师感受不到人生的成功。我觉得，我们要认识到不一定成为模范、骨干才是成功，不一定得到学校的表扬和肯定才是成功。按照自己的预定目标努力了、奋斗了、体验了、发展了就是成功。一位教师在原有的基础上按照自己的意愿去努力完成一项工作，去实现一个自己设定的目标，只要感到有收获就是人生的成功。我们认为，学校中有两种人是骨干：一种是常上公开课、课题研究有成果的教学骨干。另一种是热爱孩子，努力工作，班级管理平稳，教学工作扎实的教师。他们虽没有获得教学骨干称号，但同样是学校的骨干，同样拥有成功的人生。

(3)教师的人生应该是健康的人生

教师在工作中不仅需要付出艰辛的脑力劳动，同时还要付出一定的体力劳动。许多教师从教多年后都感到身心疲惫。教师应该从两方面使自己保持健康的人生。一方面，要有健康的心态，善于进行心理上的自我调节；另一方面，要重视锻炼身体，要给自己留有一定的从事体育锻炼的时间。要学会善待自己，注意科学的起居饮食，自己给自己减压、减负。

(4)教师的人生应该是快乐的人生

我们要积极地对待人生的每一天，让每一天都有价值，都充满快乐。学会忙中偷闲，苦中求乐。

4. 教师的"六个学会"

教师在一个人成长历程中的重要性几乎是不言而喻的。假如一个人在他的学生时代曾经遇到过一个对其关注的好老师，那么，他即使坏，也一定有限；相反，假如一个人在他的学生时代不曾遇到过一个好老师，那他的存在对于社会就可能是一个巨大的危险。

联合国教科文组织提出的 21 世纪教育的四大支柱是：学会认知、学会做事、学会共同生活、学会成为你自己。这是从培养年青一代所应有的素质而言的。而作为教师，要能在新的历史条件下胜任自己的工作，就需要不断成长和发展。所以，广大教师需要做到"六个学会"：学会等待、学会分享、学会宽容、学会合作、学会选择、学会创新。只有当我们的教师具备了这些素质，人类才能拥有更加美好的未来。

（1）学会等待

学会等待，意味着教师能够用发展的眼光看待学生，意味着能够以从容的心态对待自己所做的工作：不急于求成，不心浮气躁，不指望一次活动、一次谈话，就能收到立竿见影的效果。因为一个好的品质的形成，一个不良品质的矫正，都不可能是一蹴而就的，而是一个长期的、曲折的过程；即使是一个概念，一个原理的掌握，也都是很难一步到位的，而是一个不断丰富、不断深化的过程，一个需要不断"温故知新"和"知新温故"的过程。

其实，从我们个人的生命历程来说，我们"90％的努力都是徒劳的"，而正是这貌似徒劳的努力，使我们拥有"9％的接近成功的机会"，而正是这"9％的接近成功的机会"，最终使得我们有"1％的取得成功的可能"。

每一个人都有一个从幼稚走向成熟的过程，学会了等待的教师，一定永远不会对学生说"你不行"。教育是最能体现"一分耕耘，一分收获"的领域，只要我们付出真诚的努力，就一定会取得成效，尽管更多的时候不是那么直接，那么迅速。当我们学会用等待的心情看待学生时，我们就能对学生少一点苛责、少一点失望、少一点冷漠，而多一分理解、多一分信心、多一分亲切。

（2）学会分享

分享是双向的沟通、彼此的给予、共同的拥有。教育的过程其实也就是教师和学生一道共同分享人类千百年来创造的精神财富的过程，分享师生各自的生活经验和价值观的过程。分享，意味着教师更多的是展示，而不是灌输；是引领，而不是强制；是平等的给予，而不是居高临下的施舍。

学会分享，首先意味着学会倾听，学会走进学生的内心世界，学会从学生的眼光看待世界。高高在上的老师，怎能听到学生真情的呼唤？自以为是的学生，又如何听得进老师的肺腑之言？重要的是以心换心，彼此倾听。

其次，意味着努力创生一种新的分享方式和新的表达方式，因为分享方式和表达方式本身就蕴含教育的因素。

再次，意味着对以自我为中心、自以为是、好为人师的倾向的自觉防范。

最后，学会分享是和学会欣赏别人高度相关的：欣赏别人其实就是真诚地去分享对方的闪光之处，它会带给我们非常单纯的满足、愉悦和欢乐。有人讲，我们不见得喜欢我们所赏识的人，但一定喜欢赏识我们的人。人同此心，心同此理，对别人表现出真诚的赞扬和欣赏会使我们的生活有更多的阳光、温馨和美丽。而当一个人在成长的历程中没有得到足够的关注、爱和欣赏时，一旦他拥有了权力，就更容易表现为自我中心、专制与独裁。

(3)学会宽容

教育就是引领人们从狭隘走向广阔的过程。学会宽容，就是努力使自己变得胸襟开阔、气度恢宏，就是心智不那么闭锁，头脑不那么固执，思想不那么僵化，眼界不那么狭隘，就是尽可能地尊重多样性、珍视个性，尽可能地从多种角度看待事物，尽可能习惯"一个世界，多种声音"。

要做到如此这般，就必须不断地学习，领悟人类心灵的广袤与深邃，理解世界的多样与神奇，明了世事的无常与诡异。俗话说得好，"人心不同，各如其面"，由于每一个人的社会关系是千差万别的，每一个人的生活境况、生活道路也各不相同，世界在每一个人的眼中所呈现的样貌、所展示的色彩，也就不尽相同，因而每一个人对同样的事情有不同的态度、不同的看法，就再正常不过了。我们每一个人变得开朗、开放、开明，去创造一个宽厚、宽松、宽容的心理氛围，对我们的健康成长与和谐发展，对我们宁静的心绪，对我们的修身和养性，都是十分必要的。

(4)学会合作

一个崇尚个性的时代，也必定是一个崇尚合作的时代。因为一方面，个性使得合作成为必要与可能；另一方面，个性也只有在人与人的合作的关系之中才能得到健康发展。因此，学会合作就意味着对于不同、对于差异、对于另类、甚至是对于异端的尊重与接纳；意味着我们学会了"求大同，存小异"，学会了必要的妥协、退让、隐忍和放弃。

作为教师，需要很好地和校长合作，和同事合作，和学生合作，和家长合作。合作需要有善于沟通的品质和能力，需要有理智的判断和成熟的热情，需要有设身处地为他人着想的品质和推己及人的胸怀。

(5)学会选择

社会的加速发展，使人类的生存环境呈现出多变、多元、多彩、多险的飘忽迷离状态，平衡而单一的局面被打破，不确定性和可选择性同时增强。因而每个人或社会在求发展的同时，必须学会做出选择。当成功与失败并存、机遇与陷阱同在时，正确的选择就成为走向成功、抓住机遇的十分重要的第一步。所以，我们可以用"注重选择"来概括这一时代精神。它意味着人类将通过选择来寻求适合自己发展的空间和途径，划一的、同步的、简单服从计划安排的发展模式不再被认为是天经地义的了。

衡量一个社会文明程度的一个重要尺度便是看它在多大的程度上，多大的范围内，为个人自由全面的发展提供了可能。这种可能性实质上就是人们对于自己的生存、发展和享受的方式的可选择性。社会的进步总是伴随着人们拥有越来越多的选择的机会和可能。学会选择就成了一个更加文明、人道、合理的时代人们必备的素质和能力。在一个变得越来越多样、丰富和便利的世界，人生的历程应真正成为一个不断选择的过程。

民主化、个性化教育自然需要以教育的内容、教育的方式的可选择性为条件。而教师不是一个被动的被选择的对象，而应是一个引领学生进行积极选择的向导。因此，教师本人必须学会选择，学会选择教育的内容，选择教育的时机、教育的途径和方法。这就要求教师有非常丰富的积累，有高度的判断力和鉴赏力，如此才能有不俗的选择能力。

(6)学会创新

学会创新，意味着教师能够不断地探索以便改进自己的工作，不断尝试新的教学方式和教学风格，能够从不同的角度对那些习以为常、司空见惯、熟视无睹的事情做出新的解释，能够对那些理所当然、天经地义的事物进行新的审视，能够对那些似是而非、以讹传讹的种种说辞予以警示。

我们希望教师学会创新，是因为只有具有创新意识和创新能力的教师，才可能培养出具有创新意识和创新能力的学生。创新是一种心态，一种工作作风，一种人格特征。我们希望教师学会创新，并不是要教师能探索出对于整个人类来说都是新的认识、新的规律，而是希望教师通过自主探究，将古老的教育智慧变成自己的信念和教养，从而体现于自己日常的、细微的教育行为之中。

具有创新意识的教师，也一定具有开放的头脑、进取的精神和探究的兴趣。而这些品质本身就是极其重要的教育力量、教育资源，是好教师重要的人格特征和内在资质。"六个学会"是优质教育对教师的要求，是新世纪对教师的厚望，也是衡量教师专业成熟与否的标尺。

5. 向成为名师和教育家奋斗

一所学校要成为名校，得以持久地发展，一是学校必须有明确目标，才能充满活力。二是要有四个必备的因素：一名校长，二名课程（或名项目），三名师，四名学生。我考察了一些中国名校，一部分名校是历史性的贡献，一部分是靠着培养出的人才。对棠湖中学来说，在现有声誉的情况下，要寄希望于"名课程""名师"和"名学生"。名课程与名师其实是高度相关的，教师致力于课程改进与新课程开发取得了成果而成为名师，名师打造了棠湖中学的高质量、有特色，充分反映棠湖中学教育理念的课程体系而成名课程。名师与名课程交相辉映，相得益彰，进而就会产生大批的"名学生"。

那什么样的教师能够是名师呢？

成为名师首先是要能提供优质的教育服务。那些通过延长学生学习时间，增强学生学习强度，侵占学生学习其他课程和从事其他活动的时间以求得的教育质量不是真正的质量。也就是说，质量与效益是一对双胞胎。我们在考察质量时，必须同时关注效益，要分析达到现有的质量水平，我们会付出多大的成本，我们付出这些成本值不值；还要分析学生是否为达到质量标准付出过于高昂的代价，他们的基本权利和身心健康有没有受到伤害。在这个前提下，我们就可以断定，名师就是让学生花费很低的成本，取得很大发展的教师。

成为名师的关键是要成为一个不可替代的人。名师是凤毛麟角的，其稀缺性可想而知。在学校里，有三种人不可替代，一是学科教学专家，二是德育专家，三是课程专家。专家就是在某一领域钻研得很深的那类人，自然就不可多得，不可替代。

什么是教育家？教育家就是教育的专家，包括教育理论家和教育实践家。教育理论家侧重于教育理论的研究，教育实践家侧重于教育理论的实践。一个时代、一个国家，只有当教育家是从课堂中生成的时候，这个时代的教育才是成熟的教育，这个国家的教育才有可能是充满智慧的教育。一个民族，一个国家，今天教室里教师脸上是否有笑容，将决定着这个民族、这个国家的明天有没有笑声。为了国家和民族幸福的明天，我希望每位教职工都成为幸福的老师，希望每位教职工都树立成为教育家的愿景，在学习中成长，在实践中探索，在教育中思考，在反思中提炼，成为"思""行""果"合一的教育家型教师。为此，棠湖中学成立了"棠湖中学教育家成长中心"，致力于培养"棠中教育家"——将先进的教育理论运用于教育教学的全过程，并形成自己独特的教育方式和教学方法，成为"思""行""果"合一的优秀教师。

什么是学科教学专家？有两类，一类是对教学中某一内容的把握与处理极有深度。比如，语文学科，你专门研究作文教学，形成一整套的作文教学体系，别人遇到作文教学问题都向你请教，那你就是专家了。第二类是你形成了自己的教学风格，别人一听，就知道那是你的课，在形成教学风格的基础上，你形成了相对固定的教学模式，而且这套模式经得起检验，那你在这个学科教学领域里一定是小有成就了。

什么是德育专家？一般来说，好的老师就是那些能摆平班级纪律，控制住差生，并能促使班级学业成绩提高的教师，但作为专家型教师，这还不够。如果你研究了学生深层次的思想问题，帮助了学生道德的生长，创造了一套行之有效的方法，那么你就成为德育（教育）专家。我们当前更缺这样的专家和专家型班主任。

什么是课程专家？就是有很强的课程意识，能按新的课程标准改进现有课程，还能独立开发校本课程。如果你能编写教材并开设这些课程，或者你能独立构思一门课，而这门课可以体现学校价值观和时代方向，那么，你就能靠这门课成为名师，靠这门课成为不可替代的人。学校里的课程专家现在成了紧缺人才。

并不是非要吃得苦中苦才能成为一代名师的，有些宣传我们不必太当真，有一件真实的故事可以作为佐证。

1965年，一位韩国学生到剑桥大学主修心理学专业。在喝下午茶的时候，他常到学校的咖啡厅或茶座听一些成功人士聊天。这些成功人士包括诺贝尔奖获得者，某一些领域的学术权威和一些创造了经济神话的人，这些人幽默风趣，举重若轻，把自己的成功都看得非常自然和顺理成章。时间长了，他发现，在国内时，他被一些成功人士欺骗了。那些人为了让正在创业的人知难而退，普遍把自己的创业艰辛夸大了，也就是说，他们在用自己的成功经历吓唬那些还没有取得成功的人。

作为心理系的学生，他认为很有必要对韩国成功人士的心态加以研究。1970年，他把《成功并不像你想象的那么难》作为毕业论文，提交给现代经济心理学的创始人威尔·布雷登教授。布雷登教授读后，大为惊喜，他认为这是个新发现，这种现象虽然在东方甚至在世界各地普遍存在，但此前还没有一个人大胆地提出来并加以研究。惊喜之余，他写信给他的剑桥校友——当时正坐在韩国政坛第一把交椅上的人——朴正熙。他在信中说："我不敢说这部著作对你有多大的帮助，但我敢肯定它比你的任何一个政令都能产生震动。"

后来这本书果然伴随着韩国的经济起飞了。这本书鼓舞了许多人，因为他们从一个新的角度告诉人们，成功与"劳其筋骨，饿其体肤""三更灯火五更鸡""头悬梁，锥刺股"没有必然的联系。只要你对某一事业感兴趣，长久地坚持下去就会成功，因为上帝赋予你的时间和智慧够你圆满做完一件事情。后来，这位青年也获得了成功，他成了韩国泛业汽车公司的总裁。

在很多人看来，成功的人一定整天愁眉苦脸，悬梁刺股像个苦行僧，其实不然，故事中的青年取得了事业的成功，一靠兴趣，二靠持久。如果在成为名师的道路上，我们也能一靠兴趣，二靠每天坚持，那么成功一定会到来的。只要一个人还在朴实而饶有兴趣地生活着，他终究会发现，造物主对世事的安排，都是水到渠成的。

教师的成长一般来说有三个阶段，一是新手型，二是成熟型，三是专家型。一所名校最宝贵的财富就是专家型教师，我希望我们老师中间多一些名师。如果你是一代名师，我这个校长定决心为你提供令你百分之百满意的服务。

新手型教师为了尽快向成熟型、专家型教师发展，必须脚踏实地，从认真地"反思"开始，注重教育教学点滴的积累、个案的整理，经验的归纳、思考和提炼。

大家通过一段时间的工作，自己是否注重了以下问题，你由此将会得到什么启示：

①学生是否被你漂亮的板书所折服？

②你讲课时的抑扬顿挫、恰当的形体语言、饱满的讲课激情感染学生了吗？

③学生迟到了，你是如何处理的？

④学生在看书或者思考你所提的问题时，你该如何做？

⑤你在台上讲得津津乐道，学生说话、做其他与本堂课无关的事、纪律差，这是为何？

⑥你对学生上学科自习课时，是怎样要求的？

⑦你给学生介绍了学科特点、学法了吗？

⑧学生出错了怎么办，你自己出错呢？

⑨你有名字被挂在黑板上的经历吗，出现了该如何？

⑩你是否收集了学生对自己教育教学方面的意见，对意见是如何处理的？

⑪你讲课的起点是否符合学生的认知水平？容量、难度是否符合你班的学情？

⑫你的教学进度是否比师傅晚一节、教案是否交师傅签字?

(三)收获了学校的发展

针对现有教学体制的弊端,根据棠湖中学的学情,结合中央教科所专家的意见,为全面贯彻新课改理念,实施教育教学改革,棠湖中学创建了"三段教学"(创境设问、互动解疑、归纳拓展)的高效课堂模式。通过三年的探索实践,培养了学生良好的行为习惯和学习习惯,增强了学生独立思考、合作共赢、交流表达和创新实践的能力,提高了办学质量,被媒体赞为"续写了'低入口,高出口'的奇迹"。

2008年高考,棠湖中学重点本科上线270人,应届上线率居全县第一;本科上线670人,应届上线率居全县第一;理科重点上线率居全县第一;全县理科前10名,棠湖中学占5名;周科、向杰分别夺得县文科、理科应届状元;有18人被新加坡南洋理工大学、美国兰多夫梅恩大学等国外高校提前录取,有9人被国内重点大学提前录取,居全县第一。

双流中学全景照

而率先实践"三段教学"的高2009级,更是成绩显著,凯歌高奏——勇夺双流县文科状元、理科亚军;本科上线人数781人,上线率居全县第一;二本及以上上线人数622人,上线率居全县第一;一本增长率为77.5%,居全市国重(全成都市国家级示范性普通高级中学)第二；二本增长率为 112.39％，居全市国重第一；三本增长率为 119.45％，居全市国重第一。

棠湖中学以极强的整体实力和极高的上线比例，超额完成教育工作目标任务，赢得了社会各界的高度赞扬。同时，"三段教学"提高了教师学术水平和教育教学能力，促进了教师专业化发展。近年来，棠湖中学教师付民等 35 人在"全国高中信息技术与课程整合优质课大赛"中获一等奖。棠湖中学教师撰写的课改研究论文获国家级一、二等奖共 69 篇，省级一、二等奖共 85 篇，市级一、二等奖共 245 篇；在省级以上刊物发表 96 篇。

2010 年 3 月底，全国高中新课程有效教学专题研讨会在棠湖中学成功举办。我在会上所做的题为"课程改革有效途径的实践与研究"的主题报告令人耳目一新，影响极大。来自全国 23 个省、自治区的 1000 余名领导专家一致认为，在高中新课改方面，棠湖中学已走在前列，称赞棠湖中学为"西部高中课改先锋"。而四川省教育厅则将棠湖中学定为"四川省高中新课程改革教师培训学校"，对全省高中学校和教师进行示范培训。

同时，我根据校情，总结提炼出了"棠中六大办学特色"，即重视修身立德，突出德育教育特色；面向全体学生，突出分层教学特色；紧跟时代步伐，突出信息技术特色；倡导个性张扬，突出学生社团特色；注重特长培养，突出多元办学特色；强化常规细则，突出精细管理特色。在全校师生的共同努力下，特色办学也结出了累累硕果。

在成都市第七届学生优秀艺术人才选拔赛暨四川省第四届中小学生优秀艺术人才选拔赛中，棠湖中学海棠艺术团获得 5 个省级一等奖、7 个省级二等奖、35 个省级三等奖，4 个市级一等奖、5 个市级二等奖和 41 个市级三等奖。在其他各项竞赛中，棠湖中学学生有 11 人获国家级一等奖，67 人获国家级二等奖，56 人获国家级三等奖，73 人获省级奖，138 人获市、县级奖。

凭借卓著的教育教学成绩、鲜明的办学特色，2009 年 5 月，棠湖中学成功入选"2009(第三届)中国百强中学"，我亦荣获"2009(第二届)全国中学杰出校长"称号，并应邀为大会做了题为"缔造传奇，再创辉煌——例说棠湖中学办学特色"的专题报告，介绍了棠湖中学的"六大办学特色"。

2009 年 5 月 23 日，在"新中国成立 60 周年全国教育管理研究与实践成果论坛暨优秀成果表彰大会"上，棠湖中学荣获"全国教育管理科研成果优秀奖"，我被授予"全国教育科研杰出管理者"荣誉称号。

2009 年 7 月 12 日至 17 日，在由教育部基础教育司负责的全国教育科学"十一五"规划教育部课题"提高课堂教学实效性的教学策略研究"、全国教育科学"十一五"规划教育部课题中后期经验交流会暨全国中学教育科研 2009 年青海会议上，棠湖中学教研室被评为"全国优秀教科室"，我被评为"全国优秀课题主持人"。

在双流中学任校长期间，我从以下两方面有了突出的收获。

1. 对内构建了课程教学

双流中学建设的"精英教育"特色品牌，是以课程和教学为载体的。具体来说，就是实施"双商（智商、情商）教育、'二元导学'、两类课程、教育国际化"策略。

（1）"双商教育"，德育是关键

我认为，"精英"一方面要有高情商，要具备认识管理情绪、激励控制情感、意志品质修养、交往沟通水平、耐受挫折能力、领导管理艺术等六方面的素养；另一方面要有高智商，包括意志力、领导力、记忆力、领悟力、想象力、创造力等六大方面。培养精英，关键在于发现，在于如何遵循教育规律，采用何种方法去引导、启迪、发掘学生的潜能并加以悉心培养，让其最大限度地发光发热。

双流中学培养的精英，是在各行各业都出类拔萃的人才。我们从德才兼备入手，一要培养其强烈的精英意识，目标远大，意志坚强，能够朝着理想孜孜以求；二要培养其高尚的道德情操，关注民生，关心他人，能够带领团队共同奋斗；三要培养其扎实的业务功底，善于学习，精于创新，能够引领所处领域发展进步。"我们的'精英教育'强调的就是培养具有精英意识，有智慧、有品位、有尊严、有文化的学生！精英教育的本质在于塑造人的心智；精英教育的精髓在于精英意识的培养。"

双流中学把对学生情商的培养贯穿在德育工作中，学校坚持"以导为主，严爱结合"的德育工作模式，建立了多层次、多渠道的德育工作目标管理体系，实现了德育工作的"四化"——课程化、活动化、系列化、创新化。

高一年级以"养成教育"为主题，侧重于行为习惯教育、感恩教育、爱国主义教育、集体主义教育、诚信教育、勤奋教育、法制教育、生命教育、健康生活情趣和健全人格的培养教育等。

高二年级以"能力教育"为主题，侧重于阳光自信教育、科技创新教育、耐挫教育、劳动教育、国防教育、人文精神教育、自主学习积极探究习惯教育和自我管理能力教育等。

高三年级以"理想教育"为主题，侧重于自尊、自爱、自律、自强教育，个人理想与社会需要相结合的教育，正确的恋爱观家庭观教育，成人意识教育，职业理想教育和升学就业指导等。

以上不同层次的德育工作，学校通过多渠道的方式实施，如每周一次的主题班会、每周国旗下的演讲、定期主题黑板报、定期社团活动、社会实践活动、业余团校、业余党校和各种集会典礼等。经常开展这一系列行之有效的活动，可充分发挥学校团委、学生会在青少年道德建设中的作用。双流中学良好的学风、班风和校风，深受社会各界好评。

学校自编了德育校本教材《青少年求真向善尚美德育读本（共 4 册）》《卓越人生课程（共 3 册）》《爱子大智慧》《警惕成长中的误区》等，针对"精英教育"开展德育工作，培养精英人才需要具备的情商——认识管理情绪、激励控制情感、意志品质修养、交往沟通水平、耐受挫折能力、领导管理艺术等六个方面，其目的就是要面向全体学生，促进全面发展；关爱每个学生，张扬个性特长。

（2）"二元导学"，课堂为阵地

为了实现高效教学，双流中学采取了"二元导学"教学模式，来达到"精英教育"的目标。

其一，提高教师教学的针对性——目标、活动、评价。

目标：根据课程标准，确定每课时的微观教学目标，紧紧围绕此目标组织教学内容，增强内容与目标的关联性。

活动：根据课时微观目标，确定符合学情的教学方式，提高每课时教学活动的实效性，从而达到完成学科宏观教学目标的目的。

评价：根据学生在学习过程的信息反馈，在练习、作业、考试中的表现，教师给予激励、启发和有效的评价，从而提高学生的学习热情和纠错的能力。

其二，增强学生学习的参与度——预习、互动、训练。

预习：根据预习提纲，让学生的学习前置，培养学生的发现问题的能力和自主学习的能力，从而实现因材施教的目的。

互动：在学习过程中，根据目标和学情，选择符合实际的传授学习、展示学习、合作学习或探究学习，从而实现生生互动、师生互动，达到提高学生学习参与度的目的。

训练：优化课堂例题、习题、课后作业、考试，增强训练的目标性，督促学生有效完成，从而达到学生知识得以迁移过手的目的。

为了贯彻落实"二元导学"，学校自编了校本教材《益友》(包括"导学案""教学案""练习案")，采用了"学案导学"的操作模式——学生以《益友》为载体，在教师指导下有计划地自主学习。整个"二元导学"过程，贯彻落实"先学后教，以学定教"的理念，体现教师"主导"、学生"主体"的地位。

采用"二元导学"的高效教学模式，教师教得潇洒，学生学得轻松，最终实现教师"鱼渔双授"，学生"鱼渔双收"的目的，使学生学有目标，学有路径，学有方法，学有信心。

(3)"两类课程"，为学生发展奠基

学校开齐开足了国家课程，开设了独具特色的校本课程，课程设置符合学生实际，综合社会实践课、选修课和各种活动课全面开展；建有学生电视台、校园广播站、学生合唱团、文学社、小记者团、奥赛班、科技创新兴趣小组、业余党校等；学校团委和学生会还组织学生成立了20余个学生社团，既丰富了学生的课余生活又促进了学生的专业发展或特长进步，让有不同个性和兴趣的学生都能找到属于自己的天地，施展自己的才华；常年开办书法、绘画、器乐、声乐、舞蹈等艺术兴趣班和田径、球类等各类体育运动队，为艺体特长生提供畅通的成长平台。

(4)"教育国际化"，开拓国际视野

这一策略以加强与发达国家的教育交流合作，促进中外学术互补，推动学校国际化发展为宗旨；以"培养走向世界的国际化人才"为目标，为出国留学的学生架桥铺路，旨在培养出拥有宏观国际视野的参与者，有说服力的沟通者和充满创意并有判断力的思考者；普及国际理解教育，结对境外友好学校，每年都有师生来访或回访，常态开展师生访学交流。

双流中学自1998年开展国际交流以来，先后100余次组织师生到美国和欧洲访问、交流和讲学，引进了近30名外籍教师在双流中学任教，并接待了百余次外国教育专家、校长及学生来访。通过这些国际交流活动，双流中学不断地汲取国外先进教育思想和管理经验，并结合自身特点，逐步形成具有时代精神和双流中学特色的先进办学思想。

如今的双流中学正以稳健的步伐迈向现代化和国际化!

2. 对外调适了外部环境

第一,通过合作,达到共赢发展。遵循教育本质规律,为学校发展进行不断探索,通过自身努力,让学校加入巴蜀课改联盟,通过"双青互动""双崇互动"与大弯中学和崇庆中学缔结为友好学校,继续发展友好学校关系,通过校际间交流,达到共赢发展。近年来,为更新教师教学理念,先后联系发达地区实施新课改具有代表性的学校,组织教师代表学习培训。

第二,通过交流沟通,处理外部关系。首先,争取主管部门的政策支持。比如,2012年我到双流中学任职时,恰逢双流县高中教师绩效方案出台前的关键时间,我通过了解各地绩效政策,结合学校实际,不失时机地向教育局反映情况,争取政策支持。其次,争取政府支持。通过自己与主要领导协调,困扰学校多年的债务问题得以化解,学校原有的包括学生食堂、家属区管理、名优教师待遇等在内的遗留问题得以提上议事日程,基本正在处理中或已有处理意见。最后,积极与相关部门协调,处理好各种关系。比如,与城管局协调,消除学生上下学途中安全隐患问题(交通、食品),取得一定效果;与幼儿园小学、初中学校积极沟通,最大限度地解决教职工子女入学(园)问题,以解除教师后顾之忧等。这理顺了外部环境,确保了学校的发展。

第三,捕捉有效信息,利用外部资源。密切关注对学校发展有益的信息,及时出台政策。比如,了解到上海建平中学课改信息后,争取到全县最大的学习团(行政、高一高二年级组长和备课组长、教研组长40余人),通过实地学习,带回经验进行交流,辐射全校;了解到北京走班制情况,及时组织人员实地学习,回校后结合学校实际,制定了双流中学走班制办法;了解到一些学校课堂教学改革的有益尝试后,及时安排信息组老师参观学习,并制定奖励措施,现双流中学自主研发的教学辅助平台已投入使用。再如,当得知某一领域专家(如台湾世新大学林承宇博士、四川师范大学张皓教授等高考专家及学科建设专家)对学校发展有帮助时,及时聘请他们到校组织讲座或交流,让老师们足不出户,就可与专家交流,既保证了成本最小化,又保证了收益最大化(更多教师参与,不影响学校正常教育教学秩序)。

作为父亲,我是一个家庭的船长;作为校长,是我一所学校的船长。正是以思想为桨,我才有不竭的动力,无限的勇气,引领我的船员和我抵达幸福的彼岸,实现人生的梦想。

"本真课堂"时空的变革：
三段教学

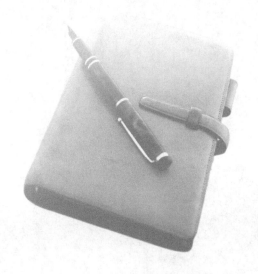

一、"三段教学"的思想内涵

古人云："授人以鱼，不如授人以渔，授人以鱼只救一时之急，授人以渔则可解一生之需。"说的是给人一条鱼能解一时之饥，却不能解长久之饥；如果想永远有鱼吃，那就要学会钓鱼的方法。教育又何尝不是如此。为人师者传授给人既有知识，不如传授给人学习知识的方法。"授人以鱼，三餐之需；授人以渔，终生之用。"老子的这一哲学思想，可谓教育的至理名言。"三段教学"的主体哲学思想，就是"授人以渔"这一教育真谛。

在全国高中新课程有效教学专题研讨会上发言

我们通过"学生主动发现问题、师生互动解决问题、反思升华拓展问题"，"先学后导、内化延展"的"三段教学"，变学生的被动学习为主动学习，让他们不仅获取知识，更能掌握一套获取知识的方法。这一方法的掌握，不仅在高中阶段有用，到了大学更加有用。在他们进入社会之后，他们会发现，这一套学习方法和习惯的养成，对他们的职业生涯依然有用。

为了便于操作，我们又将"授人以渔"这一哲学思想细化为三个方面。

(一)指导思想

以激发学习内动力为前提，以强化组织教学为保证，以优化教学程序为重点，以激活课堂互动为关键，以落实学习环节为控点，以迁移知识能力为目的。

(二)教学理念

效益在每一个课时，希望在每一个学生，成功在每一个环节。在课堂上以学生为本，为学生的学习创设条件，积极引导和激发学生的学习潜能，让学生学有所获；在环节上狠抓预习、笔记、互动、作业、复习、考试、总结等学习环节，以达到知识迁移的目的。学生既是教学的对象，也是教学的资源，更是教学的条件，课堂教学中要建立平等的师生关系，营造民主的教学氛围，由师生共同合作完成教学任务；承认学生差异，关注每一个学生，分层教学，因材施教，千方百计地满足不同层次学生的不同需要，让全体学生都能进步。

(三)教学策略

从学困生抓起。关注学困生的学习，一方面树立学困生的信心，增强全班学生的学习积极性，培养良好的学风；另一方面推动中等生和优等生进步，增强他们的危机感，培养他们的竞争意识。

二、"三段教学"的方法论

"有教无类，因材施教"是孔子提出的教育原则。但孔子之后，这一原则并没得到继承和发扬，尤其是实施科举制度之后，中国的教育便走上了一条"读书做官""为考试而学习"的道路。虽然今天人人都知道"因材施教"这个成语，在谈及素质教育和教育改革的时候，也常常频繁地引用这句成语。但是，在一个年级有上千人、一个班有近百人的现实条件下，如何"因材施教"？这是我们在创制"三段教学"时最需要思考的一个"方法论"问题，也就是新课改、新模式的可操作性问题。

学校以"帮助每位师生走向成功"为办学宗旨，以"从学困生抓起，面向全体学生，对每位学生负责"为指导思想，突出"因材施教、分层教学"的教学特色。

何为"分层教学"？如果说，"授人以渔"是我们教育的思想内涵，"因材施教"是我们的教育原则，那么"分层教学"就是我们的教育方法和手段。

有了"分层教学"的方法论做指导，我们从分班开始，从选配班主任、师资配备、教学标高、教学方法、教学手段、教学评价、奖励办法等环节入手，承认学生差异，针对不同层次的学生，采取不同的策略，通过分层次确定目标、分层次备课、分层次上课、分层次布置学生作业、分层次辅导、分层次考核，千方百计地照顾不同层次学生的不同需要，使各层面的学生都学有所得，让学困生学起来，中等生优起来，优等生尖起来，从而使学校教学质量得到全面提高。

可以这样说，"三段教学"的整体构架以及各个环节，无不体现了"分层"这一特征。没有"分层教育"这一方法的运用，"因材施教"就是一句空话，成为一个不可能完成的任务。

我们感到幸运的是，适逢科技进步和繁荣的时代，我们的方法和模式在实施过程中，具备前人不可能具备的先进技术的支持，这就是以计算机为基础，以因特网为平台的数字化网络管理。

棠湖中学建校之初，正值微型计算机发展之时，学校牢牢抓住这一历史机遇，树立超前意识，加强硬件设施建设，于 1992 年引进 CSC 办公系统，率先步入以信息技术为特色的快速发展之路。目前，学校每个教学班都配置了计算机、电子白板、投影机、视频展示台、音响系统等多媒体设备，每位教师配置了办公用多媒体计算机；学校建成了资源丰富、功能强大的校园网，组建了校园电视台、校园广播站、机器人工作室和设备齐全的网络教室等，并把计算机知识的学习列入七年级、八年级、高中一年级的必修课程。

同时，开展丰富的信息技术课外活动，组织学生进行研究性学习，拓宽学生的学习平台，学生可以根据自己的兴趣爱好和计算机水平报名参加"机器人制作""程序设计""平面设计""动画制作""网页制作""电视节目制作""节目主持"等活动，大大提升了学生应用现代信息技术的能力，并且取得了令人瞩目的成绩。

有了这样的基础和条件，我们创设的"三段教学"就变得更具备可操作性，更具备立体的、多元的、高效的科学属性。

三、"三段教学"的基本内容

"三段教学"模式，分为"自主生疑""互动解疑"和"内化迁疑"三个段落、三个层次。它们又分别分为三个段落和三个层次。

(一)自主生疑

独立预习：自主预习、独立思考、问题生成。

个别指导：目标任务、重点指导、学情了解。

生成问题：勾画圈点、发现问题、疑问待解。

具体说来，就是学生在"学与导"的引领下，在学科自习课中进行结构化预习，独立思考、发现问题、生成问题，达到各有所获的目的。教师给予学生清晰的目标，给予学困生最大的关心辅导，抓住这个转化学困生的最好时机。

(二)互动解疑

创境设问：创设情境、呈现目标、问题展示。

互动解疑：合作探究、引发讨论、相互评价。

归纳拓展：归纳知识、收获展示、拓展应用。

具体说来，就是师生互动解决问题。在课堂教学中，教师以"五导"(激情、活动、思维、训练、延伸)体现教师的主导作用；以活动为载体，激活师生互动，激发学生"五动"(眼、耳、脑、手、口)的主体作用，解决学生"为何学""如何学""学何用"这三个问题。

(三)内化迁疑

作业巩固：独立作业、质量评价、知识巩固。

复习记忆：及时复习、规律记忆、知识网络。

测评迁移：考试测评、查漏补缺、知识迁移。

具体说来，就是反思升华拓展问题。学生通过课后作业增强理解，通过复习归纳形成知识网络，按照心理学中艾宾浩斯遗忘曲线规律进行记忆，通过考试检验学习效果。

小组合作交流

四、"三段教学"的模式和流程

一堂完整的课的教学实质是什么？是让学生明白为何学习本节课知识、如何学习本节课知识、怎样运用本节课知识。无论是整堂课还是一个知识点的教学实质皆是如此。课堂教学是否高效的关键就在于是否优化了这三个方面。

"三段教学"便是围绕这三个方面进行优化教学的一种教学模式。在课堂上，这个模式的实施流程是"创境设问—互动解疑—归纳拓展"。

(一)创境设问

创境设问就是解决"为什么学"的问题。围绕教学目标或重难点，根据教学内容的背景、知识的起源、作者的生平、学生的知识储备等，有效利用媒体合理创设情境、提出问题、激发学生的求知欲望、增强学生学习知识的积极性。也可以是教师针对一些探究的问题创设情境，让学生在观察和体验后有所发现、有所联想，生成问题；或者创设一些任务，让学生在完成任务的过程中运用科学思维，自己提炼出需通过实验进行探究的问题。使学生学习情绪饱满，兴趣浓厚，注意力集中，气氛活跃。

(二)互动解疑

互动解疑就是解决"如何学"的问题。根据教学内容，教师引导学生互动，采用自主学习、合作探索、实验实践、教师答疑、教师讲授等符合教学内容的恰当方法进行新知识的学习，从而达到突出重点、突破难点的目的。学习方式应多样，活动参与面应广，自主学习、主动探究、合作交流的时间和空间应充分，满足学生的好奇心，激发学生的活力，使学生进行多种形式的互动交流，自觉、及时地参与学习效果评价，共建激励机制，共享学习成果。例如，理科实验教学的过程可做如下设计。

第一，引导学生根据已有的知识，针对教师提出的任务，利用给定的器材(或自选器材)，设计出解决问题的实验思路或实验方案。教师的引导一定要适度，只能进行原则性的引导，切忌明示方案，包办代替。

第二，进行实验与收集证据。让学生根据自己设计出的实验方案独立或合作进行实验操作，如实记录实验数据。在学生开始独立探索以后，教师要根据学生不同的智力水平和能力水平因材施教：对优等生大胆放手，充分信任；对中等水平学生要恰如其分地点拨；对学困生则应鼓励其自信心，对思路、方法和技能进行具体指导，促使他们跟上实验的进程。

第三，分析与论证。让学生对实验数据进行分析处理，尝试根据实验现象和数据得出结论，对实验结果进行解释和描述。

第四，交流。在学生小组内以至全班范围内进行分析讨论，从个人探究转入集体探究，形成信息交流的网式结构。

第五，评议。鼓励学生独立思考，鼓励他们大胆参与讨论，勇于发表自己的见解，及时分析判断所得信息的正确与错误，筛选并吸取别人的有价值的意见。

(三)归纳拓展

归纳拓展就是解决"怎么用"的问题；引导学生总结本节课所学知识，明确知识的适用范围及其注意事项，以精选的习题牵引学生运用新知识解决相关问题，归纳方法、拓展延伸；让学生吸取经验教训，改进探究方案；让学生注意探究活动中未解决的矛盾，发现新的问题；让学生提出解决问题的新途径、新方法。在这一过程中讲练结合、反馈及时、评价有效、学法指导得当、目标达成度高，各层次学生在原有的水平上均学有所得，习有提高。

教师是教学过程的策划者、组织者、合作者；学生是整个教学过程的主角；教学的重点必须转移，学会学习比掌握专门知识更为重要。学生是教育活动的主体，学生能思维、能创造、能观察、能表达、能动手、能总结、能转化，具备和教师一样的喜、怒、哀、乐。教师不可能代替学生认知、感悟、体会、思考、做事，要引导学生思考、探索、总结、体验。在课堂教学中，教师以"五导"体现教师的主导作用，以活动为载体激活师生互动，激发学生"五动"的主体作用。

五导：导激情、导活动、导思维、导训练、导延伸。

五动：动眼、动耳、动脑、动手、动口。

针对"三段教学"模式，根据不同学科的特点和教学内容，恰当设计"创境设问—互动解疑—归纳拓展"三个方面的内容，教案编写重点是为了突出重点、突破难点、达到师生互动而设计的活动内容；课上重点是学生的参与度和学生的活动时间（15～25分钟）；课后重点是教师指导学生拓展训练和与学生的交流。教师还应指导学生做到"五有"：有草稿纸做练习、有笔记本记重点、有专用本做作业、有试卷装订册、有错题反思本等，使学生形成知识网络达到知识迁移的目的。

开放式课堂

五、"三段教学"的实施细则

我们还为"三段教学"制定了实施细则，分为五个方面。

(一)结构化备课

首先是明确目标。在备课之前，所有教师要熟悉教材知识体系，走进文本，保证阅读遍数。通过各种途径和方法，或调查或座谈，做到结构化"备学生"，关注和研究不同学生的需要，熟悉学生的现有基础，包括知识基础和接受水平等，充分听取学生意见。其次是转化问题。把知识转化为问题，把目标转化为问题，用问题引导学生探究学习。问题要有层次性，应包括基础性问题、探究性问题、拓展性问题，以适应不同层次的学生发展需要。教师根据向学生提供的自学素材和学习方法，素材提供的载体可以是纸质文本、网络文本、多媒体影音等。最后是设计评价。当每个学习周期结束后，由教师发放评价性工具单，对本周期学习目标完成情况进行检测。在这个环节中，教师必须充分关注和评价学生的学习结果，对学生情况了如指掌。

(二)结构化预习

学生根据《学与导》中的"预习导读单"，阅读教材，查阅资料；对教师提出的问题进行思考解答，并把解答结果写在《学与导》上；将自己不能解决的问题及新发现的问题记录在《学与导》相应的位置上。学生自学课一定要有专用的时间，可以在课下，也可以在课上，教师根据实际情况确定，应杜绝不经过结构化预习就直接进入课堂的现象发生。

(三)建立小组合作学习机制

将适时调整分组策略作为开展小组合作学习的前提；以召开学生主题班会和构建班级愿景和小组愿景为手段，激发学生的学习愿望；建立小组合作学习公约；以小组为单位进行学习过程和学习成绩的评价；明确学科代表和学科长的职责。

(四)完善评价体系

一个健全的评价体系包括：合作小组内评价、学科代表评价、任课教师综合评价。综合以上三个层次的评价，任课教师确定每月的学科明星和学科明星小组，给予相应的奖励。班主任可以将此纳入学生的成长记录，并作为班级、学校评优选先的依据。

(五)制定督查机制

第一，考查教师的课堂教学是否符合要求。每周每科一次随机录像评课，检查是否进行"三段教学"，检查是否严格按照"三段教学"的流程组织教学；采用课堂教学观察方案进行评价；进行学生满意度问卷调查、学生代表座谈；培训专职巡视人员进行检查。

第二，每周检查《学与导》使用情况 $1\sim2$ 次。将学科长督查(每天一次)，教师定期普查(做好记录与评价)，备课组、教研组或教务处抽查相结合。

第三，开放课堂，相互观摩、评价。可以是相同学科的教师间相互观摩，也可跨学科观摩，要求观摩者本着新课改理念去观摩，以"三段教学"理论为指导去评价，并认真做好观摩和评价记录。

"本真课堂" 主体的落实：
二元导学

一、本真课堂与二元导学

　　学校教育是培养"人"的教育，这是中外都无可辩驳的事实。由此我们可认为，作为学校教育的主阵地"课堂"就应该指向"培养人"这个终极目的。指向"培养人"这个终极目的的课堂应该称得上本真课堂，否则就难与本真教育靠近。但是，培养什么样的人，如何培养人，却不是哪个专家随随便便就说了算的，而是要根据社会、个人、教育规律等多方面的因素来综合考虑。

出席成都市第三届"中英校长教育交流暨英国实景课堂展示会"

　　顾名思义，本真课堂的"本"指课堂应"以什么为本"，"真"指"符合'本'的才是真"。"本""真"合在一起，凡是符合"本"的课堂就是"真"课堂，否则就是"假"课堂。所以，要理解本真课堂的内涵，首先是要弄清楚课堂教学应该以什么为本；其次以这个"本"为依据，来判断课堂到底是本真课堂，还是虚假课堂。也只有在此基础上，我们才会明白守望本真课堂究竟该守望什么，思考如何守望，探索如何抵制或矫治

在成都市第三届"中英校长教育交流暨英国实景课堂展示会"上发言

虚假课堂。由于课堂是学校教育的主阵地，尽管课堂教学与学校教育不是同一回事，有一定的区别，但是两者之间却是紧密联系着的，其方向都是一致指向"培养人"这个目的，并且学校教育目的是通过课堂这个主要途径来实现的，所以我们通过分析学校教育目的来思考课堂教学应该以什么为"本"。

（一）高中学校教育的目的是什么

教育具有本体价值和工具价值。从其本体价值而言，教育目的是培养人、促进人的发展与进步，塑造"生命个体"；从其工具价值而言，教育目的是为社会服务，根据社会的需求来塑造"社会人"。①

上述论断中，指出了教育应该"培养什么样的人"，也就是教育目的。很明显，教育目的包括两个方面的诉求：一是"个人本位"的教育目的诉求；二是"社会本位"的教育目的诉求。前者是满足个人发展需要，后者是满足社会发展需要。2014 年 3 月 30 日，教育部《关于全面深化课程改革　落实立德树人根本任务的意见》（以下简

---

① 赵联，孙福平．试论我国的教育目的及其完善[J]．江西社会科学，2010(8)：243.

称《意见》）提出："教育部将组织研究提出各学段学生发展核心素养体系，明确学生应具备的适应终身发展和社会发展需要的必备品格和关键能力，突出强调个人修养、社会关爱、家国情怀，更加注重自主发展、合作参与、创新实践。"

《意见》从"终身发展"和"社会发展"相结合的角度来阐释"培养什么样的人"，实质上就是将"个人本位"和"社会本位"的教育目的综合起来进行的表述。

学校教育目的仍然脱离不了这两种诉求，我们要弄清楚这两种本位相结合的教育目的在高中学校的具体体现是什么。很显然，《意见》中提出的"学生应具备的适应终身发展和社会发展需要的必备品格和关键能力"便是教育目的在学校教育层面的具体体现，并被称为"学生发展的核心素养"。作为学校之一的高中学校，教育目的便是培养高中阶段学生能够达到的且能支撑其终身发展和社会发展需要的必备品格和关键能力。换句话说，就是培养高中生应该具备的核心素养。那么什么是核心素养呢？

（二）什么是核心素养

所谓核心素养，是指在人的个人发展和社会发展中起核心作用、支撑作用的重要素养，其他素养可由核心素养发生作用而得到培养。从价值指标取向而言，"核心素养"应是那些一经习得便与个体生活、生命不可剥离的，并且具有较高的稳定性、有可能伴随一生的素养。2003 年，联合国教科文组织强调终身学习的核心素养（五大支柱）包括：学会求知、学会做事、学会共处、学会发展、学会改变。

2005 年，世界经济合作与发展组织（OECD）提出了个体发展需要具备的三种关键能力：第一是交互作用地运用文化、社会、技术资源的能力；第二是在异质社群中进行人际互动的能力，如团队的合作能力、人际关系的建构与管理、矛盾冲突的解决等；第三是自立自主地行动的能力，在复杂社会中行动的能力，如设计并执行人生计划、个人计划的能力等。

综观联合国教科文组织提出的核心素养和 OECD 总结出的三大关键能力，都不外乎两个方面：一是智商，二是情商。"学会求知""学会发展"要求学生具备一定的智商能力，"学会共处"要求学生具备一定的情商能力，"学会做事""学会改变"则更多要求学生具备智商和情商两种能力。同样，OECD 提出的第一种能力指的是智商，第二种能力指的是情商，第三种能力则是智商和情商相结合。因此，我们认为，支撑学生终身发展和社会发展的必备品格和关键能力（可以称为核心素养）是智商素养和情商素养，情商素养是做人的基础，智商素养是做事的基础，前者是动力，后者是智力。这是教育应该给予学生终身受益的东西。

智商素养包括观察力、注意力、记忆力、思维力、判断力、应变力，其核心是记忆力和思维力。情商素养包括管理力、自控力、意志力、沟通力、耐挫力，其核心是管理力和意志力。

高中学校的教育就应该培养高中学生能够达到的智商素养和情商素养，这是高中学校的学生应具备的核心素养。

（三）本真课堂是什么

课堂是学校教育的主阵地，学校教育目的主要是通过课堂这个途径实现的。既然高中学校教育是以培养高中生能够达到的智商素养和情商素养这两种核心素养为目的，那么课堂教学就应该以培养学生的智商和情商为其目标，即课堂教学要以培养学生的智商和情商为本。课堂凡是以培养学生这两种核心素养为目的，就是本真课堂，否则就是虚假课堂。也就是说智商素养和情商素养是判断课堂是否是本真课堂的试金石，凡是有利于培养和促使该核心素养形成的课堂即是本真课堂，凡是偏离甚至阻碍该核心素养形成的课堂即是虚假课堂。

那么本真课堂是一种什么样的课堂呢？课堂教学的最终目标瞄准的不仅是学生的考试成绩，更应是学生的幸福成长和健康发展。坚持以生为本，强调以学生的学习状态和心智发展为主要课堂形态，师生间"教"与"学"关系的重心最大可能地向学生转移。这种课堂旨在帮助学生对教学内容有个深度的理解，并学会与周围的人和事进行有机联系和理性分析，提高分析问题和解决问题的能力，让学科教学更好地助推学生"学习能力的生根"，实现"建构知识、提升能力、启迪智慧"的价值追求。[①]

但是，目前仍有一些课堂失去了它的"本真"，成为虚假课堂。知识本位、应试教育仍充满了整个课堂，学科教学流于表层化，师生争分夺秒地获取知识，"有效教

---

① 贡和法. 教学转型应基于核心素养[J]. 新课程研究，2015(9)上旬刊：1.

学"的追求过程中却出现了"成绩有效背后的兴趣缺失，教学有效背后的教育缺失"的现象。①

(四)本真课堂与二元导学

高中学校的本真课堂是基于高中生智商素养和情商素养的课堂，培养学生双商素养是其根本目的。然而双商素养的形成必须有师生的主动参与才有可能，离开了师生的积极互动行为，就谈不上任何素养的形成。师生是课堂上最为活跃的因素，是课堂教学的核心因素、关键因素。如何处理好师生之间的"教"与"学"的关系是落实本真课堂的关键。因此，我们认为，教师是落实本真课堂的"主导"元，学生是落实本真课堂的"主体"元，"主导"元的重心在"导"，"主体"元的重心在"学"。教师的"导"要围绕学生的"学"来进行，要围绕学生形成"双商素养"而展开：教师如何"导"，用什么来"导"，在什么时候"导"，才能使学生学会记忆、学会思考、学会管理、学会坚持，从而使学生双商素养得到提高。我们把这种师生之间的"导"与"学"的模式称为"二元导学模式"。这种模式是基于核心素养的本真课堂的教学模式。

教育目的、核心素养、本真课堂、二元导学这四者之间的关系如下图所示。

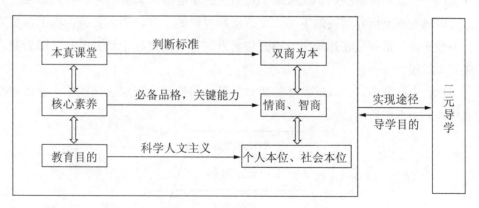

教育目的、核心素养、本真课堂、二元导学之间的关系图

① 贡和法．教学转型应基于核心素养[J]．新课程研究，2015(9)上旬刊：1.

对上图做以下说明：

①左边大方框指"培养什么样的人"，右边小方框指"如何培养人"。右边是左边的实现途径，左边是右边的导学目的。

②图形左边方框内的双向箭头表示：由下到上是决定关系，即教育目的决定核心素养，核心素养决定本真课堂；由上到下是支撑关系，即本真课堂支撑核素养，核心素养支撑教育目的。

③实现个人发展需要，更强调必备品格，即情商，其核心是管理力、意志力，是做人的基础。这是人的发展的动力问题。

④实现社会发展需要，更强调关键能力，即智商，其核心是记忆力、思维力，是做事的基础。这是人的发展的智力问题。

(五)二元导学基于什么样的具体内容

从前面的论述中可以明确，二元导学是基于"双商"内容的导学，其中情商是动力，贯穿于整个课堂，因此情商的培养是在"导"与"学"的过程中培养。通常情况下，学生学习的动力产生于对所学知识的意义和价值的认识，这是学生学习兴趣产生的根本原因。意义和价值的认识又来源于对知识的功能分析，分析是一种思维加工方法，所以思维既是培养情商的工具，又是培养智商的工具，同时又是智商的组成要素。一般来说，情商是在建构所学知识与能力的意义的过程中培养的，伴随着智力发展的全过程。

"双商"中的智商，是人的发展的智力因素，却是有一定层次结构的，它由四个层面构成，如下图所示。

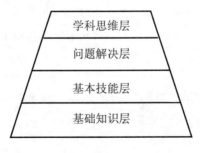

智力的层次图

基础知识层、基本技能层，称为"双基层"。"双基层"与其上的问题解决层，大家都很熟悉，不再赘述。这里仅针对学科思维层进行一些阐述。

　　"学科思维指向"（称为"学科思维层"），指在系统的学科学习中通过体验、认识及内化等过程逐步形成的相对稳定的思考问题、解决问题的思维方法和价值观，实质上是初步得到学科特定的认识世界和改造世界的世界观和方法论。[①]

　　其一，"通过体验、认识及内化等学习过程逐步形成"表明，学科思维层次的核心素养，必须在"双基"层和问题解决层的体验性学习活动中理解和习得，如基础性的解题训练、问题解决式学习活动、发现式学习活动、反思性实践活动等。

　　其二，"相对稳定的"一方面表明，相关"思考问题、解决问题的思维方法和价值观"具有普遍的、持久的乃至终生的价值；另一方面是要说明，这些思维方法和价值观，必须是经过系统的和较长时间的体验式学习活动而潜移默化到思想深处的、稳定的、可迁移的思维方式或思维模式且形成习惯，或用布迪厄的术语形容，这种素养即基于特定"场域"生成的"习惯"。

　　其三，"思考问题、解决问题的思维方法"表明，学科思维不只是静态的知识与技能，也不是简单的某剂解决问题的"处方"，而是探寻思考问题、解决问题和评价问题的有效方法的思维方式或思维模式。它是面对核心素养的四层架构图时所运用的思维方式或思维模式，其植根于所学学科内容之中，是学科的灵魂。

　　其四，"初步得到认识世界和改造世界的世界观和方法论"中的"初步得到"是指，基础教育阶段课程带给学习者的世界观和方法论是基础的和较为朴素的。"世界观和方法论"是指，要将对核心素养的本质把握提升到世界观和方法论层面上来，提升到认识论、方法论和价值论相关素养的层面上来。因为只有提升到这个层面上来，才能使学习者不禁锢于"双基"和具体问题的解决，才能超越"双基"和问题解决，步入我们的教育理想。需要指出的是，此处所讲学科所传递的世界观和方法论，暂特指科学层面的概念。以方法论为例，方法论按不同层次有哲学方法论、一般科学方法论和具体科学方法论之分。[②] 哲学方法论是关于认识世界、改造世界的最一般的方法论，是各门科学方法论的概括和总结，对一般科学方法论和具体科学方法论具有

　　① 李艺，钟柏昌．谈"核心素养"[J]．教育研究，2015(9)：21.

　　② 金炳华，等．哲学大辞典(修订版)[Z]．上海：上海辞书出版社，2001：347.

指导意义；一般科学方法论是指适用于有关领域的各门学科，带有一般意义的方法论；具体科学方法论是指涉及某一具体领域的方法论。学科所传递的方法论主要指的是后两种方法论，如数学中的概率思维、信息技术中的迭代思维、物理化学中的守恒思维等思想方法，它们既是抽象的也是具体的，不可无限泛化为抽象的哲学概念。以迭代思维为例。这是一种持续优化的思维，强调在实现若干小周期循环改进的基础上实现大周期的循环改进，而不企图一次性成功地达成一个完美结果。具体在信息技术学科中可以描述为：经过基于信息技术学科之迭代思维训练的人应该知道，从一个看来不是那么完善的地方开始，并不是一个坏的选择，相反，在很多时候是解决实际问题的唯一科学的道路。于是我们说，这个人不仅掌握了迭代的知识和运用迭代方法解决问题的技能，也获得了一种解决问题的方法论、一种理解世界的认识论和价值论。[①]

（六）二元导学的基本模式

通过以上分析，我们建立如下"二元导学"模式。

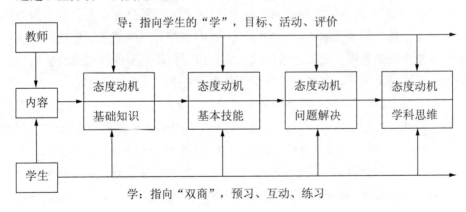

"二元导学"模式示范图

对模式进行说明如下：

①这个模式不是某一个本真课堂的操作模式，而是若干课堂综合起来形成的一个模式。

---

① 李艺，钟柏昌. 谈"核心素养"[J]. 教育研究，2015(9)：21～22.

②内容指学生形成双商素养所必须掌握的情商内容和智商内容。态度、动机着重培养学生的情商，是动力，伴随着智商素养形成的全过程。基础知识、基本技能、问题解决、学科思维着重培养学生的智商，是智力，具有一定的层次性。

③教师针对"双商素养"对学生进行指导，学生在教师的指导下通过一定的学习方式形成"双商素养"。

④针对不同层次的智力成分及伴随的情商因素，教师应采用相应的"导"法，学生应采用相应的"学"法。

⑤教师的"导"要指向学生的"学"，要真"导"，不能伪"导"。真"导"：使学生有方向地"学"，使学生有条理地"学"，使学生有方法地"学"，使学生有习惯地"学"，使学生有滋味地"学"。伪"导"：顺便提提的行为，走马观花的行为，填鸭灌输的行为，自我表演的行为，教师旁落的行为。有害的"导"：代替学生"学"，阻碍学生"学"。①

双流中学银杏园一角

---

① 李华平. 语文教学中"教"的学理审视[J]. 课程·教材·教法，2015(4)：69～73.

二、基础知识的导与学

（一）何谓基础知识

1. 基础知识的定义

"何谓知识"仍在被争议，著名认知心理学家皮亚杰认为："知识是主体与环境或思维与客体相互交换而导致的知觉建构。"现代认知心理学对知识的分类中，主要集中在对陈述性知识和程序性知识两大类上。我们在此探讨的学科基础知识主要对应于各学科的陈述性知识，具体指各学科领域中的概念、命题和命题网络，包括各学科的相关名称、符号、术语、概念、原理、实事等。

2. 基础知识的作用

作为各学科知识的主干，基础知识在各学科中的重要性已被公认。近年来的高考题将基础知识的重要性提出了更高的要求，并成为考试的难点，因为学生学习知识往往缺乏动机，遗忘速度很快。但是，就算是综合试题，也是众多学科基础知识的融合。此外，在学生综合素质的培养上，学科基础知识更是有着不可替代的作用。

（1）学科基础知识是培养基本技能和学科思维的基础

三维教学目标中，任何教学活动都将完成一定的知识目标。这些基础知识也是继续进行相关学科教学活动的基础，是培养学生基本技能和学科思维的条件或载体。例如，真正理解科学基础知识，才能理解科学探究、科学解释。

（2）学科基础知识是形成学科素养的关键

学科素养是对学科知识、学科情感、学科方法、学科能力、学科意识的综合反映。其中，学科知识是学科素养的基础，是学科能力发展、学科方法运用、学科意识与学科情感养成的载体，学科知识的质量决定着学科能力、学科方法、学科意识与学科情感发展的深度和广度。

(二)基础知识的认知规律

陈述性知识即为加涅所说的言语信息或者言语知识，那么，如何引导学习者将这些言语信息永久储存在大脑中呢？加涅提出了影响深远的信息加工模式，根据加涅的信息加工模型，梅耶构建了一个简约的学习过程模型。他认为，在外界信息不断刺激学习者时，学习者会注意到与当前学习任务有关的信息，新信息就进入短时记忆，并激活长时记忆中的相关信息。新旧信息相互作用，学习者就构建了新旧信息之间的联系。最后将新知识储存在长时记忆中。

现代认知心理学在信息加工理论和学习过程模式等理论的基础上，将陈述性知识的学习概括为三个阶段：第一阶段，新信息进入短时记忆，并在短时记忆中与长时记忆中被激活的相关知识建立联系，从而出现新的意义的建构，即新旧知识发生联系；第二阶段，新建构的意义储存于长时记忆中，如果没有复习或新的学习，这些意义会随着时间的推移而出现遗忘，需采取一定的策略来巩固新知识的意义获得；第三阶段，在外在任务的要求下，学习者采用一定的方法或策略提取新知识，并运用此类知识于相似情境，即知识的获得、储存和再现。

(三)基础知识导与学的策略

学科教学都以学科基础知识的教学为载体，面对高考的压力，许多教师毅然决然地认为传授式教学效率更高，这种观点只关注了教师的传授，传授的效率是有所提高，但是学生学习的效率却大打折扣，因为在这种教学环境中，学生缺乏兴趣和热情，死记硬背了自认为无用的知识，长此以往学生还会厌学。杜威、布鲁纳等教育家从哲学、心理学等方面分析，知识传授的本质是"引导"。杜威在其《民主主义与教育》中论述了"教育即指导"，他提倡"做中学"，反对直接向学生灌输知识。布鲁纳提倡"发现教学"，意思是教师以问题为导向，引导学生通过探究和思考，发现和掌握相关知识。建构主义学习观同样认为，简单传授给学生的知识可能能够获得学生的认同，但并不意味着学生就真正理解。真正的理解只能在主客体交互作用的过程中，由学生自己建构起来，教师能做的则是提供积极的学习情境和必要的帮助。

新课程将改变原有的学习方式作为主要任务之一。应新课程改革的号召，结合基础知识的特征和学生学习基础知识的规律，我们简化了美国心理学家库博的学习理论——体验学习圈，构建了基础知识的"二元导学"策略。其基本过程是"体验—交流"，所谓"二元"指的是"教师"和"学生"，在课堂教学中，教师创设连环情境与活动，让学生亲身体验，随后相互交流，分享经验，内化知识。具体实施方案从课堂教学的"目标""活动"和"评价"三个方面阐述。

1. 通过"目标"的导学策略

教学目标是解决教师"为什么教""教什么"，学生"为什么学""学什么"等的问题。对于学科教学，教学目标是人才培养的质量要求和具体规格，具备导向、激励和评价的功能。因此，在教学过程中，教学目标的制定至关重要。维果茨基的最近发展理论为教学目标的制定提供了一个重要理论依据。最近发展区指的是学生"现在的认知发展水平"和"潜在的认知发展水平"之间的区域。那么，教师在制定教学目标之前，应该准确把握学生已有的知识基础，定位学生的最近发展区。

（1）目标的制定

第一，制定分层教学目标，为有效导学提供条件。不同认知水平的学生有着不同的最近发展区，那么，从认知水平上对学生进行分层是通过"目标"的导学策略之一，并针对不同认知水平的学生制定切实可行的教学目标。我们通过知识测试将学生分为 A、B、C 三个层次，实现班级分层，但教师不分层，保证教学资源的公平分配。教师则根据知识测试将每个班级的学生分为 Ⅰ、Ⅱ、Ⅲ 三个层次，寻找每个认知层次的学生的最近发展区，制定相应的教学目标。

案例：

从生物圈到细胞

班级认知层次	目标基本分层	学生认知层次	目标详细分层
A	举例说明生命系统的结构层次。	Ⅰ	详细阐述生命系统各层次的正例、反例。
		Ⅱ	阐明生命系统各层次的正例、反例。
		Ⅲ	阐述生命系统各层次的正例，辨别反例。
B	说出并辨别生命系统的结构层次。	Ⅰ	比较说明每个生命系统层次的例证。
		Ⅱ	熟练辨别生命系统结构层次的例证。
		Ⅲ	判断生命系统结构层次的例证。

续表

班级认知层次	目标基本分层	学生认知层次	目标详细分层
C	说出生命系统的结构层次。	I	按顺序写出不同生物类群组成的生命系统的结构层次。
		II	说出不同生物类群组成的生命系统的结构层次。
		III	说出一般的生命系统结构层次。

第二，建立学习共同体，弥补学生层次与目标层次的不匹配。即使制定不同层级的教学目标，也可能因为学生认知水平的变化等原因，而没能准确地将学生归入适当的层次，难免出现学习目标与最近发展区不匹配的情况，让部分学生感到学习困难。此时，学习共同体便发挥缓冲作用。

教师根据学生认知层次，组合三人学习小组，小组内的三名学生是随时可能发生变化的，可能采用同组同质，也可能采用同组异质。具体分配如下表所示。

根据学生认知层次分组表

根据知识难度	面对难度较小的知识	同组同质
	面对难度较大的知识	同组异质
根据学习阶段	新课阶段	同组异质
	复习阶段	同组同质
根据学情掌握情况	学情掌握得详细具体	同组同质
	学情掌握得不够	同组异质

简而言之，就是比较学生竞赛需求和合作需求。如果部分学生可能有学习困难时，合作需求更大，就让不同认知层次的学生相互帮助，形成一个合作的整体。如果，每个层次的学生都能完成自己的学习目标，那么合作需求就减小，而让小组内的同学相互竞争，互相促进，形成一个竞争的整体。

（2）呈现目标的导学策略

任何一个学科的基础知识都是烦琐的，呈现知识目标是促进"注意"的有效导学策略。梅耶的学习过程模型认为学生的知识学习始于"注意"，而注意又分为有意注意和无意注意。其中无意注意是没有目的性的、不受意志控制的，有意注意则是根据一定的目的并通过意志努力完成的注意。告知学生教学目标，则可激发学生的预期，促进学生对学习任务相关的知识的有意注意。

教师呈现教学目标的方式有口头呈现、板书呈现、多媒体呈现和学案呈现。当然，为了保证教学目标的有效呈现，我们可采用多种方式呈现教学目标。其中，学案是每堂课都将使用的教学材料，那么每节课的教学目标就至少使用学案呈现给学生了，保证学生随时查阅教学目标，检查自身学习的情况。

2. 通过"活动"的导学策略

"活动理论"认为人的行为最基本的单位就是"活动"，"教学"是一种"活动"集合，教学过程就是教学活动的实施过程，教学活动即解决"怎么学"的问题。"活动"之所以能成为一种广泛应用的教学方式和学习方式，是因为它体现了以人为本的理念，人本主义、认知主义和建构主义等主流的教学改革理论普遍主张学生是学习的主体，而学生的主体性则是在教学活动的过程中生成和发展的，注重学生在活动中的情感体验，也就是体验学习。

自著名教育家大卫·库伯系统地提出体验式学习后，杜威、皮亚杰等基于大卫库伯的研究，提出了各自的体验学习理论，共同之处都主张以学生为中心、以活动为中心。建构主义理论认为学生的认知结构就是通过同化与顺应过程逐步构建起来的，强调知识不是通过教师传授得到的，而是学生在一定的情境中，借助他人的帮助，利用必要的学习资料，通过意义建构的方式而获得的。体验学习不仅以获得认知作为活动目的，还更加关注认知获得的方式和过程，特别是学生对自我体验的批判和反思。体验主体通过有意识、有目的地对自身参与的学习活动进行反思，体悟开展学习活动的意义，探讨所体验的对象与自己体悟的意义的联系，获取事物的本质属性，最终掌握学习的方法，培养终身学习的能力。

（1）活动的制定

活动的类型

活动的形式是多种多样的，例如：自主阅读、题型训练、观点辩论、交流讨论、问题探讨、角色表演、实验操作等。

活动的制定原则

一是体验性。教学活动需充分考虑学生的认知和情感，由学生在反复观察和充

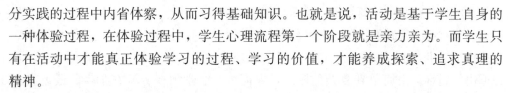

分实践的过程中内省体察，从而习得基础知识。也就是说，活动是基于学生自身的一种体验过程，在体验过程中，学生心理流程第一个阶段就是亲力亲为。而学生只有在活动中才能真正体验学习的过程、学习的价值，才能养成探索、追求真理的精神。

二是可操作性。根据最近发展区的相关理论，教师在设计体验活动的时候应该充分考虑学生原有的知识基础、认知能力。例如，在学生没有有机化学知识的基础的情况下，生物教师开展对氨基酸的学习时，设计的活动需细化对氨基酸结构的所有细节，否则学生难以建构完整的、正确的氨基酸结构。制定体验活动还需考虑现有的物质条件。例如，对核能发电中的能量转化的教学，不可能让学生通过实验来体验，可以通过一些影像资料供学生体验。

三是以学生为中心。主流教学理论无一不承认学生是学习的主体，教学的最终目标在于培养具有主体性的人。那么，教学活动的制定则必须以学生为中心，以学生的发展为本。

四是激发学生的学习兴趣。苏霍姆林斯基曾说过："学生对眼前能看见的东西是不感兴趣的，对藏在后面的奥妙却很感兴趣。"那么，以教材为中心设计的教学活动，传授、灌输书本知识，学生就会因为不感兴趣而消极参与，这样设计的活动便是低效的，甚至是无效的。一般而言，教学活动应该形象生动、符合学生的审美，才能激发学生的学习兴趣。尤其是在教学的开始，将一个学生感兴趣的活动引入课堂，能显著提高整节课学生的参与度。

(2)活动开展过程中的导学策略

第一，创设情境，问题导学。此处的情境指教师根据当前学习任务创设或引入一个相关问题的教学情境，情境创设中的活动有自主阅读、观点辩论、影像观看、角色表演、课堂游戏等。在情境中，学生努力激活自身原有认知结构中的有关知识，并尝试利用原有知识解决情境中的问题，随后就产生了困难或认知冲突，生成了新的问题，从而引入新课的学习。如此导入的课堂，学生已然产生了强烈求知欲，激发了学生的内在学习动机。同时，情境在知识与生活之间建立有效的链接，学生从中能够体验到知识的价值，从而提高学习兴趣。

第二，合作探究，任务导学。教师根据教学目标，围绕问题情境，重组学科知识内容，编排成包含新知识的学习任务，引导学生带着任务逐步完成教学目标。每个任务的目的都是学习新知识，实质是解决情境中的问题，教师需适时引导学生思考新知识对解决问题的作用，促进新旧知识相互作用。任务可以在创设的情境中一并呈现给学生，也可以在教学过程中逐一呈现给学生，但无论怎么呈现给学生，都遵循由易到难、由简单到复杂的顺序，保证每一个学习任务都在学生的最近发展区内。

在任务解决开始之前，教师需要给予必要的知识提示、相关的方法指导，甚至展示任务的最终结果，以引导学生朝着解决情境中问题的方向去探索。但是任务是学生的任务，是学生"做"出来的任务，不是教师"教"出来的任务，请教师帮助学生，充分信任学生，让学生自己去探究和体验。例如，在生物《观察线粒体》的实验中，教师需简单说明线粒体染色的原理知识和玻片的制作方法，并展示最终观察到的线粒体的形态，剩下的任务则完全交由学生自主完成。

在任务的解决过程中，同伴互助是保证完成任务的有效"导学"策略。基础知识的认知主要在于反复加工，就算知识经过了学生的理解而进入了长期记忆，如果不经深度加工和反复使用，同样会被逐渐遗忘。而同伴互助基于合作，又高于合作，建立在前面提到的同组异质的学习共同体的基础之上，小组成员在共同探讨过程中，优势互补，扬长补短，以取得竞争与合作的共赢。在同伴互助的过程中，先学会的学生充当教师的角色，引导还未学会的学生，先学会的学生在教会他人的时候，再一次深度加工和理解知识，于是，学生总会找到帮助别人的满足感和被帮助的归属感。

在任务解决过后，成果展示是情感提升的有效"导学"策略。众所周知，自我实现是人的最高价值追求，在学生顺利完成任务，获得相关知识后，提供机会，引导学生证明自己是成功的，从而形成个体长期发展的自尊和自信。在这种状态下，学生注意到的就不再是学科基础知识的枯燥了，而将注意转移到获取学科基础知识过程中的快乐与满足了。

（3）总结提升，思维导学

在任务解决后，新知识的学习已经完成，但此时的新知识还是比较零碎的，与原来的知识也没有形成完善的体系，新知识将难以长期储存。教师可通过思维导图的形式，引导学生建构新知识的体系，重组或改组原有知识体系，从而促进学生对新知识的理解和储存。

3. 通过"评价"的导学策略

（1）评价的制定

基于现代教育理论，评价主体的多元化、评价内容的全面化、评价方法的灵活化是课堂教学评价的基本要求。因此，制定教学评价的时候，则需要根据教学目标、评价主体，制定不同的评价表格，而且每一个方式的评价都有其局限性，那么要想清晰、准确、真实地了解课堂教学情况，评价就需要从多个维度去制定。

但是评价不可能做到面面俱到，从复杂的评价体系中，去除所有次要内容后，我们认为"以学论学""以学论教"是最本真的评价思想。其核心观点是关注每一位学生以及他们的课堂表现，关注学生的课堂就是本真课堂，关注学生的评价就是最好的评价。

那么对于学生这个主体，布卢姆认为对于认知领域的知识目标，评价方式有是非题、简单题、匹配题及选择题等。评价内容的选择和编排都需要经过备课组的探讨，遵循关注学生的原则制定，即根据自己面对的学生来创编或改编试题。

（2）评价实施过程中的导学策略

对于学科基础知识而言，评价是检测知识目标的达成情况，促进新知识重现的有效导学策略。

一是课前自我评价。一般而言，预习可提高教学效率，我们认为预习是了解基础知识，产生问题的过程，过度预习可能适得其反，而过度预习的原因就是在没有教师的引导下，学生不能正确评价自己的预习。例如，教师可设置2～4个有关基础知识的简单例题，引导学生一边预习一边自我评价，提示学生浅尝辄止、有效预习。

二是课中适时评价。越来越多的研究证明，课中评价无疑才是教学评价最重要的组成部分。抓好课中评价，是实施高效教学的重要策略。

课中教学评价方式：暗示式、概括式、诊断式、引申式。

课中教学评价原则：具体、真诚、激励、丰富。

三是课后及时评价。课后评价能有效促进知识重现，但是根据艾宾浩斯的遗忘曲线，评价时机需保证在遗忘周期内，即注重评价的及时性。我们的课后评价分为以下三个层面。

①及时巩固、温故知新。②错题整理、查漏补缺。③知识梳理、构建体系。

(四)基础知识的导学对教师素养的要求

1. 熟练掌握学科专业知识

学科基础知识分为三个层次：第一层次是高中各学科教材中的专业知识，专指高中各学科教材中要求学生掌握的基础知识，这部分知识既是学生培养学科素养的基本知识，也是高考考试要求学生识记或理解的知识，教师对这一层次的知识的掌握程度直接关系到教师传授知识的有效程度。第二层次是有利于理解和阐释高中学科基础知识的学科知识，高中各学科对许多基础知识并没有做详细的解释和全面的论证，学生也许不必要涉及如此深度和广度，但是教师对此类知识的掌握程度则关系到传授知识的准确程度。第三层次是各学科的前沿专业知识，每一个学科都在高速发展之中，关注学科前沿是更新学科知识的重要途径，在适当的时候使用部分学科前沿知识补充或例证教材中的基础知识，不仅能增添课堂的色彩，还能扩大学生的视野，培养具有发展思维的学生。

2. 具备基本的学习心理学知识

对学科基础知识的学习是一种有规律的活动，教师只有认清这种规律，才能真正站在学生的角度去开展课堂教学，课堂教学也才可能真正以学生为主体。因此，这方面的知识是解决如何将学科基础知识有效传递给学生的问题。这方面的知识是非常冗杂的，每个学派都是从不同的角度去研究学习规律，主要包括：行为主义、认知主义、建构主义等。教师应该都有所涉猎，并结合实践去琢磨和研究。

3. 有足够的耐心和充分的信心

基于学习规律，学生对基础知识的掌握本来就容易遗忘，需要不断重复加工，如果教师不能耐心地指导学生坚持不懈的学习，学生则更容易挫败，丧失学习动机。教师更不能认为学生愚笨而指责学生，如"这么简单的知识都记不住"等。因为，作为学生，还有什么比认识到教师对他失去信心更绝望的呢？

双流中学银杏园小径

三、基本技能的导与学

(一)什么是基本技能

1. 基本技能的定义

基本技能指通过一定的方式和方法，个体通过反复练习而形成的精确、流畅、娴熟的活动方式。根据活动中的主要成分，又分为动作技能和智力技能。在智力技能和动作技能的结合中，往往由智力技能占主导，调控动作技能，使行为活动方式更趋于理性。

这里的动作技能是指中学学科中的技能，而不是指日常生活中的技能。在具体的教学过程中，动作技能即操作技能，是一种外部表现，包含语言学科的听、说、读、写，体育学科的运动技能，科学学科的实验操作技能，计算机操作能力等。智力技能也称认知技能，指借助内部言语在头脑中实现的认知活动方式。这种认知活动借助内部言语按合理的、完善的程序组织起来，并且一环扣一环，仿佛自动化地进行着，包括观察技能、思维技能、记忆技能、想象技能等。

对于基本技能，不同教师的理解是有差异的。中学教师往往从事的是学科教学，对本学科专业的基本技能了如指掌，对其他学科专业的基本技能的理解就不一定清楚。比如，《中学英语教学大纲》规定："中学英语教学目的是对学生进行听、说、读、写的基本训练，培养学生在口头上和书面上初步运用英语的能力，为进一步学习和应用英语打下基础。"据此确定教师的工作就是培养学生的听、说、读、写这四项基本技能。

《新体育课程标准》指出，通过本课程的学习，学生能够掌握体育与健康的基本知识和运动技能，学会学习体育的基本方法，形成终身锻炼的意识和习惯。

《高中地理新课程标准》则要求学生：学会独立或合作进行地理观测、地理实验、地理调查；掌握阅读、分析、运用地理图表和地理数据的基本技能；能够运用地理基本技能，如地理坐标的判断和识别、不同类型地理数据之间的转换、不同类型地理图表的填绘、地理数据和地理图表之间的转换等；能够选择和运用中学其他相关学科的基本技能解决地理问题。

2. 基本技能与基础知识的关系

基本技能的形成是以掌握知识为基础的，不掌握相应的基础知识，不可能形成某种技能。然而，掌握了知识并不等于形成了技能。反过来，已经形成的技能又是掌握新知识的基础。所以，知识与技能是相辅相成、互相促进的，它们共同推动学习水平的提高。

3. 基本技能与能力的关系

基本技能的掌握有助于能力的形成和发展。要形成和提高某种能力，必须掌握与之相应的基本技能。只有在基本技能的实际使用过程中，能力才能更顺利地形成和提高。学生学习的各种知识不能直接转化为能力，只有把知识运用到实践活动中去，经过技能形成这个环节，才可能形成某种能力。所以，技能是知识转化为能力的桥梁。而智力的高低不仅和知识多少有关，更重要的是与技能有关。技能对智力活动起调节作用，技能一旦形成，可促进有关问题的解决，可压缩和缩短解决问题的时间和进程。但是技能并不等于能力，技能是就动作方式而言的，而能力是针对个性而言的。一人具有某种技能，并不一定具备相应的能力，要把技能发展成能力，还需要进行更高层次的反复训练。

（二）基本技能的形成规律

对于基本技能的形成心理学家提出了不同的理论，其中比较有代表性的是行为主义的强化理论和认知心理学家提出的认知论。他们将基本技能的形成分解为三个阶段。

1. 认知阶段

认知阶段主要是理解学习任务，领会基本要求，获得正确的表象，明确自己能做得如何。

2. 联系形成阶段

练习者经过认知、记忆和一定的练习之后，建立起调节动作执行的定向映象。在从一个环节过渡到另一个环节时，常出现短暂的停顿。在这个阶段，练习者要通过进一步的练习使各个技能之间建立起联系。通过技能的交替练习，形成一个完整的协调的技能体系。

3. 自动化阶段

技能形成的最后阶段是一系列技能已联合成为一个有机的整体并已巩固下来，各个技能相互协调似乎是自动流出来的。

（三）基本技能的培养策略

基本技能的培养不会一蹴而就，两类技能不是截然分明的，它们往往糅合在一起，教师要在潜移默化中对学生进行基本技能的教育和培养，并始终贯穿于日常的教育教学之中，而且都应受到重视，不应偏向其中一个或几个方面。只是在不同的教学阶段和教学内容上，重点培养学生的某项基本技能。"二元导学"教学模式中已形成了"导"与"学"的一般模型。

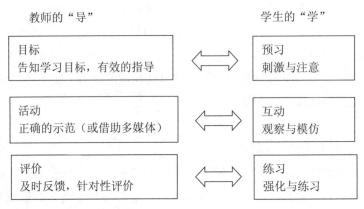

基本技能的"导"与"学"的一般模式图

从模式中，我们可以看到左边方框是教师的教学步骤，右边是学生的学习阶段。首先，教学开始时教师要进行有效的指导，并告知学习目标，激起学生对学习结果的预期。其次，为了达到预期的结果，教师要有正确的示范，学生要仔细观察模仿。最后，学生进行强化练习，教师再进行有针对性的评价。

1. 创设情境，激发学生兴趣——采用直接学习和观察学习

直接学习即行为主义理论的学习模式：刺激—反应—强化。观察学习即在人际互动中通过观察、思维、判读、模仿获得学习。"二元导学"教学模式强调学生的参与性，体现学生为课堂的主体，就充分运用了直接学习和观察学习。

我们知道，英语学习的过程是一种新的语言习惯形成的过程，学生只有通过大量反复模仿、语言交流等实际练习，才能熟练掌握，达到脱口而出的境界。"听、说、读、写"是人的发音器官和人脑思维相互结合的记忆活动。（见"本真课堂"的实践案例十一）

2. 巧妙引导，发挥学生主动性——采用发现学习

发现学习指学生在学习情境中经由自己的探索寻找，从而获得问题答案的一种学习方式，是让学习者自己去发现教材的结构、结论和规律的学习。智力技能的实质是事物的映象在头脑中进行加工改造的思维过程，是一种内化的心理活动过程。"二元导学"模式要求课堂教学的自主、合作、探究学习就是发现学习的具体表现。自主学习让学生的学习前置，然后发现问题；课堂上在教师的引导下合作或探究学习从而解决问题，在此过程中不断培养学生运用基本知识和基本技能的能力，学会观察、学会记忆、学会思维、学会想象。学生的智力技能主要是在教学活动中形成的，是学校教学的中心任务，在教学的过程中，教师应注重对学生智力技能的培养，应采取多种策略有意识地进行。

首先，培养观察能力。通过观察把知觉、记忆、想象、思维结合成为结构合理的智力活动方式。学生的观察活动是教师可以指导和控制的操作活动，是主体与客体的直接联系，是外部操作向内部操作的转化过程，当然也是内部操作外现的过程。因此，科学而有效的观察，能把知觉与思维等结合成结构合理的组织严密的智力活动方式。指导观察的方法，使学生掌握全面的、顺序的、细致的观察技能，引导学生把注意指向对象的整体，并使之观之有序、深入细致。（见"本真课堂"的实践案例十四）

其次，有指导的练习。学生智力技能要达到熟练和灵活的水平，需要教师有指导、分步骤地进行练习，有关措施如下。

①教师正确的讲解和示范。

②要求学生严格按照规定的步骤和方法解决课题。

③让学生用文字或口述表达解题过程。

④在学生掌握步骤和方法的基础上，进一步要求学生能熟练地、迅速地解题，以及尽可能地简化解题过程的中间环节。（见"本真课堂"的案践案例十五）

（四）基本技能培养对教师素养的要求

1. 每一名教师都应该做一名有心人

教师应时时刻刻留心从学生那里发出的信息，也许仅仅是一种表情、一个眼神或者是不经意间的一句话都能让教师了解学生，知道学生是否已理解和掌握，明白学生对教师的期望和要求。从学生的外部表现读懂学生的内心，如果学生面带微笑、神采奕奕，说明其学习积极性很高，对教师所讲授的内容非常感兴趣；如果学生面部表情非常茫然，眼神非常迷茫，则表示没有听懂老师所讲授的内容或是对老师讲授的内容不感兴趣，积极性不高，此时教师就应该及时调整教学的方式和方法，用另外一种学生感兴趣能提高学生积极性的方式再讲一遍，或者是停下来，问一下同学们哪个地方没有听懂；如果学生面部有很不屑的表现，眼神里投射出不满与挑衅，则表示学生可能不同意教师的观点，此时可以暂时停下，让学生表达一下他们的观点，如果学生是错误的，教师可以指正，如果学生是正确的，教师就虚心接受。

2. 要有宽厚的知识基础

宽广深厚的专业知识功底是基本技能培养的重要知识基础。在教育、教学实践中，如果真正把学生的积极性调动了起来，学生在参与教学的过程中，会提出很多问题，也会出现许多问题，都要求教师给予有效的解决、指导和引导，此时教师的知识基础会起到重要的作用。如果教师没有宽厚的知识基础，此时可能会束手无策或者贻误培养基本技能的时机。

3. 要有广阔的视野

基本技能培养还要求教师有广阔的视野或广阔的知识背景。这里有两层意思，其一是教师要对本学科领域里的新的发现、成就、科技成果，以及与生产、生活相联系的实例、趣闻逸事、科学家的生平和事迹等，都要有所掌握。其二是教师要对相关学科领域的知识，特别是联系密切的边缘学科知识，都要有所了解。对于本学科与相关学科相互交叉、相互渗透、相互综合的知识内容，要有较深刻的理解。实践说明专业知识基础越深厚、视野越广阔，越有利于基本技能的培养。

基本技能为我们的思维提供了一种必要的工具和能力，是我们教学最终要达到的主要目的之一。我们无论是在日常生活中，还是在今后工作当中，都会经常用到这些基本技能去解决实际社会中的一些问题。

四、问题解决的导与学

教育部 2001 年颁布的《基础教育课程改革纲要(试行)》指出，基础教育课程改革的目标之一是培养学生的分析问题和解决问题的能力。《国家中长期教育改革和发展规划纲要(2010—2020 年)》也提出，要"着力提高学生服务国家服务人民的社会责任感、勇于探索的创新精神和善于解决问题的实践能力"。2014 年 3 月，教育部在文件《教育部关于全面深化课程改革落实立德树人根本任务的意见》中再次强调，"提高学生综合分析问题、解决问题能力"。因此，培养学生问题解决能力是基础教育阶段不可推卸的责任。

(一)什么是问题解决

培养学生的问题解决能力，首先要弄清楚什么是"问题"和"问题解决"。

1. 什么是问题

(1)对"问题"的认识

问题指"该情境的初始状态，想要达到的目标状态，阻止从初始状态转化为目标状态的障碍"①。也就是说，问题是一种情境，是事物的初始状态和想要达到的目标状态之间存在障碍的情境。阅读一篇抒情散文文本时，其当前的初始状态是学生只能理解该散文字面意思，我们的目标状态想要学生能够正确理解文本所传达的主要情感和鉴赏作者传达这种情感的方式方法。但我们要达到这一目标，又不知道该如何来实现。比如，学生该具备关于散文的哪些知识，该如何来解读散文，我们该如何指导学生学会散文的解读方法等。这时，我们面对的这一情境对我们来说，就构成了问题。通常一个问题有三个基本成分：问题的给定、问题的目标和问题的差距。

一是问题的给定。它是关于问题条件的一系列描述，即问题的初始状态。比如，培养学生能够正确理解和鉴赏抒情散文文本时，我们认识到学生只能读懂文本的基本情节、基本事件，了解散文的主要内容。当我们开始从学生目前的状态开始筹划这一问题的解决方案时，我们就处于问题的初始状态。

二是问题的目标。它是指关于构成问题结论的明确描述，即问题需求的结论、答案，或者说问题的目标状态。当学生完全能够运用恰当阅读散文的方法独立地解读出散文传达的主要情感和鉴赏散文传达情感的方式方法时，我们就处于问题的目标状态。

三是问题的差距。它指问题的给定与目标之间直接或间接的距离，问题解决者是要通过一定的心理操作来改变给定(初始)状态，缩小差距，逐步达到目标状态。我们采取给学生讲解散文的基础知识，示范散文的阅读方法，培养学生解读散文的思维技巧等一系列步骤就是为了一步步缩小初始状态与目标状态之间的差距。

介于问题的初始状态和目标状态之间的各种中间状态及算子的组合统称为问题

---

① 王小明. 学习心理学[M]. 北京：中国轻工业出版社，2013：231.

空间。所谓算子是指顺利实现问题中间状态逐次转化的操作，一个问题的中间状态越多，算子越复杂，也就决定了这个问题的难度越大。

(2)问题的类型

以下两种分类是较为常见和常用的类型。

一是清晰的问题与模糊的问题。清晰的问题又叫界定良好的问题，是指问题的初始状态、目标状态及转换状态的方法均已清楚规定的问题。例如，对于高中生来说，解方程 $3x+1=2(x-3)$ 就是一个清晰的问题，因为学生很清楚地确定问题的初始状态(给出的方程)、目标状态($x=?$)以及正确的运算(去括号，在等号两边同时加减或乘除同一个不为零的数等)。模糊的问题又叫界定不良的问题，是对问题的初始状态、目标状态及转换状态的方法中的一项或几项缺乏明确的界定。比如，学生对自己的未来人生做规划就是一个模糊的问题，这里的初始状态(学生对自己现状的正确认识)、目标状态(自己打算过一种什么样的生活)和用于转换状态的方法(通过学习，通过关系，还是借助国家政策等)都不明确。

二是一般领域的问题与专门领域的问题。前者是问题解决者不具有与问题相关的专业知识的问题。后者是指问题解决者具有与问题有关的专业知识的问题。比如，培养学生的写作能力时，对于不懂语文教学的人就属于一般领域的问题，而对于语文教师来说，则是专门领域的问题。

2. 什么是问题解决

(1)对"问题解决"的认识

问题解决就是运用一系列认知操作扫除障碍，将初始状态转化为目标状态的过程，在这个过程中，要通过搜索、选择并运用算子来改变问题的状态，最后达到目标状态。问题解决有五个基本特征：情境性、认知性、目标性、操作性、情感性。

一是情境性。问题解决是由一定的情境引发的，通过克服问题空间中的各种障碍，最终进入问题的目标状态。如果问题解决者没有感受到问题情境的存在，任何问题对他不构成问题，也就无从谈问题解决了。

二是认知性。问题解决主要是一种综合性的系列认知过程，这不仅受问题解决者的认知结构的制约，还体现出他的认知能力和元认知能力。

三是目标性。问题解决是一种有明确目标定向的、自主性行为。它启动于问题的初始状态，经过问题空间，运用系列的算子，达到问题的目标状态，从而实现对问题生成一个或多个有效的答案。

四是操作性。问题解决是一系列的心理操作过程。它需要问题解决者运用并重组已有的信息、知识、经验，寻找新的策略方法，制订实施新的方案，朝着问题的目标状态进行内隐性操作（思维）和外显性操作（动作）。

五是情感性。问题解决是比较复杂的持久性心理操作过程，它需要多种心理成分的相互作用，有时需要消耗大量的时间和精力，因此为了使问题解决顺利、有效地进行，问题解决者必须有问题解决的意愿、心向和动机，认同、接受问题，并乐于解决问题，对问题的最终解决有信心、决心和恒心。

（2）问题解决的过程

一般来说，问题解决的过程有以下五个环节。

一是发现问题。问题解决的一系列过程始于发现问题。问题的发现不仅引发了后续的系列问题解决，而且其本身也蕴含机遇。比如，在语文教学中，老师从学生的答题"表述烦琐"的现象中，发现学生的概括能力很弱，于是探索概括的方法技巧并训练学生的概括能力。但在实际教学中，许多人并没有养成发现问题的习惯。导致这种状况的原因一方面是人们对教学现状的满足，不去追求现状之外更高的目标状态；另一方面是因为教师缺乏相关的专业知识，因而对一些问题熟视无睹。

二是表征问题。表征问题是在心里将问题中的各相关要素整合成连贯一致的结构，又叫问题的理解。问题表征与问题解决的关系十分密切。如果我们对某个问题形成了适当的表征，则问题可能变得很容易解决；如果表征不当，很可能解决不了问题。请看这样一个问题：

请对这首诗的景物描写进行鉴赏。

很多学生拿到这个题目往往不知道该怎么做，这是因为他们没有形成对这一问题的正确表征。如果把这个问题换一种方式表征：

这首诗的景物描写运用了哪些手法？这些手法在本诗中具体是如何体现的？运用这些手法有什么效果和作用？

这样一来，解决这个问题就容易多了。对问题的表征涉及语言性知识、事实性知识、概念性知识的综合运用。可以这样说，问题的表征就是用相关的概念、原理、图式来理解问题。

三是探索解题策略。在这一阶段，学习者尝试各种方法来寻求解决问题的方法。一般有如下五种办法来寻求解决问题的策略。

①手段—目的分析法。这一方法的基本思想是通过运用算子来缩小问题的当前状态与目标状态之间的差异。运用算子一次就将初始状态转化为目标状态的情况很少见，因而这一方法一般需要将目标状态分解为若干子目标，通过运用不同的算子逐一达成一系列的子目标而最终达成总的目标。而子目标的分解、确定则是在找到算子后比较算子的运用条件与当前状态的差别，找到差别后再确立一个新子目标以消除差别。它的缺点是在解决复杂问题时，由于子目标过多而使问题解决者的工作记忆负担过重，这会导致子目标的遗忘而难以解决问题。

②爬山法。这是指问题解决者从初始状态出发，对它做一些改变，以期待它与要达到的目标状态更接近。就好像爬山，目标是山顶，寻找爬山的路径时，只要选择向上的路行走，就离山顶近了一点。这种策略也称为局部最优选择法。

③逆向法。从目标状态开始，逐步推至初始状态。当初始状态有几条路径可走，但只有一条能达到目标状态时，宜采用逆向法。

④类比法。这是指遇到新问题时，通过将它与我们以前解决过的熟悉问题联系起来而找到解决的方法。成功地运用类比取决于问题解决者发现新的问题与旧有问题在结构上而不是表面特征上存在类似。

⑤头脑风暴法。这种方法基本步骤如下：第一，定义问题；第二，产生尽可能多的解决办法，不管它们多么离奇，都不要做出评论；第三，确定从中选择合适方法的标准；第四，运用这些标准，从中选择最好的方法。

四是执行问题解决策略。经过对问题解决策略的尝试而构建出问题解决的方案后，接下来就要执行这一策略来解决实际问题。在上一阶段，问题解决者需要具备的知识主要是策略性知识，而这一阶段需具备的是良好的程序性知识。

五是回顾与总结。执行问题解决策略，得到一定的结果，并不意味着问题解决过程的结束。接下来的一个重要阶段是对问题解决的回顾与总结，这种回顾的工作主要涉及两个方面：对执行问题解决策略所得到的结果是否达成了目标

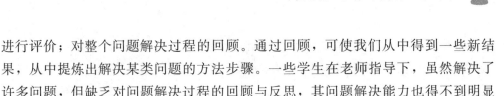

进行评价；对整个问题解决过程的回顾。通过回顾，可使我们从中得到一些新结果，从中提炼出解决某类问题的方法步骤。一些学生在老师指导下，虽然解决了许多问题，但缺乏对问题解决过程的回顾与反思，其问题解决能力也得不到明显提高。

（二）影响问题解决的因素

问题解决的思维过程受多种因素的影响，有些因素能促进思维活动对问题的解决，有些因素则妨碍思维活动对问题的解决。影响问题解决的因素可以分为问题自身的客观因素和问题解决的主观因素。[①]

1. 问题的特征

问题情境中的信息总是以不同的特征呈现在我们面前，如空间位置、距离、时间以及顺序等。问题情境所呈现的信息特征在很大程度上影响我们对问题的理解和表征。某些呈现方式有助于我们获得解决问题的线索，从而寻找到正确的解决策略、方法和途径。而有些则包含某些多余的信息，或者问题解决所需要的部分条件被隐藏起来，这就增加了问题解决的难度，需要个体能够发现、分离出解决问题所需要的线索，抓住问题的本质特征。

2. 已有的知识经验

已有经验的质与量都影响着问题解决。通常情况下，一个人与问题解决有关的经验越多，质量越高，解决该问题的可能性就越大。有研究证明，优等生的认知结构中储存的知识经验显然多于一般学生。也就是说，拥有某一领域的高质、丰富的知识经验是有效地解决问题的基础。知识的质量主要是指已有知识经验在组织上的特征，表现为已有知识的可利用性、可辨别性以及清晰稳定性。

3. 反应定势与功能固着

反应定势是指以最熟悉的方式做出反应的倾向。定势有时有助于问题的解决，有时也会妨碍问题的解决。教师要根据定势对迁移的双重影响，注意在教学中应该建立哪一种定势。既要利用定势的积极作用帮助学生迅速解决一类问题的方法，同

---

① 韦洪涛．学习心理学［M］．北京：化学工业出版社，2014：128～131.

时又要变化课题，以帮助学生具体问题具体分析，防止定势的干扰。

定势的作用还极明显地表现在"功能固着"上，功能固着是指人们总是倾向于将某一物体的常见功能看成该物体的特定功能，从而妨碍了发现物体的其他功能而影响了问题的解决。一个人如果不熟悉某种物体的常用或典型的功能，就很难看出该物体具有的其他潜在的功能。而且最初看到的功能越重要，就越难看出其他的功能。这种功能固着现象有时会限制人们的思维和解决问题的能力。

4. 酝酿效应

有人反复探索一个问题的解答而毫无结果时，把问题暂时搁置一下，然后再回头来解决，这时常常可以很快找到解决办法。这种现象称为酝酿效应。酝酿效应打破了解决问题不恰当思路的定势，从而促进了新思路的产生。当问题陷入困境时，把问题暂时搁置几小时、几天或几个星期，由于某种机遇突然使新思想、新心象浮现了出来，百思不得其解的问题往往一下子便找到了解决办法。"山重水复疑无路，柳暗花明又一村"正是这一效应的生动写照。

5. 动机和情绪状态

在问题解决过程中，问题解决的效率——问题解决的速度、质量、流畅性是受问题解决者成就动机制约的。动机对问题解决效率的制约关系比较复杂。随着问题解决者的动机从零开始增大，问题解决的效率也随之开始增高；在动机强度适中时，会产生最高的效率，而超过一定强度后，解决的效率会随之降低。强烈的动机对于简单问题的解决会产生积极的影响，但对复杂问题的解决则有不利影响；对于一定问题来说，在学习者具有很强的能力这一前提下，动机强烈仍会促进问题解决。

情绪因素对问题解决也有明显影响，这种影响可以是积极的也可以是消极的。问题解决者过去解决问题的成败印象和体验对当前的问题解决将产生影响。这种影响主要表现于问题解决者的问题解决的信心。当前问题与问题解决者以往面临的问题情境越相似，成败的情绪体验对当前的问题解决就越强烈。

总之，影响问题解决的因素是多种多样的，它们不是孤立地起作用，而是互相联系、互相影响，综合地影响问题解决的效率。

(三)问题解决的导与学的实施

1. 教师通过"目标、活动、评价"进行指导

（1）目标

教师教学目标的设计要有指向学生的问题解决能力。即要教会学生发现问题、表征问题、研究问题、寻找解决问题策略、执行解决问题策略、回顾和总结问题解决过程等方面的能力。由于一个问题的解决，往往涉及多方面的因素，需要思考的时间较长，可把培养学生某个方面的问题解决能力作为专题的教学目标，这个目标可以是这个专题阶段持续不变的目标，一直作为课堂教学的出发点和最终归宿，以此来统筹教学设计、学生预习、课堂活动、教学评价等。

（2）活动

主要是设计并组织问题解决活动。一是创设问题解决情境，通过对一些现象的剖析，发现问题，并对问题进行恰当的表征；二是教师示范讲解，教师对问题解决的思维过程和操作过程做示范引路；三是组织学生根据问题条件讨论问题解决的方法步骤；四是引导学生根据讨论结果拟出解决问题的方案；五是督促学生执行这些方案；六是组织学生对执行结果进行评价，看是否完全解决了问题；七是引导学生对解决问题的过程进行回顾与总结，提炼解决这类问题的方法策略。整个活动的设计一定要最大限度地让学生参与，并在学生参与的过程中不断给学生点拨或示范一些操作方法。

（3）评价

主要是教师与学生一道对学生某类问题解决能力是否形成的评价。评价的目的在于反馈学生在问题解决过程中成功的经验或存在着的问题。比如，学生知识储备的数量与质量是否达到要求，学生知识间的联系是否形成了网络化结构，对各种变式能否概括出本质特征，动机和情绪对解决问题产生的是积极还是消极影响等。

2. 学生通过"预习、互动、练习"进行参与

（1）预习

问题解决在学生的学习活动中占据着主导地位。在加涅对学习进行的八个层次的划分中，问题解决处于最高水平。所以，只有学生具备一定的基础知识、基本技能和思维水平，才能通过训练顺利形成问题解决能力。所以，在问题解决能力培养之前的预习，重点是为了形成这种能力而做好各方面的准备。

首先是复习巩固解决专业领域内的问题所需要的专业基础知识和基本技能；其次是熟悉常见的一些思维加工方法，如分析、比较、归类、概括、归纳、演绎、类比、综合等；最后是解决复杂问题时要做好长期坚持的心理准备，不要寄希望于"短""平""快"的做法。

（2）互动

鼓励学生对平常事物多观察，多讨论，主动发现问题。不要被动地等待教师讲解示范后，才去套用公式或定理去解决问题。在明确问题的基础上，鼓励学生从不同的角度，尽可能多地提出各种假设，而不要对这些想法进行过多的评判，以免过早地局限于某一解决问题的方案中。这时重要的是数量，而不是质量。要求学生反复讨论、分析各种假设、各种方法的优劣，对解决问题的整个过程进行监控与评价。

（3）练习

应避免低水平的、简单的提问或重复的机械练习，防止学生埋没于题海之中，应考虑练习的质量，根据不同的教学目标、教学内容、教学时段等精选、设计例题与习题，充分考虑练什么、什么时候练、练到什么程度、以什么方式练、如何检验练的效果等。比如，既要训练学生解决有结构的问题，又要训练他们面对无结构的问题存在的事实；既要有直接利用领会的知识进行解答的基本问题，又要有灵活、综合利用有关知识进行解答的较复杂的问题；既要有一般的语言文字问题，又要有一定数量的动手操作的问题；既要有促进学生理解所学知识的基本问题，又要有适当结合现实的实际问题；既可以要求学生自己去解决、回答有关问题，又可以要求学生自己去提问题、编问题。多种形式的练习，可以调动学生主动参与学习的积极性，提高学生知识应用的变通性、灵活性与广泛性。

（四）问题解决导学对教师的素养要求

1. 具有对问题进行表征的专业能力

由于问题解决能否顺利进行，与问题的表征方式有很大的关系，所以教师要具备用不同的方式表征问题的能力。只有教师具备了这种能力，才可能培养学生具备这种能力。所以教师要在自己所教学科的专业领域内，学会对问题的描述、定义、解释、分类、归类等。

2. 具备相应的专业基础知识和基本技能

问题解决是离不开专业的基础知识和基本技能的。这两个方面，不仅学生应该具备，教师更应该提前具备。教师只有具备了这两个方面，才能有方向地、有重点地、有选择地指导学生在这些方面做好准备。

3. 具备问题解决能力培养的教学知识

要成功培养学生的问题解决能力，教师必须具备相应的培养这种能力的教学实践知识，即学科教学知识，如问题情境设计知识、课堂管理组织知识、问题解决教学设计知识、学生兴趣激发知识、消极因素排除知识等。这些知识是教师培养学生问题解决能力不可或缺的十分重要的知识，教师必须首先具备。

4. 要有热情帮助学生的积极态度

一般来说，学生对于问题解决的难度比较大，是学生进行探究学习的最重要的方式，因此，很多学生常有畏难情绪。当学生消极对待问题时，教师就要以极大的热情与学生进行交流，除了对学生进行点拨外，更重要的是给学生鼓劲，让学生能够静下心来，冷静地分析问题，有条理地表征问题。特别是有些学生反复无常，这时更需要老师有耐心，对学生充满信心，让学生感觉到自己有希望找到解决问题的办法。所以，教师要有热情帮助学生的积极态度，才可能培养学生形成问题解决能力。

双流中学七十年校庆

五、学科思维的导与学

(一)什么是学科思维

1. 学科思维的定义

以某个学科领域内的现象、表象、基础知识为思维材料的思维过程，叫作学科思维。

这里的学科是指学校教学的科目，如语文、数学、英语、物理、化学、生物、政治、历史、地理等。其中的基础知识，是指学科领域内的基础知识，包括学科领域中的相关概念、命题和命题网络。思维过程指运用一定的思维加工方法对思维材料进行处理来解决学科领域内的问题的过程。

不同的学科，有不同的学科思维，如语文思维、数学思维、物理思维等。语文思维是以语文学科领域内的语文现象、语文表象、语文基础知识为思维材料的思维过程。

2. 学科思维的构成

学科思维的上位概念是一般思维，我们可由一般思维的构成要素推演出学科思维的构成要素。一般思维包括三要素：思维材料、思维形式、思维方法。相应的学科思维就包括：学科思维材料、学科思维形式、学科思维方法。

一般思维形式包括：直觉思维、形象思维、抽象思维、辩证思维。

一般思维方法(也叫思维加工方法)包括：联想、想象、比较、分析、综合、抽象、归纳、演绎、类比、分类、归类、具体化等。

(1)学科思维材料

学科思维材料是判断其思维属于某个学科思维的决定因素。比如，思维材料是语文学科领域的，则思维是语文思维；思维材料是数学领域的，则思维是数学思维；思维材料是物理领域的，则思维是物理思维。

(2)学科思维形式

学科思维形式指的是一般思维形式与学科领域内的材料相结合而形成的具体思

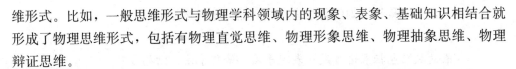

维形式。比如，一般思维形式与物理学科领域内的现象、表象、基础知识相结合就形成了物理思维形式，包括有物理直觉思维、物理形象思维、物理抽象思维、物理辩证思维。

(3)学科思维方法

学科思维方法指的是一般思维加工方法与学科领域内的材料相结合而形成的具体的思维加工方法。比如，一般思维加工方法与化学学科领域内的现象、表象、基础知识相结合就形成了化学思维方法，包括化学材料分析法、化学反应归类法、化学原理归纳法等。

3. 学科思维的功能

一般来说，能够独立设科的学校课程，有其自己独当其任的"任"，相应的这门学科就有完成其独当其任的"任"的学科思维。比如，语文学科独当其任的"任"是培养学生正确理解和熟练运用祖国的语言文字，具体表现为培养学生的听、说、读、写能力，相应的就有如何进行听、说、读、写的思维，这些思维就是语文思维。所以，学科思维是解决学科领域内问题的思维，对学生学科能力的培养起着重要的作用。

(1)学科思维能帮助学生掌握学科基础知识

学科基础知识包括学科领域内的概念、命题和命题网络。

学科领域内的概念的掌握需要学科思维。学科领域内的概念是在学科领域内的现象、表象的基础上形成的，是通过对这些现象和表象的属性进行分析、比较、归类、抽象等思维加工处理而形成的，学生要掌握这些概念，就得对概念的名称、定义、例证、属性加以再现、分析、比较、归纳等思维处理，这样才能透彻理解概念的内涵。

学科领域内的命题的理解需要学科思维。学科领域内的命题，实际上就是学科领域内的一个个的判断，指的是学科领域内概念与概念之间的关系。这些关系的获得，是在区分概念与概念之间的同一性与差异性的基础上来掌握的。区分同一性和差异性就得运用学科思维对概念进行分析、比较等思维加工处理。所以要想理解命题，就一定离不开学科思维的参与。

学科领域内的命题网络的建构离不开学科思维。命题网络实际上就是学科基础知识系统，是概念与概念之间、命题与命题之间形成的相互制约、相互支撑的学科知识框架。

例如，语文学科领域内的诗歌表达技巧的命题网络如下：

表达技巧包括表达方式、表现手法、修辞手法、结构技巧。

表达方式包括记叙、描写、议论、抒情。描写包括描写角度（远景与近景、俯瞰与仰视）、描写方式（视觉、听觉、嗅觉、触觉）、描写技巧［正侧结合、动静结合、虚实结合、声色结合、点面结合、白描工笔、细节描写、衬托（正衬和反衬）］。抒情分为直接抒情（直抒胸臆）和间接抒情（借景抒情、融情于景或情景交融、托物言志、用典抒情、借古讽今）。

表现手法包括比兴寄托、虚实相生、衬托（动静相衬、以乐景衬哀情、以哀景衬乐情）、对比、象征、借古讽今等。（注意此处的概念与描写技巧、间接抒情、修辞手法有交叉）

修辞手法包括比喻、拟人、象征、起兴、夸张、衬托、对比、婉曲、设问、反问、通感、借代、双关、叠字、对偶、反复等。

结构技巧包括铺垫、伏笔、过渡、抑扬、线索、倒装、曲笔入题、以景结情、首尾照应、卒章显志等。

以上命题网络的建构，学生只有在对表达技巧进行构成分析、功能分析、因果分析并进行综合概括的基础上才能完成，而结合语文的相关概念进行构成分析、功能分析、因果分析、综合、概括等就是语文思维。

所以，学科思维是学生建构学科领域内命题网络的重要工具。

(2)学科思维有利于学生解决学科领域内的问题

学科思维是以学科领域内的现象、表象、基础知识为思维材料的思维过程，换句话说，就是运用一定的思维形式对学科领域内的材料进行思维加工来解决学科领域内的问题的思维。比如，我们要解决这样一个语文问题：如何阅读理解抒情散文。那么我们就要运用形象思维中的想象和联想思维方法，形式逻辑思维中的分析、比较、抽象、综合的思维方法对一篇具体的抒情散文从散文的"形散神聚"特点、情感抒发特点、表达方式特点、修辞运用特点、表达技巧特点等方面进行思维加工处理，从而归纳概括出阅读理解抒情散文的方法通道：整体把握作者在散文中所表达的主要意图（抒情散文所抒发的主要情感，说理散文所表达的主要观点），可通过外圈层

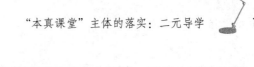

的抒情语句、议论语句来概括；在主要意图观照下进行文本细读，可对内圈层的写人记事状物沿着外圈层所传达出的主要意图方向对其中的表达方式、修辞运用、情感抒发等进行分析、比较、赏鉴。

（二）学科思维与一般思维的关系

学科思维是以学科领域内的材料为内容的思维，一般思维是所有各门学科共同拥有的思维。学科思维与一般思维的关系是现象与本质的关系、是个性与共性的关系，是特殊与一般的关系，是相辅相成的关系。

1. 学科思维寓有一般思维

学科思维中的语文思维、数学思维、物理思维等，除了思维内容必须是该学科领域内现象、表象、基础知识外，学科思维的形式和方法都是与一般思维保持一致的。也就是说学科思维包含了一般思维所具有的思维形式和方法，即一般思维的思维形式（直觉思维、形象思维、抽象思维、辩证思维等）、思维方法（分析、综合、比较、分类、归类、抽象、概括、归纳、演绎、类比、具体化、系统化等）全都包含在学科思维之中。

2. 学科思维是一般思维的具体体现

学科思维是与工作思维、生活思维相并列的思维。学科思维与一般思维是现象与本质的关系，是个性与共性的关系，是特殊与一般的关系。学科思维的本质是一般思维，一般思维可以通过学科思维表现出来，学科思维是一般思维的表现形式，因而我们可以通过学科思维来提炼一般思维，同时可以用一般思维的方式方法来指导培养学科思维。所以，学科思维水平高的学生，他的一般思维能力也比较强；一般思维能力强的学生，他的学科思维水平提升的空间也就很大。

3. 学科思维与一般思维的发展是相辅相成的

正因为学科思维与一般思维有着千丝万缕的联系，因此两类思维的发展也是相辅相成的。

首先，学科思维的发展离不开一般思维的指导。由于学科思维的形式和方法与一般思维保持高度一致，所以，只有充分掌握了一般思维的形式和方法后，才能把这些思维形式和方法与学科领域内的材料结合起来，探索解决学科领域中的种种问题，从而形成解决学科领域问题的学科思维能力。

其次，学科思维的发展有利于促进一般思维水平的提高。学科思维寓有一般思维，学科思维是一般思维的表现形式，随着学科思维的发展，学科思维形式和方法就会相应地建构起来，形成学科思维的框架，而学科思维的形式和方法又与一般思维保持高度一致，所以一般思维的水平就会提高。一般思维水平提高了，反过来就会进一步指导学科思维的发展。

正因为学科思维与一般思维的这种相相辅相成的关系，很多专家和学者就把学科思维与一般思维混同起来，甚至直接用一般思维来代替学科思维，导致了学科思维的独特地位的丧失，因此在学校课程体系中，就缺少了学科思维应有的位置。我们的一线学科教师由于缺少了学科思维知识的支撑，课堂上往往就只有一些僵化的结论，缺少了得出这些结论的学科思维过程，这就导致学生的学科思维水平提高的效率很低。

(三)学科思维能力的形成规律

学科思维的本质是在学科领域内解决问题的思维操作的一系列步骤和每一步骤的具体思维加工方法，相当于学科领域内的智慧技能。所以学科思维能力的形成规律与智慧技能的形成规律几乎一致。下面我们从学科思维的三要素来分析归纳学科思维能力形成的规律。

1. 运用一般思维形成学科领域内的基础知识

其目的在于奠定学科思维的材料。学科基础知识是学科思维的前提和依据，离开了学科基础知识，学科思维就成了无源之水、无本之木。然而，学科基础知识的奠定，却又离不开思维(这里指的是一般思维)。例如，学生对学科领域内的概念的理解和掌握，需要理解对概念进行定义的思维方式，需要运用逻辑思维对概念的内涵与外延进行分析，同时需要运用思维对概念进行限制和概括。同样，学生对学科领域内的命题的掌握，也是需要思维参与的。所谓命题，其实就是指概念与概念之间的关系。学生在掌握命题的过程中，需要对命题所包含的若干概念的属性的值进行分析和比较，然后提取这些概念的相同属性，区分其不同属性，确定其类属关系、因果关系，从而准确掌握概念与概念之间的相互关系，只有这样学生才能真正理解学科领域内的命题。学生对学科领域内的命题网络的建构更需要充分运用思维能力，才可能实现。"任何两个命题，如果它们具有相同的成分，则可以通过这种共同成分而使彼此联系。许多彼此联系的命题组成命题网络。"①命题网络是学科领域内命题与命题之间的因果关系、条件关系、并列关系等，是学科的基础知识框架系统，是基础知识的逻辑体系。只有充分运用思维将命题与命题之间的关系清理出来，才可能建立清晰有用的学科命题网络。所以，要运用一般思维来建构学科领域内的基础知识，从而奠定学科思维的基本材料。

2. 运用一般思维形成解决学科领域内问题的能力

其目的在于掌握学科思维形式和学科思维方法。解决学科领域内问题的能力是一般的问题解决方法与学科材料相结合的具体能力，一般的问题解决方法其本质是一般思维活动。所以在解决学科领域内的问题时，是以学科领域的现象、表象、基础知识为材料，运用一般思维的方式、方法来朝着问题的目标状态前进。

> 问题解决指的是认知操作的一切目标定向过程。它需要问题解决者运用并重组已有的信息、知识、经验，寻找新的策略方法，制订实施的方案，朝着问题的目标状态进行内隐性操作(思维)和外显性操作(动作)。②
>
> 问题解决一般由认知、态度和操作三种成分构成：认知成分是问题解决的理性因素；态度成分是问题解决的非理性因素；操作成分是问题解决的运行策略因素。认知成分是指向问题解决者对问题的理解、表征以及对问题解决的评价、监控等认知活动。态度成分是指问题解决者接受问题，并愿意采取各种策略、方法、努力解决问题。它包括需要、动机、情感、意志等具有动力性的心理活动。操作成分指向问题解决者在针对问题的性质、特点、制订解决计划或方案的基础上所进行的目标性的操作活动。③

问题解决的本质是一种思维活动，需要遵循直觉思维、形象思维、抽象思维、辩证思维的规律。"重组已有的信息、知识、经验，寻找新的策略方法、制订实施的

①　韦洪涛 . 学习心理学[M]. 北京：化学工业出版社，2011：51.
②　韦洪涛 . 学习心理学[M]. 北京：化学工业出版社，2011：122.
③　韦洪涛 . 学习心理学[M]. 北京：化学工业出版社，2011：122.

方案"都是分析、综合、比较、分类、归类、联想、想象等思维加工方法的具体运用。问题解决的三种成分需要思维参与才可能形成。认知成分中的"理解""表征""监控"需要逻辑思维才能达到；态度成分中的"需要""动机""情感""意志"等是需要问题解决者对问题解决的意义和价值充分认识之后才可能产生，而"认识"本身就是思维；操作成分是指向目标的一种操作活动，"操作"本身是内隐性活动(思维)的外显，也就是操作是思维的外化，表面上是行为动作，其本质是思维运动。

解决学科领域内问题的能力，就是将问题解决的方法(或者一般思维方法)与某一具体学科中的基础知识结合起来，在学科领域的系统知识框架内解决这一学科中的具体问题的能力。这种能力的形成，需要掌握运用一般思维对学科领域内的材料沿着问题的目标方向进行加工处理的方法技巧。

3. 在解决问题的能力的基础上归纳总结学科思维原则

其目的在于形成具有指导性的学习学科思维的方法论。每个学科都有自己的独特性，也就有自己的独特思维，进而就有自己的所应遵守的独特的学科思维原则。学科思维原则归纳总结出来，学习者才清楚用什么样的思维原则来规范指导对这门学科的学习。学科思维原则是在解决学科领域内的问题的过程中逐渐形成的，是与学科的性质和功能紧密联系着的，是与该门学科的学习掌握分不开的。学科思维原则分为两个层次：第一个层次是学科领域系统的学科思维的总的原则，第二个层次是学科领域的子系统的学科思维原则。这两个层次的学科思维原则都需要在学科领域内问题解决的过程中归纳总结出来。下面以语文思维为例，来谈语文思维原则。

语文思维，根据语文学科的工具性与人文性相统一的特点，语文学科的任务在于培养学生正确理解和熟练运用祖国的语言文字的能力，而理解和运用语言文字的能力主要在对语言文字的实践运用过程中获得，所以在解决语文学科领域内的问题时，其思维都要受到这些性质、特点、任务等的制约。语文学科领域系统内的总的学科思维原则归纳为：①语用目的性原则；②人文思想渗透性原则；③读写结合的原则；④语言能力习得性原则。

语文学科领域内主要包括三个子系统：一是语言运用系统，二是阅读鉴赏系统，三是表达交流系统。在这三个子系统中，又分别有各自的思维原则(学科思维原则的第二层次)。

（1）语言运用的思维原则

一是质的原则。要求语言运用者的表达是真实的，至少他本人认为是真实的、有根据的，或符合逻辑的真实，不能自相矛盾或虚假。这是"说什么"的问题。

二是量的原则。要求语言运用者表达的信息量既足够又不超出。这是"说多少"的问题。

三是关系原则。要求语言运用者所表达的内容紧扣话题，同交际意图密切关联。这是"为什么说"的问题。

四是方式原则。要求话语清楚明白，简洁，井井有条，富有感染力。这是"如何说"的问题。

（2）阅读鉴赏的思维原则

一是自洽性原则。自洽性原则是指阅读鉴赏要能够自圆其说——文本解读中所运用的理论、方法，都要能够自圆其说，不能自相矛盾；如果不能自圆其说，或者自己证明自己是错误的，则需要更换或者增加理论、更换或者增加方法。

二是经济性原则。经济性原则是指文本阅读鉴赏过程中，要用最短的时间、最少的努力、最少的线索、最少的外部资料，不能"米不够，水来凑"。条条大路通罗马，但有一条道更近、更便捷、更安全。

三是整体性原则。整体性原则是指文本解读不能断章取义，必须顾及文本整体；对于"文本意图"的推测，需要在文本中形成"证据链"，正如法庭断案一样，孤证不能成立——证据与证据之间要吻合，能够有秩序地衔接组合出案件的主要环节。

四是循环性原则。循环性原则是指文本解读过程中诸因素相互铺垫、相互为用、相互解读，其中最重要的是整体与局部的循环阐释，恰如钱钟书先生所言："积小以明大，而又举大以贯小；推末以至本，而又探本以穷末；交互往复，庶几乎义解圆足而免于偏枯。"①

（3）表达交流的思维原则

一是"主题集中"原则。主题是文章表达的思想感情和基本观点，是文章的灵魂，是文章的统帅，因此主题必须集中单一，才能凸显主题，才能使主题更加鲜明、深

---

① 李华平."幸运"与"不幸"的相对性——杨绛《老王》的教学解读[EB/OL].正道语文公众微信"华平专栏"，118 期。

刻，才能达到写作目的。

二是"逻辑秩序"原则。文章写作要遵守一定的秩序，这个"秩序"就是逻辑规则，即写作过程要符合时间逻辑、空间逻辑、关系逻辑和情感逻辑。如果不符合逻辑，写出来的文章就会杂乱无章，甚至不知所云。

三是"思想健康"原则。写文章要写积极向上的内容，要写社会的正能量，不能思想偏狭，不能将个别的、偶然的、局部的肮脏问题故意夸张扩大化，要一分为二地看待问题。

四是"情感真实"原则。写作文要写真情实感，要我手写我心，不能故意地无原则地瞎编滥造。但这并不是说，不能虚构。虚构是允许的，但必须符合逻辑，情感必须是真实的，不能无病呻吟，不能矫揉造作。

4. 接受学习和发现学习相结合，"举三反一"和"举一反三"相结合

其目的在于按照认知规律来获得能力。"接受学习即学生通过教师呈现的材料来掌握现成的知识的一种学习方式。"[①] "发现学习是学生通过自己再发现知识形成的步骤，以获取知识并发展探究性思维的一种学习方式。"[②]接受学习是将学科思维方法以定论的形式直接呈现给学习者，学习者通过听讲、记忆、模仿、练习等方式在尽可能短的时间内获得尽可能多的学科思维知识。在复杂的学科思维知识海洋和人数众多的学生群体现实面前，接受学习更具有现实意义。发现学习，是学生自己从各种学科领域内的特殊事例中通过分析、比较、综合、概括等过程归纳出结论，并用之来解决学科领域内的问题。发现学习能激发学生学习兴趣，有利于掌握发现的方法和探究的方式。为了在有限的时间内掌握一定的学科思维方法，宜以接受学习为主；为了培养学生的探究能力，培养学生的创新思维，宜设置一定的问题情境，指导学生进行发现学习。也就是说，学科思维的三要素（学科思维材料、学科思维形式、学科思维方法），应根据学生自身的情况，灵活开展接受学习和发现学习来获得，学生在两种学习方式的交互作用下来形成学科思维能力。

举三反一，从逻辑层面来说是归纳推理，从哲学层面来说是由现象到本质。举三反一是从众多现象中得出结论的过程，是从个性中获得共性，这样的结论易于学

---

① 崔永漷. 有效教学[M]. 上海：华东师范大学出版社，2009：95.

② 崔永漷. 有效教学[M]. 上海：华东师范大学出版社，2009：97.

生接受。举一反三，从逻辑层面来说是演绎推理，从哲学层面来说是本质的现象化。举一反三是运用已形成的结论来解释一些具体现象的过程，是将共性用个性表现出来，这样的过程易于学生理解这些结论。学科思维能力的形成，不能寄希望于某一堂课的教学或某一问题的解决而一下子形成，必须在举三反一和举一反三的反复循环实践中，才能形成稳定的科学的学科思维能力。

(四)学科思维的导与学的实施

学科思维的导与学，首先，要按照学科思维能力的形成规律进行教学，即学科思维教学时，是在学生奠定了学科领域内的基础知识，掌握了学科领域内的基本技能(主要指智慧技能)和问题解决方法的基础上，来总结学科思维的方法和原则。其次，导与学要遵循有效教学的原则，即教师的"导"要针对学生的"学"，服务于学生的"学"，"导"要使学生有方向地"学"，使学生有条理地"学"，使学生有方法地"学"，使学生有习惯地"学"，使学生有滋味地"学"。①

1. 教师"导"的针对性：目标、活动、评价

(1)目标

指向学科思维的方法和规则。在基础知识、基本技能和问题解决的基础上，设计学科思维目标。只有设计了学科思维目标，才能引导学生形成学科思维能力。举例来说，在语文学科中，引导学生学习扩展语句时，除了设计掌握扩展语句的基本技能目标外，还需要设计扩展语句的思维方法目标，如"掌握浮想联翩法"目标。确立的目标一定要"恰当"，才有利于学科思维的建构，否则这个目标就犹如空中楼阁，对学生的学习就失去了意义。怎么才算"恰当"？我们认为只要所确立的教学目标位于学生的"最近发展区"内，就算"恰当"。如何确立目标，这个目标才能位于学生的"最近发展区"呢？

首先，在了解学生的现有的学科思维知识的基础上确立目标。根据建构主义教学论的要求，在确立目标前，首先要了解学生的"最近发展区"，而学生的"最近发展区"是由学生已有知识经验决定的，所以以了解学生已有的学科思维知识是确立教学目

---

① 李华平．语文教学中"教"的学理审视[J]．课程·教材·教法，2015(4)：69～73.

标的前提，只有在学生"最近发展区"内确立的学科思维目标，才是有效的目标，在这种目标的引导下，才能激发学生的学习兴趣，才能有效地调动学生的知识储备，才能引导学生一步步达到知识的建构，才能实现教学目标。

其次，为不同层次的教学班确立不同的学科思维目标。由于学生基础各不相同，生活经历各不相同，个性特点也千差万别，因此，其"最近发展区"的范围也大相径庭。这说明教师在一堂课上确立对每个学生都"恰当"的学科思维教学目标是根本不可能的。为了解决这个难题，可采取分层教学措施，即对不同层次的学生采取不同的教学方式。其具体做法：①根据学生的学习基础，把基础相对接近的学生分在同一个班；②对层次不同的教学班采取不同的教学方式，包括确立不同的教学标高、制定不同的教学措施和采用不同的评价方式。对于分了层的教学班，同一班的学生的"最近发展区"的范围相对来说交叉的部分多，也就是共同的部分多，学科思维教学目标就可以在其共同的部分确立，这样确立的教学目标就能引导多数学生顺利地建构知识。

最后，为同一堂课确立不同的目标。即使是分了层的教学班，同一个班的学生的知识经验层次水平差不多，"最近发展区"的交叉的部分相对较大；但学生的知识经验毕竟是个性化的，带有不同的个性特色，这些学生的"最近发展区"不相交叉的范围仍具有一定的空间。如果在同一堂课上教师根据学生"最近发展区"的交叉部分确立比较僵硬的"刚性"教学目标，这仍将有损于学生的个性发展。因此，我们提出在同一堂课上确立富有"弹性"的教学目标。"弹性"主要体现在根据学生的学习基础，对全班同学再次分层，在再次分层的基础上提出不同层次的教学目标，让班上的学生选择适合自己能力层次的教学目标作为自己的学习任务。

(2)活动

设计活动的目的，在于教师引导学生参与学习过程，使学生有效地掌握学科思维目标。学科思维的学习活动设计包括以下几个方面。

一是创设学科思维学习的情境，包括问题情境、推理情境、直观情境、想象情境和生活情境。问题情境的创设要从三个方面考虑：提供智力背景，引发学生的探究精神，切中"愤悱"之机。推理情境的创设要分清演绎情境、归纳情境和类比情境，三种不同的推理方式各有其特点，要根据教学实际情况创设不同特点的推理情境。直观情境的创设要通过实物直观或物象直观来增强课堂的生动性和感染力。想象情境的创设要通过有感情的诵读体悟、生动的教学语言、填补空白或含蓄蕴藉的方式来激发学生的想象力。生活情境的创设可通过改造课堂的现有场景或联系师生的生活实际或借助媒体模拟真实生活的方式来使学生产生共鸣。

二是示范引路。这里所说的示范引路指的是教师为学生的学科思维知识建构的方法提供示范。教师创设的各种情境虽然激发了学生的思维兴趣，但学生对于如何思维却找不到门路，这时教师完全有必要进行示范引路。示范引路，既有利于学生进一步补充、矫正、丰富所思考的内容，又有利于促进学生掌握思维的操作步骤。但要注意的是，教师对示范引路不能随时都用，要选择时机进行，在进行示范引路时要防止学生机械地模仿，要让学生理解思维操作的意义。

三是搭设支架。搭设支架指学生在思维的过程中出现困难时，教师要为学生建构知识以在其最近发展区内搭建概念框架或提示中间环节。即教师要把教学目标一步步分解，使教学目标由几个由低到高的不同层次的概念或环节构成，使学生沿着框架或通过中间环节来达到最后的教学目标的实现。支架的搭建要根据学生的已有的学科思维知识来进行，而搭建支架的各个概念或中间环节的距离要适中，也不要太烦琐，要有启示性，线索要明晰。

四是协作讨论。协作讨论是指学生在遇到无法独立解决的难题或是对自己的理解感悟的正确性有怀疑时进行的。所以，协作讨论的过程既是学生合作解决问题的过程，又是学生对自己的思考进行补充、矫正、丰富、完善的过程。教师要在学生学习过程中需要合作交流的时候及时组织他们协作讨论，要对学生的协作讨论进行有效的指导，讨论的主题要集中，要有指向性。要注意的是，教师并不是每堂课都要组织学生进行协作讨论，要注意抓住组织协作讨论的机会。

（3）评价

评价是对学生学科思维能力的形成进行的一种反馈，对于正确的学科思维方法和原则给予强化巩固，对于错误或有弊端的学科思维方法和原则给予矫正、补充和完善。评价的目的是为了学生更好地建构知识意义，宜采用鼓励性评价，评价方式要多样化。从评价内容来看，既要有过程评价，又要有结果评价；从评价主体来看，既要有教师的评价，又要有学生的自评和互评；从评价的标准来看，根据学生已有的知识经验宜采用灵活多样的分层评价。

一是抓好过程评价。过程评价指的是对学生学习过程中的方法、态度的评价。

这种评价伴随着学生学习的整个过程，主要针对学生的思维过程、想象过程、操作方法、责任心、合作精神、人际关系、意志品质、道德习惯等方面进行评价，这种评价宜采用描述性的语言和鼓励性的语言。

二是评价多元化。这里所说的评价多元化更强调评价主体的多元化。即教师要把评价的权利下放给学生，教师的评价只能是其中的一部分，更多的是来自学生的互评和自评。由于学生在学习的过程中，相互之间比较熟悉，年龄也差不多，很清楚在完成学习任务的过程中谁的态度好，谁的态度不好，谁完成的任务多，谁完成的任务少，即学生贡献大小他们比老师更清楚，所以他们的评价更客观，也更容易被学生接受。学生的自我评价是学生的自我反思，是对自己的学习过程的梳理和总结，因此更有益于学生成长。当然学生的互评和自评仍是需要教师给予指导的。

三是结果评价分层。结果评价是指对学生建构起来的学科思维知识进行的评价。一般分两个时段进行，一个时段是在学生刚刚建构起学科思维知识的时候，也常常是在一堂课的后阶段，这时的评价主要是检验其学科思维知识的正确性、合理性，以便于学生及时矫正、补充和完善。这个时候的结果评价一定要注意分层，对于不同层次的学生，我们对于其所建构的学科思维知识的层次也是不同的，即评价的标准要有层次性。还有一个时段的评价是在一学期的半期或期末的时候，主要采用综合试卷对学生的学习结果进行测试，这种测试仍然要注意分层，一般采用 A 卷、B 卷的形式进行设计，A 卷重基础，适合于学习基础不怎么好的这类学生，B 卷重拓展和综合运用，适合于基础较好的学生。在做结论时，应根据不同层次的学生做出不同的评价。

2. 学生"学"的参与性：预习、互动、练习

（1）预习

学生的预习实质上是一种自主学习，但学生的预习不是完全自己做主进行的学习，而是在老师的指导下进行有目的的自主学习。教师的指导主要体现在以下三个方面。

一是明确学科思维学习目标。教师的任务是教会学生按照教师所设置的学科思维目标去看书学习。帮助学生明确预习目标，学习应达到什么样的标准。根据学生的自主学习能力，教师也可以为学生编写预习提纲。

二是为学生提供完成任务的思维方法，如筛选信息方法、提取要点方法、整体把握方法、抽象概括方法、资源管理法等。将这些思维方法提供给学生，学生在预习时就有了达到目标的工具。

三是激发学习动机。在进行预习指导之初，教师应激发学生的好奇心，鼓励学生尝试自学。当学生的预习取得进步时，教师应适时表扬，对他们的成功进行能力方面和努力方面的归因反馈。

（2）互动

互动学习的主要形式是小组，如果分组不当，可能会造成虚假的互动学习，即小组成员只是集合在一起，并无互动的兴趣和行为。所以说分组及其人员构成是影响教师指导互动学习的重要因素。一般来说，分组时要考虑小组的规模、成员的构成、活动的时间、成员的角色以及提供什么样的激励等。学科思维学习时，教师在指导学生互动时，可从以下几个方面进行。

一是互动之前，明确目标。在互动之前，教师必须清楚该学科思维内容是否适合开展互动学习，在此基础上再进行互动学习行为。其中的学科思维目标最为重要，教师应根据不同的互动学习内容和学生认知水平来确定所期望的学习结果，并设计具体的实现目标的标准。围绕目标，事先还应准备相应的教学材料。

二是教师要做好有效的组织工作。比如，告知学生具体的学科思维目标以及评价标准，决定小组规模，分配学生到各小组，合理安排教室空间等。

三是教师要适时介入互动过程之中。一旦学生开始了互动讨论活动，教师就要忙碌起来，观察学生的各种活动，评价学生的进步、人际交往和合作技能的使用情况，在观察的基础上，适时介入或干预。

（3）练习

练习既能巩固学生已学的学科思维能力，同时还能反馈学生的学科思维水平的状态。但是，没有经过教师指导的学生练习，以上两个功能都难以实现，所以教师要精心指导学生的学科思维练习。

一是精选学科思维练习题。精选表现在这样几个方面：①所选题与刚刚学过的教学内容紧密联系，是对这些内容的变式重复；②所选题具有典型性和代表性，要能完整地蕴含刚学过的学科思维方法；③所选题要少而精，不能搞题海战术。

二是教师要根据练习题的难度给学生定任务、定时间、定速度。学生在已往学习中往往会养成这样一种不好的练习习惯，即练多少算多少，练多久算多久，没有明确每次练习的任务和完成该项任务应花费的时间。只有在限制的情况下所做的练习，才具有巩固的作用。

三是教师设计学科思维练习题时，要注意难易程度。一般是先易后难，太难的练习题，中间设计"搭桥"的思维过程。

四是要针对弱点进行学科思维练习。特别是最容易出错，最容易被忽略然而又是十分关键的点，教师设计练习题时要重点考虑。

五是教师要及时检查与讲评。只有这样，才能及时发现学生出现的问题，才能及时纠正学生出现的偏差。

(五)学科思维培养对教师素养的要求

学生学科思维能力的培养，教师的指导是关键。因此，这就对教师的学科思维素质有一定的要求，主要体现在以下几个方面。

1. 掌握一般思维知识

学科思维与一般思维有着千丝万缕的联系，学科思维是在一般思维基础上形成的。要想培养学生的学科思维能力，教师首先就得掌握一般思维。比如，以下一些一般思维知识，教师自身要清楚明白。

(1)思维

"思维，就是人类在精神生产的过程中，反映客观现实世界、创构未来理想世界、应变现实环境的(秩序化)意识行为。"①

(2)思维形式

按照思维过程中是否存在着中间环节，思维形式可分为直觉思维和非直觉思维。非直觉思维依据思维的抽象程度来划分，可分为形象思维和抽象思维。抽象思维以时空为依据，可分为形式逻辑思维(也叫静态思维或共时性思维)、辩证逻辑思维(也叫动态思维或历时性思维)。具体人的思维，不可能限于哪一种。解决一个问题，做一项工作或某个思维过程，至少是两种思维并用。

"直觉思维是对思维对象的一种直接认识、直感表达、模糊审美、灵感创造、迅

---

① 马正平．高等写作学引论[M]．北京：中国人民大学出版社，2002：230.

速鉴别和灵活吸收的思维过程。直觉思维具有快速性、直接性、突发性、或然性、自主性或纠正性等特点。直觉思维常常深入逻辑苍白的区域发挥作用，利用人的潜意识的活动来完成任务的思维过程。"[1]

形象思维是用直观形象和表象解决问题的思维，包括联想和想象。

形式逻辑思维（可称为静态思维或共时性思维）是通过概念、判断、推理、证明的方式来解决问题的思维。

辩证逻辑思维（可称为动态思维或历时性思维）是通过运用联系、发展、一分为二的观点，遵循对立统一、质量互变、否定之否定等辩证规律来解决问题的思维。

（3）思维方法

思维方法是人们通过思维活动为了实现特定思维目的所凭借的途径、手段或办法，也就是思维过程中所运用的工具和手段。思维方法属于思维方式范畴，是思维方式的一个侧面，是思维方式具体而集中的体现。主要包括分析、综合、比较、分类、归类、抽象、概括、归纳、演绎、类比、具体化、系统化等。

（4）思维材料

思维材料指思维形式所承载的思维内容、思维对象，任何思维都不能脱离思维材料而单独存在，思维是对思维材料进行加工改造的过程。思维材料不同，思维加工改造的过程也就有所区别。

2. 拥有学科思维能力

教师除了要掌握一般思维外，还必须具备较高的学科思维能力，只有教师具备了学科思维能力，才可能在教学过程中把学科思维作为教学内容传输给学生。一般来说，要求教师在学科思维方面至少具备以下一些学科素质。

第一，具有扎实的学科基础知识。学科基础知识是学科思维的内容、前提和依据，是培养学生学科思维能力的基础，所以要求教师首先具备。

第二，具有较强学科基本技能和丰富的学科问题解决的方法。学科基本技能是学科领域内的程序性知识，包括学科操作技能和学科智慧技能，而学科智慧技能本质上是一种思维操作过程。学科问题解决的方法是运用学科知识在学科领域内解决

---

① 冉正宝. 语文思维教学论[M]. 桂林：广西师范大学出版社，2005：106.

问题的能力，既包含思维的方法，又包含思维的策略。学科基本技能和学科问题解决的方法是形成学科思维原则的前提，所以教师要想培养学生的学科思维能力，就得具备学科的基本技能和学科问题解决的方法。

第三，理解并熟悉学科思维的原则。很明显，如果教师不熟悉这些原则，又何谈培养学生具备这些思维原则呢。例如，要培养学生具备语文思维的原则，那么就要求教师具备语文思维的总的原则，语文思维中的语言运用思维原则、阅读鉴赏思维原则、表达交流思维原则。

3. 具备学科思维训练的教学知识

教师具备了一般思维能力、掌握了学科思维知识，这只是说明教师已拥有了要传输给学生的学科思维知识，即具备了相应的教学内容。但要把这些内容有效地传输给学生，教师还必须具备相应的学科思维教学知识。即要具备如何将这些学科思维知识有效地传递给学生的知识。这些教学知识在"学科思维的导与学"一节中做了详细说明，这里就不再赘述。

4. 要有责任心

这是教学态度的问题。教师只要具备了"一切为了学生"的从业精神，就会主动积极地了解学生需求，从而促进自己不断地对学科思维知识和学科思维教学知识进行开发和研究。教师不断地看书学习、虚心求教，不断地总结实践经验，自身能力自然就会提高，教师的最高境界就是把自己教成"学生"。教师具备了高尚的教育情怀，其克服教学上的困难的意志自就会增强，自己的知识就会不断地丰富，其心理人格、道德人格和审美人格自然就会提高。教师在教学的过程中，成就感就会增强。可以这样说，教师在成就学生的同时也在成就自己。

六、态度与动机——二元导学的动力开发

众所周知，教师的"导"若只指向智力的各个层次，无论是多么精妙，如果学生不愿接受，甚至是排斥，教师的"导"也是徒劳，学生是无论如何收获不了相关的知识技能。所以教师的"导"既要指向学生的智商素养，又要指向学生的情商素养，而情商素养在教学过程中最为重要的则是学习态度与学习动机，这两者是学生能力生

长的发动机。四川师范大学李华平教授认为：教师的"导"要指向学生的"学"，要真"导"，不能伪"导"。真"导"：使学生有方向地"学"，使学生有条理地"学"，使学生有方法地"学"，使学生有习惯地"学"，使学生有滋味地"学"。① 其中，使学生有"习惯"、有"滋味"地学习，便是从学习的动力因素来阐述的。

(一)对学习态度的认识

学习态度指学生对学习对象做出反应时所持有的稳定的、评价性的内部心理倾向。学习态度由认知、情感和学习倾向三种成分组成。

学习态度的认知成分是指学生作为态度主体对学习对象的认识、理解和评价，一般的认知和理解都带有评价色彩：肯定或否定、赞成或反对。比如，语文是生活和学习的工具，网络能开阔视野等。这种有意义色彩的评价使人们倾向于按照刻板印象来认识事物并对其思考。观念或认知是在直接或间接经验的基础上形成的，也可以通过新经验的建立而获得改变。如果接受的信息与既有的观念总是不相一致，则人们的观念就会发生改变。

学习态度的情感成分是个人对学习对象在评价基础上产生的情绪或情感反应，被认为是学习态度的核心成分。比如，喜爱或厌恶某个学科、对学习热情或冷漠、对某位教师尊敬或轻视等。由于认知的影响，学生对学习对象会产生相应的情绪反应。但我们有时也会出现这样的情况，有强烈的情绪反应，如烦躁不安，却不能明确意识到产生的理由。

学习态度的学习倾向成分是指学生对学习对象表现出学习的可能性，是学习的直接准备状态。作为学习态度与学习行动相联系部分的学习倾向性，通常表现为"学不学"或"怎么学"的指令。

一般地说，学习态度的三个成分是协调一致的。有关研究表明，情感成分与学习倾向成分之间的相关比较高。比如，学生喜欢的学科，学生自觉主动学习的欲望就强烈，反之则弱。而认知成分与情感成分、认知成分与学习倾向成分之间的相关相对较低，因而人们常以情感作为学习态度的一种测量指标。人们

---

① 李华平．语文教学中"教"的学理审视[J]．课程·教材·教法，2015(4)：69～73．

比较善于用语言或动作来掩饰自己的真实学习态度，但难以支配与学习态度相关联的情感。

(二)对学习动机的认识

学习动机是激发和维持人的学习行为，并使学习行为指向一定学习目标的内部动力。这种内驱力来源于与学习有关的生理性刺激和社会性刺激，正是这些刺激的作用使人产生了学习的能量和冲动，从而推动和维持人的学习行为。

学习动机大多是与需要联系在一起的，是需要的具体表现，或者说是需要的动态表现。因此，学习动机是在需要的基础上产生的，但必须具备两个条件。

首先，只有当需要的强度达到一定水平之后，才能转变为学习动机并引起学习活动。其次，既有需要，又有诱因，才能形成学习动机，并导致实际学习活动。

根据学习动机的自发性和目的性，可以将学习动机分为外在性动机和内在性动机。外在性动机是指主要由外在的诱因诱发而来的动机。比如，有些学生学习的动机不是对学习过程本身感兴趣，而是由于父母、教师的奖励或惩罚、同伴的赏识等外在因素激发而来的。一般情况下，外在性动机对学习的推动作用较小，持续的时间也较短。如果学生的学习动机主要靠学习活动的外部条件，那么他就会把学习活动看成满足动机的手段，学习目的便不在于学习本身，外在条件一旦消失，动机也会很快失去作用。内在性动机主要指由个体的内在心理因素转化而来的动机。好奇心、求知欲、自尊心、责任感、自我实现感等心理因素在一定条件下都可以转化为推动人们学习的内在性动机。一般来说，内在性动机对学习的推动作用较大，持续时间较长。如果学生的学习动机主要靠与学习活动本身相联系的内在心理因素引起，那么他们就会把学习活动看成自己追求的目标，把那些通过刻苦学习而获得的成功体验看成奖赏，从而对他们的学习产生激励作用。

事实证明，外在性动机和内在性动机在人们的学习过程中都具有重要的意义，只有两者有机结合起来，才能对学习行为产生最大的推动作用。

(三)学习态度与学习动机的关系

我们从学习态度的组成成分（"认知""情感""学习倾向"）与学习动机的形成因素（"需要""诱因"）之间的制约关系来分析学习态度与学习动机的关系。

一般来说，我们只有对学习对象进行一定的了解之后，比如，了解这个对象对生活、工作、考试甚至兴趣等方面的作用和价值，才能形成对这个对象的某些观念并对这个对象进行评价。肯定的积极的评价，有可能会导致主体对这个对象产生一定的占有的需要，进而对对象产生喜爱的情感，这个能引起学生喜爱情感的对象就成了学习的诱因，诱因促使学生产生学习的倾向性，这种倾向性使学习行为始终指向对象，并维持学习行为持续不断地发生。比如，对于语文学科，学生如果认为语文对自己生活、工作有极大帮助，对自己升学能够增加砝码，就会认为语文学科十分重要，不容忽视，于是就对语文产生了一定的需要，并因需要而钟爱语文，语文就会对学生具备一定的吸引力，促使学生产生学习语文的欲望。正是这种欲望，使学习语文的行为产生，并使这种学习维持下去。否定的消极的评价，有可能会导致主体对这个对象产生一定的避开的需要，进而对对象产生厌恶的情感，从而对对象产生放弃学习的倾向性。

　　可见，学习态度与学习动机是水乳交融在一起的，两者共同推动着学习行为。学习态度的认知成分，产生了学习动机中的学习需要，而学习需要又进一步使主体具有了学习态度中的情感成分，情感达到一定程度便使对象形成了动机中的诱因，诱因又引发了学习态度中的学习倾向成分。学习态度与学习动机就这样你中有我，我中有你的紧密地结合在一起，相互促进，共同维持着学习行为的持续发生。

(四)学习态度与学习动机的影响因素

1. 知识或信息

　　学习态度的形成受到学生所具有的关于学习对象的信息的影响。比如，对数学的重要性了解越多的人，学习数学的态度越坚决。学习动机的产生受到认识的影响，特别是学生认识到学习对象在多大程度上能满足自己的需要。比如，认为数学成绩好能让某个异性朋友喜欢自己，这种人常常会有学好数学的强烈欲望。

2. 需要

　　学习态度和学习动机都是在满足个人需要的基础上产生的。当个人出现某需要时，就会对与之有关的外界事物产生一定的态度和动机。对能满足自己需要或能帮助自己达到目标的对象产生肯定的态度和较强的动机。对阻碍自己目标实现或可能引起挫折的对象产生否定的态度或避开的动机。需要满足与否影响了人们态度中的情感成分和动机中的诱因成分。

3. 家庭

家庭是个人社会化的第一个场所，父母则是个人成长过程中的第一任老师，是儿童首先认同的对象。因此，父母会通过各种途径影响儿童学习态度的形成和学习动机的产生。研究表明，人们对许多事物的态度和行为的动机，都深刻地受到父母的影响。个人的许多价值观、行为习惯、对某类东西的需要都是在父母影响下发展起来的。

4. 社会群体的期望与规范

个人在社会化过程中，无形中受到群体的压力，导致其认同群体的其他成员，遵守群体规范。对同属几个群体的个人来说，他的学习态度主要倾向于认同感最高的群体，他的学习动机主要来源于主流群体的期望。

(五)学习态度的培养与学习动机的激发

1. 学习态度的培养

学生积极学习态度的培养包括三个阶段：依从、认同和内化。

(1)第一个阶段：依从

学习态度形成的开始阶段，总是个人按照家庭、学校、社会的要求、规定或他人的意志在外显行为上表现得与别人一致，以得到奖励或避免惩罚。这种完全受外在诱因控制的行为具有表面性与暂时性的特点。一旦外因消失，依从就会停止。例如，对于认真对待书写的一名学生，知道书写潦草要受到老师批评、被要求重抄或放学后被留下来等惩罚，当老师要认真检查作业时，他就书写工整，可一旦发现有机可乘，就有可能胡乱书写。但被迫服从不久就可能成为习惯，变成自觉服从，进入态度的下一阶段——认同。

由于学生在心理上具有保持认知一致性的需要，因而长期的依从将可能导致整个学习态度结构的真正改变。

(2)第二个阶段：认同

在这一阶段，学习态度不再是表面的，而是自愿地接受他人的观点、信息或群体的规范，使自己的学习态度与他人的要求相一致。比如，一名高中生要想考上好的大学，他应自觉主动地学习，使自己的各科成绩均衡发展。认同是个人受到认同对象的吸引，但不限于外部奖惩的控制，而是主动自觉地趋同于认同对象。

认同阶段的态度与依从的根本区别：一是学习态度的变化是自愿的，而不是被迫的；二是认同性的学习态度变化已不是简单的表面态度反应的变化，而是已有情感因素的改变，并开始涉及学习态度的认知因素。长期的认同会导致整个态度的根本转变。

（3）第三个阶段：内化

内化是态度形成的最后阶段，是真正从内心深处相信并接受他人的观点，这意味着个人已经把新的观点、新的思想纳入了自己的学习态度体系，成为一个有机的组成部分。学习态度的内化与依从、认同相比最大区别就是不再依赖外在压力及受到学习对象的影响，它已成为一种独立的学习态度。因而无论从态度改变还是从新态度的形成讲，内化的态度是最为坚决的学习态度。

2. 学习动机的激发

韦洪涛的《学习心理学》在这方面进行了充分的论证。[1]

（1）帮助学生树立恰当的学习目标

学生有了学习目标，准备学习时，就有一种期待的心理，期待着能如愿以偿，实现目标。一般来说，如果目标是现实的、有一定难度且有意义，而且学生对目标的价值有合理的解释，就容易接受目标。教师在指导学生树立目标时要注意以下几个方面：第一，制定适合学生的目标；第二，目标要有长远的和近期的；第三，给学生提供达到目标的资源；第四，使学生获得目标实现状况的反馈，培养学生"任务指向"的心智模式；第五，指导学生达到目标的同时，采取相应的激励措施，以激发学生实现目标的动机。

（2）增强学生的自我效能感

增强学生的自我效能感，可以通过以下几种方法进行：第一，要求学生形成适当的预期；第二，可以为学生提供更多的学习成功机会；第三，为学生树立合适的学习榜样；第四，对学生的学习进步给予适当的归因反馈。

（3）提高学习任务的意义性

---

① 韦洪涛. 学习心理学[M]. 北京：化学工业出版社，2011：201～203.

激发学生的内部动机，需要教师提供富有变化和意义性的学习任务，提高学生学习过程中的兴趣和参与度，促进学生学习过程中与知识的相互作用。

(4)积极创设问题情境

创设问题情境，能激发学生的求知欲望，通过解决问题，使其求知需要得到一定的满足，强化其求知兴趣，进而转化为探求更多新知识的动机。

(5)充分利用学习反馈与评价

学生运用所学知识解决问题的成效大小、作业的正误、考试成绩的优劣以及学习态度认真与否等均属于学习的反馈信息，这些信息能促进学生努力学习。这些信息反馈给学生时，以下几点应引起注意：第一，使学生对学习评定持有理性的态度，科学地发挥学习成绩等反馈信息对激发学习动机的作用；第二，对学习结果的评价要做到客观、公正和及时，否则，评价非但不能起到激发动机的作用，反而会产生相反的效果；第三，要考虑到学生心理发展水平和个性特点，对学生的评价应当以鼓励为主，适当批评。

(6)适当开展学习竞赛

开展学习竞赛对激发学习动机和提高学习成绩可以起到一定的促进作用。通过竞赛活动，学生的成就动机会更强烈，学习兴趣和学习毅力也会有所增强。

(7)科学运用奖励与惩罚

奖励与惩罚等手段能有效地激发学习动机，塑造良好的行为，改变不良行为。奖励和惩罚的运用取决于下述条件：第一，教师的威信以及教师与学生的关系；第二，学生对奖励和惩罚的重视程度；第三，学生对教师奖惩评价的看法，学生如果认为教师的表扬是公正的，批评是善意的，则这些奖惩的效果就好；第四，奖罚时机和度量的控制，奖励和惩罚的对象与方式要得当，有针对性，奖惩要适时适度，过分的奖惩都会降低效果，过分运用惩罚，还会激起学生的焦虑和敌意情绪，反而破坏学习动机。

(六)教师的素养要求

尽管学习态度与学习动机都属于非智力因素，但这些因素却与智力因素紧密相连。教师若要有效地或者高效地培养学生的学习态度和激发学生的学习动机，就必须具备智力和非智力两方面的综合素养才可能实现。具体来说，这些综合素养体现

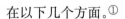

在以下几个方面。①

1. 专注、专业、专长

（1）专注

一个对事业专注的人，需要的是清醒的意识、果断的决断和坚强的意志。只有教师具有专注的品质，才可能培养学生这种品质。"一个真正专心致志于真实存在的人是的确无暇关注琐碎人事，或者充满敌意和妒忌与人争吵不休的；他的注意力永远放在永恒不变的事物上，他看到这种事物相互间既不伤害也不被伤害，按照理性的要求有秩序地活动着，因而竭力摹仿它们，并且尽可能使自己像它们。"②柏拉图的这段话，对专注给予了精确而深刻的揭示。内心执着、持久专注的品质对于发展人、成就人的意义是显而易见的。

（2）专业

有人说：爱，是教育的灵魂，是教育的原点和皈依。教育缺失了爱，是做不好的。但是仅有爱是万万做不好教育的。教育是专业的事业，不是人人能担任的。专业是外行人做不了、做不好的事项。所以，教师应在精神专注的前提下，苦学苦读、苦修苦练专业知识、专业技能和专业品质，使自己精神思想、心智素养、业务能力逐渐抵达随心所欲、游刃有余的专业教学的境界。

（3）专长

教师的专长体现在预设和授课两个环节。什么是预设？教师运用系统观点和方法，遵循教学过程的基本规律，在系统钻研教材内容和认真分析学生的知、情、意等实际情况，以及对以往相关教学行为结果进行深刻反思的基础上对教学活动结构的各要素进行系统规划。什么是授课？授课则将"预设"付诸实践，但绝不是按部就班地机械执行，而是一个富有情境性地动态"生成"过程，可以视之为一个注重"艺术"的过程。

总之，教师的素养只有达到精神专注、学科专业、教学专长的素养，才有利于培养学生的非智力因素。

---

① 裴跃进．教学名家卓越智慧[M]．北京：北京师范大学出版社，2013：162～261.
② 柏拉图．理想国[M]．郭赋和、张竹明，译．北京：商务印书馆，1986：252～253.

2. 自觉、自主、自省

（1）自觉

"我们不能先行，但能做到先醒；我们不是思想家，但应有自己的思考；我们不能扭转季节，但可以营造局部的春天；我们不能改变环境，但可以调整自己的心态；我们也许还不优秀，但正在通往优秀的路上。如果谁说不知晓所谓自觉的话，上述这段话就是对自觉清晰完满的真实注解。"①自觉能够产生自爱，这是人性中最根本的力量，也是人性美的源泉。自觉能够产生自尊，这是自爱的根本体现。只有具有自觉性的教师才可能培养出具有自觉性的学生。

（2）自主

自主首先是对人成其为人本质的肯定。人生而自由，人生而就理应自己作为自己的主人。正因为"自主"意味着自己选择自己的价值取向，因而自己对自己负责，从而增加了生命所选择的责任感，自我抉择、自我提升、自我成全，使人生真正成为自己缔造的结果。自主还意味着对人的能力、潜质与差异的信任与肯定。有自主意识的教师会利用各种机会来提高学生的自主意识。

（3）自省

自省就是对自己的行为或过失进行自我反省和自我责备，自省是一种心理状态。作为教师，要随时对自己的内心思想、教学实践、立身处世进行主动自觉地内省与自责。"认识你自己"的反省口号，是人类道德成立的真正开端，同时这句口号也常常被人视为终极的道德与宗教的法则。自省能力既是教师应该具备的能力，也是学生应该具备的能力，而学生的自省能力要依靠教师来培养。

3. 敬人、敬己、敬业

（1）敬人

尊敬他人，敬重所有善良正直、勤劳上进、节俭惜物、质朴苦干的人们，不因性别、年龄、地域、地位、权势、财富的愚聪、尊卑、多寡而改变自己待人的眉眼情态。尤其是人生中头角崭露、春风得意之时，仍能保持一派谦和、谦逊、谦卑的心态与姿态，实乃人生修养所获得的一种纯美极致。一个人取得成功常常是多方面

---

① 裴跃进. 教学名家卓越智慧［M］. 北京：北京师范大学出版社，2013：173.

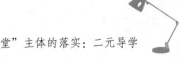

因素促成的，所以感谢给予自己帮助的若干人。要感谢时代、同事、师长、学生，是这一切成就了你。感谢，是给成功的敬礼，也是夺取新成功的订单。只有敬人的教师，才能培养学生敬人的品德。

（2）敬己

敬重他人、融洽社会，仅仅是真正人性的一个侧面、一种姿态、一个剪影，事实上，真正能够恭敬他者的人，首先应当敬重自己，不自卑、不自弃、不懒惰、不作巧，规划人生、制定目标、埋头实干、修炼才干，尽一切努力来充实、改变和完善自己。相比于敬重他人而言，敬己的这一面比较内倾内敛、隐秘隐蔽，一般不易察觉。但唯有做到这样，人们才能真正丰满、鲜活、充盈和完整。

（3）敬业

看重所从事的职业，守好自己的本分，做好当做的事情，履行应尽的责任，不敷衍、不推诿、不粉饰、不掩过，能够做到这一步，大体上称得上是敬业了。如果教师不能坚守良知，没有职业自尊，教育会发展成什么样子呢？我们又能培养出什么样的人才呢？所以，教师既然选择了教育这项事业，就必须敬业。敬业主要体现在以下几个方面：第一，不做机械重复的事，做出灵气来；第二，不做不动脑子的事，做出思想来；第三，不做人云亦云的事，做出个性来；第四，不做应付检查的事，做出实效来。总之，敬业就是踏实认真地做好应做的事，不搞形式主义，不搞歪门邪道。只有敬业的老师才能搞好教育事业，培养出符合要求的学生。

"本真课堂" 的实践案例

一、构建学习共同体的有效策略

棠湖中学数学组　　李长川

在大班制的传统课堂上，教师集"编剧、导演、主角演员"于一身，学生成为观众与信息的被动接受者。在这种课堂上，学生的主体作用难以得到真正的体现，新课程理念不易得到全面的实施。为了促进全体学生的和谐发展，我校探索出了一条符合现代教育教学理念与高中生身心特征的课堂教学新模式——以小组为单位，进行合作性学习——"三段教学"模式。这种教学模式与传统的以班级为单位的教学方式比较，能带来教与学方式的根本变革，有效地促进学生自主学习能力的形成，提高学习者的交流技能与合作学习能力，促进非智力因素的发展，有利于形成自由平等的民主意识与慷慨勇敢等优秀品质。不过，在教学实践中我们发现，各班虽然进行了分组学习，还未能完全发挥学习小组的作用，原因在于学习小组并没有发展成为真正意义上的"学习共同体"。

(一)学习共同体

社会建构主义流派的代表人物维果茨基认为：知识不仅是在个体与物理环境的相互作用中建构的，而且社会性的相互作用同样重要。也就是说，个体对知识的构建过程既需要经历个体经验化的过程，同时，还需要经历经验社会化(形成认识的一致性)的过程。因此，人类中的每一个个体学习特别是在学校中的学习都是在人与人的合作与交流中进行的，也就是在学习共同体中进行的。

学习共同体可以是学习小组、班级或者学校，甚至两个人也可构成一个学习共同体，学习共同体是由学习者(学生)和助学者(教师或同学)共同组成的，以完成共同的学习任务为载体，以促进成员全面成长为目的，强调在学习过程中以相互作用式的学习观为指导，通过人际沟通、交流和分享各种学习资源而相互影响、相互促进的基层学习集体。

学习共同体应有下面几个特性：有共同的学习愿景；彼此能进行平等自由的交流；有明确的权利与义务；彼此慷慨互助；在合作中有相对稳定的分工(如学习者与

助学者)等。

(二)构建学习共同体的有效策略的具体内容

"三段教学"模式下的"学习共同体"是指在合作交流中提高学习能力及个体素质，以实现共同进步的协作式学习小组。其发展过程经历不同阶段的成长，即外驱型(初级)学习共同体与内驱型学习共同体，后者又分为技术型(中级)学习共同体与策略型(高级)学习共同体两级。

外驱型学习共同体的特点表现为：团体内成员明确自己的角色，在外力(助学者)的推动下，学习共同体能完成各个学习环节的任务。

技术型学习共同体的特点是：各成员已经认同了共同体的发展目标，已经产生了对共同体的归属性情感，团体内成员都能关注其他成员的进步并为之提供慷慨的帮助，成员会主动对影响共同体发展的行为进行鼓励或否定性评价。团队能积极主动且流畅地完成助学者指定的学习任务。

策略型学习共同体的特点是：共同体能主动规划学习任务、执行学习过程、评价学习结果，能主动对与预设目标产生偏差的成员采取补救措施。

1. 策略一：搭建小组合作学习平台，建立外驱型学习共同体

三段式课堂教学中，学生学习主要经历"独立学习、组内交流、组间交流、教师评价"四个阶段。首先，学生带着目标独立预习教师安排的学习单元或主题明确的专题，并记录未能解决的问题，学生在结构化预习中未能解决的部分问题，需要通过组内同学的相互合作交流来解决，因此，学习小组成员的搭配是否合理、分工是否明确，将直接影响学习小组的运作质量，这也是学习小组成为初级学习共同体的关键。

(1)分组

分组时，应涉及组内成员的学习动机、单科优势的互补情况、学生的性格与相互人际关系等因素，分成的每一个学习小组尽量满足下列要求。

①4~8人为一个学习小组，人数太少不利于形成交流氛围，太多人的围坐在一起，会因相距太远而交流困难，也不利于友情的生长。

②组内成员的兴趣爱好、单科思维或成绩优势、性格、性别应具有互补性。为了保障交流的生长性，组内成员间的总成绩相差不能太大。否则，弱势个体会对强势个体产生强烈的依赖，而强势个体会占有太多的问题权、思维权与话语权。

③自律行为与学习习惯差的学生应分散在各组，学习最好的学生也应相对分散在一些组内，这有利于组内同学的共同发展和管理。

(2)分工

为了保障课堂教学中每一个渠道的信息的双向交流，须对组内成员分工，每一个成员至少应担任一项管理工作，这样才能加强成员的责任感与参与性。

①由最负责的一名同学任小组长，管理本组纪律、卫生，总结本组每周的纪律、行为及合作学习情况；

②每个成员担任自己最优势学科的学科小组长，只要人数足够，原则上不兼任，以免他们陷入太多事务之中。学科小组长的责任包括：负责收集本组成员在结构化预习中发现的问题，并整合为"小组问题生成单"后交给学科长(科代表)；依据老师布置的任务组织本组成员合作解决"问题生成单"中的问题，收集没有解决的问题及有代表性的思想方法，并指定发言人；督促成员在互动解疑及归纳拓展环节中积极参与、主动思考并做好笔记；收发本组作业并组织成员间相互评改。

围坐型的学习小组，彼此间距较近且相互面对，利于彼此间语言与情感的交流；学习小组内成员的分工，更使学习小组成为初级的学习共同体——组织化的共同体。在初级学习共同体中，成员彼此之间能够进行有序的沟通、交流，分享各种学习资源，共同完成教师布置的学习任务。在这种共同体中采取"教师搭台师生唱"的方式能使课堂教学效益最大化。

2. 策略二：提高学生团队学习技能，建设技术型学习共同体

如果各成员认识到一种学习方式有助于合作成员的共同成长，他们就会进行互助式学习。这些学习方式经过反复运用后，逐渐成为团队学习技能。

(1)小组完成学习任务的操作流程的技能

学习小组在不同课型上有不同的合作流程：在"问题生成课"上，先个体独立学习并记录发现的问题，然后由学科小组长收集整理并组织小组成员合作解决问题，最后再由学科小组长将未解决的问题整理为"小组问题生成单"；在"问题解决课"上，先由学科长收集"小组问题生成单"并整理(或由教师整理)为"班集问题生成单"(这个环节可前置于问题生成课中)，然后分组解决"班集问题生成单"上的问题并安排小组展示的学生，最后展示的代表组织全班同学交流(或进行师生间交流)；在"回归复习课"上，先个体独立复习(阅读笔记或作业)并发现问题或写出新的总结，然后在组内交流并形成组内结果（问题单或成果单），最后进行组间交流。

(2)学习小组生成问题的技能

如果学生有与组内成员、组间、师生间经常交流"知识问题化"的经验，他们生成问题的质量就会逐渐提高。刚开始时，学生只能与文本对话，生成诸如"是什么"的问题。他们不会与作者对话，不能生成诸如"为什么"的问题。要解决这个问题，一方面，可以进行专题培训与经验交流；另一方面，也是更重要的做法，在课堂上，应纳入各种课型——作为课堂教学中的一个必要环节——经常训练。

(3)小组成员合作交流解决问题的技能

交流技能包括：交流的愿望、交流方式、交流角色定位、成果总结方式等。在同样的学习情境与任务中，当学习者需要助学者的帮助，而且助学者在帮助学习者的同时也有收获时，彼此之间交流的愿望才会产生。因此，教师要帮助学科成绩优秀与学习方式科学的学生认识到帮助其他成员对自己全面发展的重要作用，促使他乐于助人。交流方式可以是两人交流，也可以是多人交流等。小组内有多个共同的问题或任务，就组成临时的合作交流伙伴。

(4)小组"3715回归复习"技能

复习与复习方式是不少同学忽略的环节，把这个学习环节纳入学习小组管理，有利于落实并提升每个成员的复习技能。第三天复习薄弱环节，第七天整体复习一遍，第十五天（两周后）整合性复习并在笔记本上旁批（温故知新）。前两次复习由小组长检查，第三次复习结果小组内交流，小组长记录交流结果并在全班展示。

(5)小组管理与激励成员学习效率和效果的技能

学习小组应持之以恒批改作业，展示作业本与试卷，传阅笔记本，记录本组优胜的学习方法，通过赏析性评价使个别成员的学习技能发展为学习小组的团体技能。

只要助学者安排了学习任务，技术型学习小组能在不同的学习环节与不同的课型中主动和熟练地使用上面的各项学习技术，通过质疑、讨论、互助来认识与解决问题，并通过赞扬或否定强化效果，实现共同进步。在这种技术型的学习共同体中能有效地运用"教师搭台学生唱"的教学方式，从而实现学与教的方式的根本变革。

3. 策略三：提升团队探索性自学能力，构建策略型学习共同体

在技术型学习小组的基础上，进一步培养成员的自主探索学习能力，总结与训练自学策略，使学习小组发展为策略型学习共同体。如果学习小组具备了自学的能力，他们就能自己安排学习任务，规划学习程序与学习进度，制订学习方案，预设学习目标，执行学习活动，检验学习效果，实施补救措施等。在这种学习共同体中，教师完全退居幕后，让"学生搭台学生唱"，教师只需进行适当的宏观调控及少量的介入性指导与评价，从传授者的角色中解脱出来，成为学习者中的一员，与他们一起共同探索，共同成长。

（1）主动确定学习策略层面的（控制）技能

在学习学科小组长的带领下，学习小组会主动确定学习任务，收集相关资料，确定学习目标，确定学习重点，拟订学习计划，实施计划并控制进程。

（2）主动确定学习内容层面的学习（执行）技能

在学科长的统筹下，学习小组根据学习计划，按照个体独立学习并发现问题、小组生成问题、组内组间合作解决问题、拓展训练等方式有序地学习。

（3）主动评价学习效果与目标达成度的（反思）技能

在学科长与各组学科小组长的带领下，设计定时练习题与测验试题，并对暴露出的问题及时补救，做到人人过关。

在建设策略型共同体之初，可师生共同备课后由学生上课——师生搭台学生唱。当学生掌握了备课的流程后，就应让学生独立备课，师生交流，逐步达到有效备课。最后，当学生能独立备出高质量"教学案"时，学生自己教自己就成为现实了。

4. 策略四：形成团队学习制度与文化氛围，保障学习共同体可持续发展

通过对小组发展的指导与规范，使各学习小组建立自己的小组公约与制度，形成学习文化氛围，使学习小组在良性中持续性发展。

（1）培训

培训方式包括班集体培训、小组长培训、学科小组长培训、各小组优生培训、个体培训等，通过培训促进学生理解"三段教学"模式，让负责人明确自己的职责和工作方式，提升个体交流的信心与技能。

成员间的相互帮助与信赖是学习小组成为学习共同体的基础，在进行"三段教学"的前两周，应当完成对他们的指导和培养。

（2）制度管理

建立小组成员学习、卫生、作息、纪律的量化管理，以小组为单位建立考核与激励机制，形成"学习小组管理制度""小组长与学科小组长职责""学习共同体量化评价",并以此为依据,每周张榜公布各组学习与卫生纪律情况,每月进行一次表彰。对学习小组实行"双元管理",每个组员受到双重管理。小组长总负责本组学习纪律及卫生,统计并公示每个成员每周的量化考核结果,班长及团支部书记管理小组长,督察小组长的执行情况并向班主任汇报;学科小组长负责成员在各个学习环节的学习方法与学习质量的管理,具体内容在上面"分工板块"中已说明,学科小组长由学科长(科代表)管理,学习委员督察学科长的执行情况。

学习共同体量化项目包括合作学习、展示交流、作业评改、两本(总结本及纠错本)检查、卫生纪律、每周总结等,具体的评价措施就不详述了。

(3)文化管理

在各种活动中的小组成员思想、性格及行为,会逐渐发展成为小组的性格与行为模式,从而沉淀为小组文化。挖掘优秀学生的行为方式,使之在全组产生辐射效应,主要包括通过班会活动激发个体提高交流能力与自学能力的内动力,进行交流技能训练。引导学习共同体发展自己的行为模式并使之成为小组习惯,树立小组发展目标,制订小组发展计划。

总之,在学习共同体的建设中,只要有共同的发展愿景,坚持以榜样引领发展,以制度规范行为,以激励评价强化养成习惯,持之以恒地做好学生的思想与量化评价工作,一定可以将学习小组建设为优秀的学习共同体,为成员的全面与和谐发展提供良好的条件,为实施新课程理念下的教学方式提供平台。

参考文献

[1]韩立福. 有效备课[M]. 长春:东北师范大学出版社,2009.
[2]韩立福. 有效上课[M]. 长春:东北师范大学出版社,2009.

二、"三段教学"中如何指导学生建立错题集

棠湖中学数学组　刘永兰　周怀友

笛卡儿说:"没有正确的方法,即使有眼睛的博学者也会像瞎子一样盲目摸索。"我国古人也说:"工欲善其事,必先利其器。"对于学生而言,适宜的学习方法就是

"利器"，它可以帮助我们更顺利、更有效地完成学习任务。魏书生认为，我国高中生面对应考和升学压力，往往要通过大量做题来加强对知识的理解，提升解题能力。中学生因受年龄特征、学习基础、生活习惯等条件的影响，常犯一些典型错误。"人不该在一个位置上跌两次跤"，意思是该及时吸取教训，及时分析失误的原因，及时改正，不在一个问题上犯两次错误。而事实上，"人常常在一个位置上跌两次或更多次跤"。因此，在我校"三段教学"实施过程中，熊校长在谈到"引导学生行为转变的细节"时曾强调，要让错误不再成为错误——利用错误，并规定每个学生必有一个错题集。

那么，我校学生对错题集的收集整理情况怎样呢？我们自制了"棠湖中学三段教学中关于错题集的使用情况调查问卷"，对我校高一、高二、高三各年级不同层次学生的错题管理行为进行了抽样调查。此次调查，共发出问卷800份，回收760余份，结果如下。

在对错题的认识方面，81.4%的学生认为"错题反映知识上的缺陷，可有效提高学习效果"；38.25%的学生认为"想不通会难受"；认为没有必要整理的学生只占3.3%；87.89%的学生认为有必要建立错题集，现阶段的错题不搞懂，对以后的学习会有很大影响；74.21%的学生有专门的错题集。

在被问及"你是否有时间整理错题集？"时，只有12.28%的学生选择"当天挤时间及时处理错题"，68.07%的学生选择"隔一段时间整理一次"，还有22.28%的学生认为"我没有时间整理历次考试的错题"。

在"对错题的处理方法"一项，47.72%的学生只在试卷上订正，然后装订试卷；9%的学生试卷乱放，已不知所踪；28.06%的学生把错题一股脑儿地抄在错题集上；37.02%的学生把错题进行适当分类，用多种色笔进行批注；16.49%的学生有时用剪切、粘贴等方式收集错题。

由此可见，我校学生普遍认识到了错题对学习的影响，从情感上不回避错题。但是，他们对错题的价值认识不足，尤其缺乏良好的错题管理的意识与系统的错题管理策略。另外，优等生在错题管理观念与态度上显著优于普通生。

下面，结合我校"三段教学"，浅谈一下如何指导学生建立错题集。

(一)建立错题集的必要性

学习，是一个不断纠错的过程。在平时的练习和每次的单元检测时。学生每一次所出现的错误可以说是因人而异，各不相同。一个班有多少人，卷面上的错误就可能有多少种情况。教师在讲析试卷时，不可能完全照顾到每一位同学试卷上的错题情况，这就为建立错题集提供了必要性。

近几年的高考状元在做经验总结的时候都会说到学习诀窍之一就是"强力纠错，不在同一个地方摔倒两次"。比如，2009 四川省文科状元叶思雨学好数学的绝招就是"错题本"，把自己错过的数学题抄在本子上，有时间便会拿出来翻翻，熟悉一下。"有一次做错的一道题，很久之后翻看错题本时才发觉曾经抄过这道错题，错题本的作用就是保证以后再遇到类似题时就不会犯错。"

首先，错题集是梳理知识、复习知识、巩固知识的重要参考，是对自身错误的系统汇总。很多同学会说，这些错误就让它放在卷子上不也一样吗？复习时看卷子就是了。这样做看似节省时间，但一方面拿着一大沓试卷翻看错题，注意力容易被分散，复习效果会大打折扣；另一方面，这其实是一个关于统计的问题，现实生活中统计的效用是相当重要的。由于每一部分学习的好坏程度不一样，所犯的错误肯定不同，这一点在错题集上也会有所反映，记载下来的错误越多，说明对这一部分的掌握还存在很大的不足，还需要投入更多的精力。学生应通过错题集，学会及时调整学习计划，加大相应知识的复习力度，使成绩有所提高。

其次，很多学习比较浮躁的同学满足于知道自己这道题错了，但是，认识往往不是很深。有时，即使让他马上重新做一遍原来的题目，可能还是拿不到满分，其关键是步骤和过程。这时，建立错题本，将错题抄录下来，并重新分步解出就显得很有检验效果了，而且很有巩固作用。

有些学生做过的题目再做还是错，为什么？要改变人的思维惯性是有难度的。像汽车刹车一样，如果刹车的效果不太好，我们只有一个办法，就是不断地踩刹车，直到汽车停止。错题集就像是刹车，它可以一次又一次地告诉它的主人以前犯的错，让它的主人自己判读"车"是否已经刹住了。

(二)错题集的内容与形式

作为错题集的笔记本要有一定的厚度，方便长期使用，最好采用活页装订，便于将"错题集"按自己的风格进行装订，并在一段时间后进行分类调整。具体做法参考如下。

①记录原始资料。记录原始题目并用红笔标出自己做错的过程。这一阶段，可采用抄题、复印、剪切等形式，从而节省宝贵的时间。同时，第一遍整理别太节约用纸，写得密密麻麻的，建议只写一面，从而为后续的整理带来方便。一段时间后，可把原来错题集的典型题、本阶段错误率较高的试题剪下来贴在新的错题集上进行再整理，节约更多的时间进行新一轮的复习。

②记录正确的解题过程、方法。正确的过程和方法是目标，只有错误答案没有正确答案，就会让人越看越糊涂。

③用简明语言归纳出错误类型与原因。错题集约有三种常规类型。

一是订正型，即将所有做错的题目都抄下来，并做出订正；二是汇总型，将所有做错的题目按课本的章节的顺序进行分类整理；三是纠错型，即将所有做错的题目按错误的原因进行分类整理。格式如下：

___年___月___日 _____考试 ／ ___章___节	考查范围及错因分析
本次考试总体情况分析： 总分　　　　　　目标分　　　　　　自改后分数 目标达成(或未达成)原因： 下一步措施：	
题目1………(黑笔)	离子浓度大小比较
错误解答：(蓝笔)	解题思路不清晰……
正确解答：(红笔)	

或者

小专题 离子浓度大小比较	题型特点与解题思路
题目 1………（黑笔）	解此类题注意：
正确解答：（红笔）	

也可有第四类错题集记下哪本参考书、哪一份试卷中的哪一题是值得注意的。有时可以分类记下自己曾做错的、有多种解法的、题目比较新颖的题。这样复习时以此为索引，从而提高复习效率。也可以说，这类纠错侧重于思维的纠错。

（三）如何建立错题集

1. 及时改错，不让错误陪我过夜

一位高考状元说，对于错题，我是一个绝对的急性子，如果知道有什么错误，我不会把它放到第二天再去解决。在及时改错的时候，我注意做到：一是不绕过，二是不拖拉。不绕过，就是正视自己的错误，不讳疾忌医，不为自己的错误找借口；不拖拉，意思是遇到错题，当场解决，因为经过一段时间的间隔，很可能造成遗忘，让你想不起自己当初怎样犯的错，因此及时改错很有必要。最好养成每天做当日作业前，把昨天的错题解决后再开始新的作业的习惯。

2. 错题的分析、总结与反思

（1）针对错题先进行自我反思，研究出错的原因

一道试题答错了，原因是错综复杂的。调查显示，所有的错题都离不开三类：第一类是题目非常简单，而做题的那一刻表现得特别愚蠢，这是粗心大意。第二类是拿到题目，两眼茫然，一点思路都没有，这是学艺不精，或者题目本身较难。第三类就是题目难度适中，其实完全有能力做对，但却做错了。这可能是知识记忆不牢；可能是读题、审题不仔细，忽略了关键字、句，误解了题意；也可能是由于表达不准确、计算失误；还可能是考试过程中的心理焦虑等不良习惯造成的。这导致不少学生应得分与实得分之间存在较大差距。明确失误原因，是建立错题集最为关键的环节。

（2）听讲评

要用红色笔随着老师的讲解，在原题下面空白处记下自己没有做出来或做错的原因分析，要注意对错题的分析讲解，该题的背景材料、解题的切入点、思路突破方法、思维逻辑顺序、解题的技巧、规范步骤及小结等。

（3）重做原题

按正确思路，一步一步地把原题做一遍，以便加深印象和逐步形成能力。写出自己解题时的思维过程，暴露出自己思维障碍产生的原因。如果此题有多种解题思路，可以在旁边用另一色笔把几种解法的简要思路写上。

3. 定期归类、整理

每月结束时，将所有的错题分类整理，在错题本上完善几个功能，就像模块一样，让"错"变得非常清晰。比如，标注出审题错误、记忆错误、概念错误、思路错误等错误原因，标注出概念模糊类、粗心大意类、顾此失彼类、图形类、技巧类等错误类型，并将各题注明属于某一章某一节，标注出"错误知识点"，标注出"同类错误"（第几页第几题等），并写清预防类似错误出现的方法。这样分类的优点在于既能按错因查找，又能按各章节易错知识点查找，给今后的复习带来简便，另外也简化了"错题集"，整理时同一类型问题可只记录典型的问题，不一定每个错题都记。高三阶段也可以按照考纲和典型模拟题涉及的知识点为依据，分类整理。这样既可以帮助我们熟悉高考知识点，也可以帮助我们总结出该知识点出题的方式、命题的角度、命题的变化，从而加深对该知识点的理解，把握命题的思路，掌握解题的技巧，提高解题的能力。

这个过程是学生再学习、再认识、再总结、再提高的过程，是一个自身逐渐学习和修正的过程，会让自己对这一类错题的认识逐步加深，从而对知识掌握得更加牢固，并采取有效措施防止错误，克服缺点，走向成功。

4. 注意选题

学科的特殊性决定其内容纷繁复杂。如错题集容量太大，则费时费力；反之容量太小，就起不到应有的作用。所以要根据本人具体学习情况而定，不同的学生，选题会有所不同，甚至差别很大。一般是从自己做错的习题中选择，但也有一些不一定是自己做错的习题。总之，选题量不一定要多，选题要尽量具有代表性，类型尽量不要重复。

对不同学生也要区别对待。比如，后进学生每次考试丢分多，"错题集"量太大，他想都改，结果顾此失彼，每况愈下。教师可引导他们每次只将有可能改正的错题编入"错题集"。比如，某同学的化学，100 分只得了 50 分，丢掉 50 分。如果他把错的 50 分都编入"错题集"，下次也不可能都改正，还加重了他的烦躁的心理。我引导他只挑自己觉得不服气的，觉得下次能改的 15 分编入"错题集"，这样，他能超过及格线，再认真些，能达到 70 分。他就越学越有信心，形式上"错题集"编少了，实质上他多学了知识。

5. 错题改编

这一工作的难度较大，解题经验丰富的同学可能做起来比较顺利。因为每道试题都是老师编出来的，既然老师能编，作为学生也可以尝试如何去编，这是弥补知识漏洞的最佳的方法。初始阶段，同学们只需对题目条件做一点改动。

另外，可以考虑运用出题法，针对自己的常犯错误，给自己出几道题目，考查自己对概念掌握、条件运用和知识结合的理解程度。

（四）如何利用错题集

调查表明，尽管许多学生开始建立了错题集，但 47.72% 的学生把错题抄在错题集上就再也不管了；52.63% 的学生整理了以后偶尔会回头复习；11.58% 的学生考试前一定会拿出错题集进行专门复习。孔子说："温故而知新，可以为师矣！"做好了错题集，仅是迈向成功的第一步，还需要学生在以后的学习过程中不断完善，有了新的体会、新的发现应及时补充。

1. 经常阅读

错题集不是把做错的习题记下来就完了。同学们要经常拿出错题集浏览一下，最好养成每周或每两周回顾一次的习惯，对还不会的错题不妨再做一遍，这样就使每一道题都发挥出最大效果。尤其在复习的过程中，利用错题集，不仅能有的放矢，巩固自己薄弱的地方，更重要的是能培养学生反思自己，主动学习的意识。天长日久，学生自然会感到进步明显，收获颇丰。这样学生能养成不断反思自己学习的习惯，不仅对学习有益，对将来的人生态度也有深远的影响。

2. 相互交流

由于基础不同，各个学生所建立的错题集也不同。学生之间互相借阅"错题集"，可以从别人的错误中吸取教训，得到启发，以此警示自己不犯同样的错误，提高练习的准确性。同时，我还让同学们评出班级中的"错题集"之星，供大家学习。

(五)教师的有效监控

1. 明确目的，热心鼓励

我明确告诉学生，用错题集，目的是培养良好学习习惯，减少错题。在整理错题集时，不能为完成差事而搞花架子，整理时不要在乎时间的多少，对于相关错误知识点的整理与总结，虽然工作繁杂，但其作用决不仅仅是明白了一道错题是怎样求解这么简单，更重要的是通过整理"错题集"，将学会如何学习、如何研究学习，掌握哪些知识点在将来的学习中会犯错误，表面上看是增加了麻烦，以后就可以减少麻烦，还可以促使自己认真学习、认真作业、不做错题。明确了目的，知道好处后，学生的自觉性有了提高。一段时间以后，学生能够利用错题集归类、简化、举一反三，并把老师不知道的错题都抄上，订正好、分析好。

2. 坚持要求，培养习惯

做错题集之初，可能看不到立竿见影的效果，也可能出现很多不尽如人意之处。比如，不加筛选，不加分类，一股脑儿地全抄下来，或者只有题和答案，没有分析，或者出现半途而废的情况。这需要家长和学生认识统一，需要教师有足够的耐心，同时给学生以必要的指导和鼓励，帮助学生树立正确的态度。每天每个学生的作业、测验等，每错必登，多错多登，少错少登，无错不登。开始时，这样无疑给有错题的学生增加了负担，尤其是学习习惯差、成绩差的学生错题多，困难本来就多，怕做作业，偏偏错题多，对他们来说思想上有抵触，时间上难安排。但是只要坚持下来，善待错误，学生很快将会欣喜地发现，错误会变得越来越少，并很快会从烦琐的错题整理过程中感受到快乐和信心。例如，在高考中看到一道类似的题，你可能会联想到曾经犯过的错误，及时搜寻到正确的答题方向，形成正确的答题思路。

3. 指导方法，训练思维

针对不同的错题特点，应采用不同的方法。

(1)尚未理解、掌握的

这类习题往往具有一定难度，需要学生弄清题意，找到解题关键，厘清解题思路、原则、方法等。然后，在习题旁注明简要解题过程或关键。但更为重要的是从解题过程中得出的解题规律，也应收录在集，以达到举一反三。

（2）特别易错题

这类题的关键是如何抓住关键，要点进行分析、归纳、总结。更为重要的是要从学生心理上来分析产生错误的原因，如急躁心理、恐惧心理、失落心理、标尺心理等，在以后的学习中如何避免这些不正常的心理状态，逐步培养良好的心理素质。

（3）难记题

这类题型往往需要学生及时总结并不断补充。教师首先要教会学生如何从外界获得信息、整理信息，其次要指导学生把看似乱如麻的知识整理成一定的知识体系，有效地发展学生能力。

4. 教师示范，引领督促

学生的时间比较有限，而且要求他们分类整理可能勉为其难。如果老师能把错题进行分类整理，自己也建立一本错题集，同时指导学生按相同的分类方法进行错题积累，并在适当的时候对学生进行专题的错题训练，效果会很好。

现在高一、高二的学生实行双休，可将整理错题集列入双休作业，命名为"一周错题集"，如同周记，每周必查；还可将学生中的优秀错题集推荐出来进行展评，鼓励学生积极向上，开展比、学、赶、帮的学习活动，使学习风气大为改观。

（六）错题集的作用

对两个班中的学生进行抽样调查后，得出下列数据。

	做错题集（30）	不做错题集（25）
效果（高一第一学期末）	A5，B11，C11，D3	A3，B6，C11，D5
效果（高一第二学期末）	A7，B15，C7，D1	A3，B5，C10，D7
效果（高二第一学期中）	A7，B17，C6，D0	A1，B5，C13，D6
效果（高二第一学期末）	A10，B15，C3，D2	A2，B5，C10，D8

（注：A、B、C、D指的是成绩的等级，A优秀，B良好，C中等，D及格；数字表人数）

分析：从数据中可以看出，做错题集的同学的成绩有明显的上升，特别是从 C 提升至 A 或 B 级的人数，D 级人数变化不大；不做错题集的同学的成绩则有较明显的下降，特别是 D 级人数变多。

结论：实际调查结果表明，错题集可以使那些比较聪明但平时学习不是很用功的学生从中等变到优秀，使那些平时学习认真但基础中等的学生从中等变到良好甚至优秀，但是对于基础较差的学生来说效果并不太好，总体来说效果还是非常明显的。

一段时间下来，学生已自觉养成了记错题的习惯，还能针对自己错的比较多的地方进行自我诊断，制定改进的措施。有的同学说道："我这次测验中计算题失分太多，说明我不够仔细，我一定要吸取教训，认真地打好草稿。"有的同学这样反思："我发现概念部分是我比较薄弱的地方，以后要在这方面多练习。"还有的同学总结为自己的审题习惯不好。

建立了错题集，就像建立了一个杀毒软件的"病毒库"，对各种"陷阱"了如指掌，广泛杀毒，威力无穷。学习是一点一滴的积累和汇总，有了错题集，我们就有了一个有力的武器。"错题本"是提高学习效率的办法，是减轻学习负担的作业。通过"错题本"的使用，可以提高思路质量，可以更准确地把握知识点及概念点，可以极大地改善粗心的现象，可以迅速地提高学习成绩。

（七）结束语

古希腊学者说过："人脑不是一个可以灌注知识的容器，而是一个可以点燃的火把。"在新课程标准的学习与实施过程中，让我们每一个老师都能在教学实践中点燃这个火把。

错误是一种财富。聪明的人总是在失败以后总结经验教训"吃一堑，长一智"。作为老师，既要教好书，更要育好人。因此，我还告诫学生：别放弃错误，它和成功一样重要，是我们人生宝贵的经验。让人惋惜的是许多人不善于利用错误，而白白浪费了错误资源。每次做错事或犯了错误，我们都要认真反思一番，把它牢记起来。漫漫人生路，谁都会遇到一些自己做错的事。我们应能记住所犯的错，在心里建立人生的"错题集"作为特殊的人生参照，时刻告诫自己，使自己终身受益。

三、高中语文动态生成性教学中教师的引领策略

棠湖中学语文组　唐　静

动态生成的语文教学要求教师的角色从"知识的传授者"走向"学习的引领者"，在教学方向和教学模式上也要求教师进行改进，以保护学生的积极性，促进学生语文能力的生成和提高。教师只有正确处理好课前预设与课堂引领之间的关系，做到适时、适度引领，才能激发学生灵动的智慧，创设鲜活的课堂，探索出一条适合高中语文教学的道路。

(一)两个课例的比较思考

1. 课堂再现

(1)课例1：一堂传统的高中语文课《祝福》的教学

教师先导入，接着介绍时代背景；组织学生通读课文，以图标的方法厘清思路；归结文章主旨，分析文章中主要人物的形象，破解以《祝福》为题的含义；对文章中的自然和社会环境描写进行分析；最后布置作业，课外要求学生进行拓展阅读，学习写作方法。

手段：运用多媒体，出示背景，列出相关的图例，有关问题的"标准答案"，帮助学生理解。组织学生就上述问题进行讨论，教师归纳总结。

(2)课例2：一堂创新教学课《米洛斯的维纳斯》课堂实录片断

师：现在同学们看到的这个雕像(幻灯片)就是米洛斯的维纳斯，她美吗？从绘画专业的角度来看，她美在哪里？

……

师：维纳斯的断臂给人的无限遐想跟中国山水画中追求的"虚实相生"是不谋而合的。(投影几幅山水画，让学生体会"虚实相生"，如齐白石的《虾戏图》

《蛙声十里出山泉》。)

师：宋徽宗有一次出题考画家，题目是"深山藏古寺"。如果你是考生你怎么画？

……

师：很多文学作品在文章中或文末设置悬念，留给读者想象的空间。例如，莫泊桑的《项链》中，当路瓦栽夫人告诉玛蒂尔德夫人项链是假的时，小说却结束了，这样的结尾把绝妙的东西和深刻的内涵留给阅读者去思考和想象，达到"言虽尽而意无穷"的效果。

……

师："维纳斯"的"残缺美"、中国画的"虚实相生"和文学的"空白艺术"给了我们哪些启示？(分组讨论：两组从专业角度谈启示，两组从文学欣赏、写作角度谈启示。)

2. 课堂思考

课例 1：这堂课符合传统的语文课教学流程，能取得一定效益。但是从优化语文教学的角度分析，这堂课显然有着一定的弊端。首先，教师对课堂中的现象进行了提前的假设，将一些潜在问题的答案用多媒介的形式进行了固定，有意或无意地将学生的答案进行了规范和统一，没有给学生留下更多的想象、发挥的空间。其次，教师组织学生讨论，其思维同样围绕教师课前预设内容来展开，忽视了将祥林嫂这一旧社会的典型形象放到现实生活进行探讨的环节，对学生生成性语文能力的培养造成了障碍。最后，这一堂课课堂教学最后的成果就是让学生走进了教师对文本解读的范畴，忽略了学生个体的差异，忽视了高中学生的特性，其可圈可点之处并不太多。

课例 2：在学生完成了对"残缺美"的欣赏后，教师又机智的把这一艺术规律引到绘画专业的"虚实相生"原则，通过向学生展示两幅"虚实相生"的作品，再设计让学生参与画一画《深山藏古寺》，引导学生在绘画领域再欣赏，再从绘画领域拓展到文学作品，从而使他们既能从作品出发，又能把想象拓展到更广阔的领域，通过绘画与文学的交融体验，整合、生成新的审美观，使他们明白生活中处处能获得审美的愉悦感与成就感。这样，学生的知识、能力既来源于教材，又超越了教材，这样的教学方式既顺应了高中语文教学的方向，又符合高中语文教学的特点，是我们学习的范例。我们不难发现，这一成功的教学案例除了得益于教师课前的充分准备之外，更得益于教师在课堂内出色的引领，正是有了出色的引领，才成就了这样经典的课堂。

结论：对上述课例的分析，事实上是对现有高中语文教学模式的一种深刻反思，如何创造一种更加适合高中生、更能体现教学成效的语文教学方式，值得我们努力探究。

(二)教师引领所存在的误区分析

新课程下的课堂是动态生成的课堂，教学上强调"生成"，而不是按照原来的计划"复制"出来的。相应地，也就要求教师的角色要从"知识的传授者"走向"学习的引领者"。但是，审视当前的课堂，部分教师仍存在着认识上和操作上的误区，教师的引领只有其"形"，而无其"实"。典型误区如下。

1. 无效引领

一位教师在教《祝福》一文讲到祥林嫂这一人物的悲剧根源时问学生："到底是什么导致了她的人生悲剧?"当时在场的学生纷纷议论开了，有的说是性格悲剧，有的说是她婆婆害的，有的说是当时的命不好，她太迷信，由于这是一堂公开课，而这个班级的学生基础相对比较薄弱，授课老师看到学生的答案总是达不到他要的点子上，便开始引导："祥林嫂是怎样的一个人物?"学生马上就跟上了："她是一个悲惨的女人。""她是老六的妻子。""她是封建社会的牺牲品。"当一个学生说到她是一朵苦难的野百合时，这位教师竟然立刻接口，说起了野百合，令我没有想到的是，这位教师竟然利用多媒体放起了"野百合也有春天"这首歌，于是教室里面一片热闹，而本该严肃的话题变成了一次轻松的音乐会。

在整个交流过程中，学生有价值的发言没有得到教师的重视，教师和学生在"自说自话"，教师没有顺着学生的发现及时地引领，而是在等待学生讲出"有用"的答案之后，继续执行所设计好的教案，这样的引领，课堂似乎热闹了，但这样的教学有效吗? 教师这样的引领达到学生的学习目标了吗?

2. 强加式引领

一位教师讲《项链》主人公路瓦栽夫人的形象意义是什么。

生：讽刺了她强烈的虚荣心，给我们以警示。

师：是什么样的虚荣心呢？

生：女人的虚荣心。

师：哪个阶级的女人呢？

生（终于说道）：小资产阶级女人。

教师此刻才满意地表扬学生答对了。

在我看来，虚荣心本是人类的共性，不为哪一个阶级所独有。路瓦栽夫人的虚荣心已经超越了她所在的阶级，为什么偏要说成是小资产阶级的呢？如是，则路瓦栽夫人的诚实、坚韧又是哪一个阶级的呢？教师把自己提前的预设牵拉出来，强加给学生，造成的结果只能是"强扭的瓜不甜"。

造成这些现象的深层次原因有：①教学预设内容单一、空泛，重知识，轻能力。重预设，轻生成。②预定的引领措施未进行考虑或考虑不周，措施不力；引领的随意性较大；引领时空洞笼统，操作性不强，流于形式。③引领的时机选择不当，造成课堂时间、可利用课堂生成资源的浪费或失去价值。

（三）优化教师引领的相关策略

苏霍姆林斯基曾说："教育的技巧并不在于能预见到课堂的所有细节，而是在于根据当时的具体情况，巧妙地在学生不知不觉中做出相应的变动。"教师要把握教材的主旨，拓展教材的弹性空间，为师生留有选择和创造的空间；教师要提高课堂应变能力，时刻关注并及时捕捉课堂上师生、生生互动中产生的有探究价值的新信息、新问题，并能在亮点处引领，在冷场处引领，在迷茫处引领，在错误处引领，把师生互动和探索引向纵深，使课堂再产生新的思维碰撞和交锋，从而再有所发现，有所拓展，有所创新，促进教学的不断生成和发展。

1. 预设之内的生成，点拨引领

"预设"是预测与设计，是课前进行的有目的有计划的清晰理性的超时空的设想与安排，具有弹性和留白。"生成"是生长和建构，是课堂教学本身的进行状态而产生的动态形成的活动过程，具有丰富性和生成性。"预设"是"生成"的基础，"生成"是"预设"的提高，二者是相辅相成的，是矛盾的统一体。

(1)问题点拨引领

在讲完《雷雨》第一课时之后，学生对该剧的人物关系已经厘清，因此在准备分析人物形象的点上，我进行了充分的预设。课堂上，我让学生根据自己的理解自由谈论人物形象，很明显大家对周朴园对鲁侍萍是否有真感情特别感兴趣，对这一点我早有准备。于是我就接着大家争论不休的话题说："既然大家都有理由，那么我们就分成两方进行辩论好吗？""好！"同学们的兴趣更高涨了。

生：我认为没感情，不然他不会那么无情。

生：我认为有感情，不然他不会保留着以前的东西和生活习惯。

生：你们说得不对。根本就没有道理。

……

除了这些最直观的东西，学生说不出太多内容，当双方争论快要成争吵时，我出马了：

当时是怎样的一个社会？

双方家庭关系又是怎样的呢？

这之后的讨论大家显得理性而成熟了，同学们懂得深入地思考这个问题了，不管最后有没有一个定论，每个同学在这样的讨论中都有了全新的体验，对人物有了新的认识。

(2)情境设置引领

一是创设师生对话的情境。在新课标倡导的自主、合作、探究模式下，教师应更多地充当向导，成为学生的同读者，成为引路人，成为可亲、可信的朋友。通过设计对话的情境，以一种敞开的方式去面对学生，以一种角色消解的方式走近学生，从而形成一个真正的"学习共同体"，与学生进行平等的心与心的对话。

在讲到《林黛玉进贾府》的典型环境时，我创设了师生对话情境：我首先让学生品读了文中有关写"贾府大门""荣禧堂"的文字，我又让学生观看了有关的图片，让学生直观感受了"贾府大门""荣禧堂"等地方的豪华、显贵，接着我便说道："多么豪华的外婆家呀，幼小的林黛玉从此将在这里生活，如果你是林黛玉来到这样的地方你会有什么感受呢？你会喜欢这样的地方吗？""为什么作者要把'贾府大门''荣禧堂'写得那么详细呢？"这一情境的创设，一方面再现了课文情境，另一方面使学生体悟出了小说环境描写的作用等。

二是创设生生对话的情境。"一千个读者便有一千个哈姆雷特"，读书如此，教学也如此。在学完《林黛玉进贾府》后，我提出问题："学习了这篇课文，你们喜欢林黛玉吗？"我充分尊重学生个人的独特体验，以使语言文字在同学们的头脑中"活"起来，在创作中升华自身的情感体验。学生通过个体之间、个体与群体之间思维的碰撞和交融，来共享知识、共享经验、共享智慧、共享情感、共享语文世界的精彩与美妙。学生在交流与合作中学会倾听、学会接受、学会欣赏，从而实现知识、能力和情感的交流。

2. 意料之外的生成，选择引领

课堂教学是师生共同推进的。一方面，它不可能百分之百地按预定轨道行进，会生出一些意料之外的、有意义或无意义的、重要或不重要的新事物、新情况、新思维和新方法，尤其当师生的主动性、积极性都充分发挥时，实际的教育过程远远要比预定的、计划中的过程生动、活泼、丰富得多；另一方面，从教师设想、计划的教育过程到实际进行的过程，从教到学再到学生发展的过程本身就是一个动态变化和生成的过程。

（1）学生思维停顿时，教师以退求进引领

正值深秋季节，我上完《故都的秋》，预设让学生写一篇关于故乡的季节的文章，于是我精心准备了一个作文教案。没想到跟学生说了要写一篇作文之后，听到的全是怨言。对学生的表现，我并未发作，而是微笑着放下教案本，说："那你们想不想到外面去感受一下我们故乡的晚秋呢？""想呀"，这下大家的精神一下就出来了。"去哪里，老师？""现在去吗？""是的，现在去，但条件是，出去之后多看、多听、多想。""没问题！"于是这堂本该在教室安静作文的课便在校外热闹地度过了。第二天，班级作文本全上交了，无论是写景的、议论的、叙事的都写得有模有样，此刻看着教案的我却为自己的突然决定感到骄傲。

(2)课堂脱离轨道时，教师借助积极面引领

高中里的一部分后进生有时候是唯恐天下不乱，最容易在上课时出现意外的事件，看老师的洋相。此时，当课堂出现了与教学内容完全无关、课前根本无法预设的突发事件时，教师可借助其积极有效的一面，有效启发，为促进课堂生成服务。

学生正津津有味地品读《我的空中楼阁》的景致时，突然从窗外飞进一只蜜蜂，顿时，教室里一片嘈杂声。面对此情此景，我提高嗓门正色说："同学们，刚才你们把空中楼阁读得实在太美了，瞧，把窗外的蜜蜂也吸引到'我们的楼阁'中来了呢！你们愿意通过齐读让小蜜蜂也分享这美丽楼阁吗？"学生半信半疑地看着我，但学生毕竟又回到了文本的朗读中，读着读着眼神越来越专注，似乎忘记了蜜蜂在头顶上可能对他们构成威胁的担忧，原本不愿读书的学生，此刻竟然也入情入境地品读着。

在教学中，时常可以碰到这样突发的状况，这些小插曲如果教师不去注意，也不会对教学效果产生很大影响，但如果处理好了，却能成为突破教学难点的有效手段，成为无法预约的精彩。

总之，无论怎样组织教学，无论采取哪种手段引领，都要让问题产生在自然而然中，让课堂成为师生享受生命的地方，让学生体悟到人生的真谛、人情的意蕴、人世的沧桑。只有让学生感受到"登山则情满于山，观海则意溢于海"的语文学习热情，才能让学生通过语文的生成性学习，提高语文学习能力，促进自身的全面发展。

参考文献

[1]余映潮. 教案设计的艺术(之一)[J]. 中学语文教学参考，2004(10).

[2]潘涌. 语文教案创新与课堂教学价值转型[J]. 学科教育，2004(1).

[3]张琼. 语文教案设计的关注点[J]. 湖北教育(教学版)，2004(6).

四、高中语文"学生支持型课堂"的流程及案例

棠湖中学语文组 王 娟

(一)什么是"学生支持型课堂"

"学生支持型课堂"是由学生自主选材、自行设计,学生代表主持课堂教学,全体学生按教学流程进行自主合作探究学习,共同实现教学目标的课堂模式。它要求教师转变角色,将课堂的主体地位还给学生,让学生代表主持课堂,让自己隐退,坐到学生中间,成为课堂上的观察者、参与者、指导者、服务者、研究者、评价者。"学生支持型课堂"需有1~2名学生主持人,他们充当教师角色,组织同学们学习。教师仍然要宏观把控课堂,在暗中发挥作用,在学生被问题难住不能解决时,思维打不开时,或走入误区时,教师应当及时地站出来进行引导,但不宜用权威口吻来进行讲解,应该像学生一样起来发言,作为一个参与讨论者来提出自己的意见,或者由学生主持人向老师提问求助。

下面结合我指导的一堂"学生支持型课"——《项链》(高中语文第四册),来介绍一下这种课型的流程与方法。

(二)流程与方法

1. 指导学生结构化预习

设计《项链》一课的"预习导读单",用一节课的时间让学生进行结构化预习。要求学生走进文本,反复阅读,完成"预习导读单"。在预习过程中要落实"查、画、写、记、练、思",即查着工具书读、画着重点读、写着感想读、记着内容读、练着习题读、思着问题读。每一个学生都要生成自己的问题,然后各小组讨论,互动解疑,将组内不能解决的问题写在"问题生成单"上,交给教师。

2. 师生共同备课

中央教科所的韩立福教授提出,组织课堂教学要做到"设、导、上、说"。所谓"设"就是设计,包括对教学内容、教学流程、教学方式的设计;所谓"导"就是对课

堂情境、课堂上师生的行为、课堂各个环节所需的氛围，甚至课堂在什么地方应该出现最高潮等进行导演；"上"指的就是上课；"说"指能够说课。对于教师来说，要提前设计好整节课，然后教会学生主持人做教学设计；对于学生主持人来说，要求其完全独立设计一堂课是不太容易的，但必须让其明白教学思路、上课流程、学习方法，让其做到"导""上"甚至是"说"。

教师事先不能把自己的思路告诉学生主持人，而要让其熟读课文、吃透课文，然后再与其交流，看其是否对课文有自己独到的理解。就《项链》这一篇课文来说，学生曾在英语课上学过，但我仍然让两位学生主持人反复读，于是他们又将课文读了六七遍，并在书上写满了批注。这时我才与他们共同明确学习目标和学习重难点，教给他们上课的整个流程，并与他们共同将各组同学在结构化预习课上生成的问题整合为以下三个：①请围绕故事情节的展开设计一个结构图，并说说作者构思的巧妙之处。②造成玛蒂尔德十年苦难的根源是什么呢？③这篇小说带给你什么启示？

此外，我还从姿态动作、语言表达、临场应变、组织协调等方面对主持人进行培训，让他们能够在课堂上富有表现力，能够引导同学们共同学习。

3. 学生主持问题解决课

（1）创境导入

导入语可以是学生主持人设计或师生共同设计的，但课上的创境导入应该由学生主持人来完成，教师可以帮忙播放一下音乐视频等。

（2）呈现目标和问题

学生主持人用多媒体呈现《项链》一课的学习目标：体会小说精心的构思和巧妙的布局；个性化解读人物形象，多角度挖掘主题。

（3）自主思考，合作讨论

学生主持人在呈现问题后，先让同学们独立思考一下，然后再组织各组讨论。各组学科长应该站起来，手持本子，收集每个同学的答案，并进行整理。各组也可以边讨论边在前后黑板上板书自己的答案，这是一个很好的方法，既可以为本组抢到发言的机会，又可在展讲时节约板书答案的时间。

（4）展示与交流

展示的过程同时也是交流的过程，在展示中交流，在交流中解疑，达成共识。

首先，各组展示，形式多样。各组代表展示本组对问题的看法、对问题的解答。

要求讲解清楚、语言流畅、举止大方得体。展示方式可多样：可以一人展示，也可以两三人共同展示；可上台展示，也可站在座位上展示；可以用投影手写文本的形式，也可用黑板板书的形式。

另外，展示中还可适时加入表演，目的是借表演来将自己的观点表达得更清楚，更生动形象。比如，在解决本课第二个问题"造成玛蒂尔德十年苦难的根源是什么？"的时候，"牛津组"的同学提出，女主人公玛蒂尔德的爱慕虚荣是根源。为了证明这一点，他们组的两位同学将玛蒂尔德接到请柬后与丈夫的一段对话改编成了一个短剧，并上台表演，赢得了大家的好评。这种表演的形式可以用于很多课文，可以训练学生有意识地去还原场景，并自编自导某一个情节，尝试表演出来。这既能加深学生对课文的了解，又能使学生更加出色地展示。表演要注意以下几点：①要脱稿；②台词要生活化，要尊重课文，又要走出课文；③注意表情；④要有旁白；⑤利用身边材料制作服装道具。

其次，引发争论，师生共评。在一组提出自己的观点后，其他组应该做出评价，进行补充或反驳，各组之间可以展开激烈的争论，从而擦出思想的火花。

学生主持人和教师也要适时评价，及时引导。学生主持人要抓住同学发言中的要点，给予及时而恰当的点评，还要在大家争执不下的时候进行解围。教师在此时对课堂的驾驭也很重要，一方面教师要放手，尽量让主持人引导同学解决问题，尽量让主持人进行点评，让主持人去发现和纠正偏差；另一方面在学生思维打不开，讨论进入误区，学生主持人又不能化解僵局时，教师又应该适时地果断地站出来，阐述观点，进行正确的引导。例如，在本课上，探讨造成玛蒂尔德十年苦难的根源时，学生老是在女主人公的爱慕虚荣、社会风气、社会制度上纠缠，思维拓展不开，于是我举手发言："我们能否从另一个角度分析根源，请问文章前面几段为什么要用这么多笔墨写女主人公的七个梦想？"在我的引导下，学生发现可以从梦想与现实的差距这个角度来解读悲剧的根源。"斯坦福"组的同学谈道："女主人公盲目地脱离现实追求梦想，导致十年的苦难，但这十年的劳作又让她终于能正视现实生活，调整梦想与现实之间的距离，她变得坦然，变得成熟。这告诉我们追求梦想时一定不要忘记脚踏坚实的大地。"他的发言博得满堂喝彩，掀起了课堂的高潮。

最后，全面关注，激励督促。学生主持人和教师要关注每一个学生，特别是后进生，要鼓励和督促每个学生发言，不断地从旁"挑拨""煽风点火"，营造激烈争辩的氛围，让每个学生都积极表现自己、参与讨论。

（5）归纳总结

学生、主持人、教师都要在课尾对本课所学内容进行总结。主持人先让各组同学讨论 1 分钟，再请 1～2 组的代表总结本课内容。然后，主持人与教师进行总结，两者的总结要有高度的概括性，要谈到情感、态度、价值观上去，还应对本堂课上大家的表现进行激励性的评价。例如，学生主持人总结说："各组同学都能积极思考，热烈讨论，对《项链》的主题，对女主人公的形象进行了个性化的解读，也带给我很多新的启示。《项链》这篇小说向我们展现了一场梦想与现实之间的矛盾冲突。其实我们每个人的人生中都存在梦想与现实的差距，面对差距，我们不能好高骛远，也不能消极退避，应该找准人生坐标，不懈奋斗，创造属于你的幸福。"

以上是"学生支持型课堂"主要的流程与环节、方法与策略。在具体实施时，教师还要注意安排好各环节所用的时间，特别要注意展示交流环节的时间。

（三）收获与启示

通过指导《项链》这一堂"学生支持型课"，我感到这是对传统课堂模式的颠覆，是语文课堂教学上的一次革新。它彻底摆脱了教师的"一言堂"、学生被动接受的局面，提高了课堂的效率。

第一，真正发挥了学生的积极性。让全体学生人人参与，人人都能够通过自主合作探究学习达到学习目标。

第二，将对课堂的主持交给学生，教师便有更多的精力去关注每个学生尤其是后进学生，这样关注面扩大了，监督力度也提高了。

第三，师生之间真正建立起"师生共备—师生共学—师生共评"的学习共同体，凸显了以学生为主体的自由、开放、和谐、民主的教学氛围。

第四，学生主持人得到极大锻炼，受益最深。通过与老师一起备课，学生主持人对课文的理解会非常深刻；通过组织大家学习、指导互动解疑、尝试点评总结，主持人的组织能力、应变能力、表达能力得到提高。学生的潜力是无限的，只要经过培养，每一个学生都可以成为主持人，在我执教的班上，已有 15％的学生成为主持人的后备人选，同学们都觉得这种方式让他们获益匪浅，应长期坚持下去。

(四)不足与展望

第一，在《项链》这一堂"学生支持型课"中的展示交流阶段，教师介入的度很难把握：介入太多，容易抢话题，使教师的"出镜率"太高，淹没了主持人；介入太少，放手给学生的太多，在出现偏差时往往很难及时纠正，耽误了时间。因此，对于教师如何在"学生支持型课"上正确发挥作用、从容驾驭，还需要深入研究。

第二，"学生支持型课堂"是较高层次的课堂模式，对学生主持人、教师的要求都很高，师生共同备课所花的时间也很多，学生的学业压力重，不可能经常上这种模式的课，因此这种课型应该与其他课型轮换运用。而哪种类型的课文适合用这种模式，也成了值得探讨的问题。

参考文献

[1]熊伟，廖勤生，唐静. 构建"三段教学"模式的实践与研究[J]. 教育科学论坛，2009(11).

[2]韩立福. 有效备课[M]. 长春：东北师范大学出版社，2008.

[3]陈爱苾. 课程改革与问题解决教学[M]. 北京：首都师范大学出版社，2004.

五、高中化学"三段教学"的思考

棠湖中学化学组　孙　建

摘要：棠湖中学"三段教学"是以"合作学习小组"为学生主体，以评价为手段，以培养能力为核心，"问题"为主线，课前"学生主动发现问题"，课中"师生互动解决问题"，课后"反思升华拓展问题"，是一种落实素质教育适应新课改理念的教学模式，是实施新课程改革的具体表现。本文就"三段教学"在高中化学教学中的实施进行了一定的阐述与思考。

关键词："三段教学"；高中化学教学；合作学习小组；激励评价

　　很长时期，我国传统教育在对"授业、传道、解惑"为教师职业内容的理解的前提下，基本采用灌输式教学方法，而且"食不厌精，脍不厌细"，呈现一种教师"包办"的状态，教师不敢完全"放开"学生，学习者完全随着教师的指挥处理自己的学习行为，始终处于被动地位，学习者的热情、创造性、个性受到约束，其巨大学习潜能、创造潜能受到压抑。社会在发展，教育也在不断地发展。新课改要求各学科课程贯穿"以学生为本""以促进学生主动发展为本"的新理念。课程改革势在必行，新的观念必进课堂。教师应努力转变教学思想，充分利用现代教学手段，改革教学设计，构建民主平等、和谐合作的师生关系。为了适应新课改，打造学校特色，棠湖中学熊伟校长针对学校实际情况提出了"三段教学"模式。

　　"三段教学"是以"合作学习小组的学生"为主体，以评价为手段，以培养能力为核心，"问题"为主线，课前"学生主动发现问题"，课中"师生互动解决问题"，课后"反思升华拓展问题"，"先学后导，巩固延伸"达到有效教学的目的。从形式上看，其是让学生有自主、合作、探究的过程，给予学生独立思考和小组交流的空间；从实质上看，其是凭借自主、合作、探究的学习方式，培养学生良好的学习习惯。"三段教学"课堂上学生在合作中互动，在互动中创造，大大超越预期目标的要求。学生的积极发言和讨论是自由程度较高的活动，往往身心投入的程度也越高。学生将自己上升为学习的主人。学会在整个学习过程中与同学密切学习合作，实现知识资源共享及智力互激互促，以切实提高学习效率。因此，"三段教学"模式完全符合新课改的精神要求，并成为深化教学改革的具体体现。

（一）"三段教学"在化学教学中的实施

　　"三段教学"模式在高中化学教学中分为三大课型：问题生成课、问题解决课、拓展延伸课。

1. 问题生成课

（1）目的

　　培养学生自主学习，发现问题的能力，通过预习课，明确学习目标、学习方法及学习任务，解决本节课学习任务，尤其是解决基础知识问题，为展示提高打好基础。

（2）具体步骤

　　①确定预习目标和预习方法，布置学习任务。教师精心设计目标，分解学习任

务、目标，可以采用多媒体、口述或者预习提纲等形式呈现，目标应明确、清晰、层次性强，学习任务应具体，便于学生自学，由浅入深，层层递进，将学生容易出现的问题周密考虑，逐步分解，让学生在预习时能够顺畅、自然解决好本节课的难点，完成预定的学习任务。

②自主预习，完成"预习导读单"中的内容。学生独立阅读教材，再根据"预习导读单"进行独立思考、独立解决问题的高效自主学习。教师要关注后进生，对后进生在学习中遇到的困难进行及时辅导点拨。

③达标检测。完成教材上针对本节课内容的课后作业，填空题、选择题做在书上，问答题、计算题写在作业本上。教师及时掌握学生学习情况，并对学生共性的错误进行及时校正，努力做到堂堂清。

④学生生成问题。通过预习、做作业将学生自己的问题写在《学与导》的"学生生成问题"栏中。

问题生成课实施表

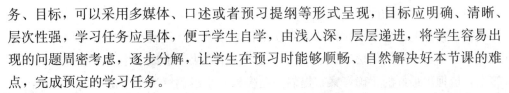

课型	课堂流程	学生行为	教师行为
问题生成课	①自主预习。	学生阅读教材、思考。	指明学生预习教材相关内容。
	②达标检测。	填写《学与导》的"预习导读单"；完成教材上的课后作业，填空题、选择题做在书上，问答题、计算题写在作业本上。	教师到各个小组进行巡视，督促、指导学生完成"预习导读单"、教材上的课后作业。
	③学生生成问题。	通过预习、做作业将学生自己的问题写在《学与导》的"学生生成问题"栏中。	指导学生生成高质量问题，并全面了解学生情况。

2. 问题解决课

（1）目的

各小组明确任务后在学科组长的带领下，自主探究，合作交流，形成小组最佳答案，展示交流学习成果，使之对所学知识灵活运用，提升对其所学知识的感悟理解的能力。

（2）具体步骤

①明确目标、学习内容。教师展示课时学习目标，根据各小组的问题归纳总结

出全班探究、讨论的问题。明确各小组分工情况及任务。

②合作探究。各小组领到任务后在组长的带领下，进行小组内自主探究，合作交流，将学习中遇到的疑难在小组成员之间合作解决，形成学生或小组答案及最佳答案，梳理出最好的正确答案，提倡一题多解。小组仍解决不了的问题，可以由小组长板书到黑板上，由师生共同讨论解决。

③展示提升、互相评价。各小组根据组内讨论的情况，对本组的学习任务进行讲解、分析、展示，以小组为单位，各小组派代表到黑板前展示讲解。其他小组的成员也可以谈自己的看法进行评价，并结合展示情况，对本组未能展现的学习任务进行巩固完善。教师可根据学生的理解进行适当的点拨与评价，以提升学生的学习效果。

④归纳总结、拓展提升。学生对本课所学知识进行归纳总结，教师补充梳理，由师生共同归纳本节课的重难点，及时归纳其知识结构，形成自己的知识链。教师安排相应课堂练习题，检查学生对学习任务的掌握情况。

问题解决课实施表

课型	课堂流程	学生行为	教师行为
问题解决课	①创境设问。 创设情境；	学生结合各自的生活体验，有所联想，产生求知欲。	教师有效利用多媒体创设情境，用精彩简洁的语言导入，激发学习兴趣。
	明确目标；	学生能清楚认识本课的学习目标、教学重点和难点。	教师投影展示学习目标。
	呈现问题。	在小组内学生提出在预习中的问题，互评、讨论后生成代表小组的问题。	教师根据各小组的问题归纳总结出全班探究、讨论的问题，并展示出来。
	②互动解疑。 合作探究；	各小组展开讨论，发挥小组作用，合作探究解决问题。	指导小组合作学习情况，并在过程中及时地进行点拨和巡回指导学生。
	小组展示、互相评价；	各小组代表汇报小组的讨论结果。其他小组的成员也可以谈自己的看法进行评价。	引领学习小组展示，对学生的成果进行补充完善、点拨与评价，并用多媒体展示。

续表

课型	课堂流程	学生行为	教师行为
问题解决课	归纳总结、拓展提升。	学生对本课所学知识进行归纳总结，完善自己的知识内容。	教师补充梳理，使之形成知识链。安排相应课堂练习题，检查学生对学习任务的掌握情况。

学生活动：合作探究—引发讨论—互相评价—收获展示。

教师活动：引导学生—全程掌控—指导点评—归纳总结。

3. 拓展延伸课

（1）目的

对预设性目标进行回归性的检测，对检测中暴露出来的问题进行校正，师生共同总结反思，让学生熟悉题型、解题思路和解题方法。

（2）具体步骤

①明确目标，分配任务。

②完成"拓展训练单"。学生独立思考，自主解决"拓展训练单"上的习题。

③合作讨论、师生评价。学习小组根据答案进行讨论、互评，并将组内都不能解决的问题交给老师。在老师的指导下进行组与组之间互评。在互评中生成的有价值的问题师生共同解决。即"兵教兵""兵练兵""兵强兵"。

④拓展延伸、反思总结。老师对题型、解题思路和方法进行归纳总结，学生找出错误原因，对所学内容进行总结反思。教师要对出错率高的题目进行变式训练，保证使每一名学生都能够掌握好知识点。

拓展延伸课实施表

课型	课堂流程	学生行为	教师行为
拓展延伸课	①完成"拓展训练单"。	学生对学习的内容进行全面的回顾与深思，独自完成"拓展训练单"。	指明《学与导》上"拓展训练单"的内容。观察学生完成的进度和情况。对学困生和共性问题进行规范指导。

续表

课型	课堂流程	学生行为	教师行为
拓展延伸课	②合作讨论、师生评价。	学习小组根据答案进行讨论、互评，并将组内都不能解决的问题交给老师，在老师的指导下进行组与组之间互评。	老师提供答案，指导小组讨论，在组间互评时进行适当的点评，在互评中生成的有价值的问题师生共同解决。教师进行激励评价。
	③拓展延伸、反思总结。	学生找出错误原因，对所学内容进行总结反思，对出错率高的题目进行变式训练，掌握好知识点，形成能力。	对题型、解题思路和方法进行归纳总结，对错因进行分析，指出解决的方法。

(二)"三段教学"应注意的问题

"三段教学"作为一种探索性的新型教学方法，它顺应时代的潮流，对老师和学生的一些传统观念有触动作用。通过对实施"三段教学"的不断反思总结，我们认为要真正使教学优质、高效，以下几个常见问题值得注意。

1. 避免小组讨论流于形式

在初期的"三段教学"课堂上，往往是老师一宣布讨论，小组内的学生便凑在一起，于是满教室都是嗡嗡的声音，每个人都在说，却谁也听不清别人在说什么。老师一喊"停"，学生立即安静，而发言的学生总是以"我认为……""我觉得……"来回答问题，出现了名为"集体"而实为"单干"的结果，出现这种现象的原因往往是：

①小组内各成员任务分工不明，尤其是没有将组内讨论意见记录下来。

②教师对讨论的指导和调控失利。

③教师没有让所有学生参与讨论。

为了改变这种现象，教师应在三个方面下功夫：首先，深入研究分组的学问和艺术，为小组活动打好基础；其次，小组讨论时，教师该如何组织、促进和参与；最后，设法调动每一位学生参与的积极性，帮他们树立集体的观念。

2. 避免课堂教学容量小而影响教学进度

在"三段教学"课堂上，时常会出现学生为一两个问题纠缠不清，在相关内容上

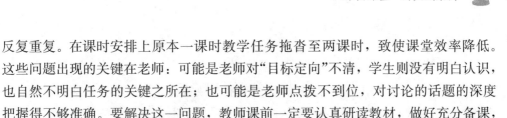

反复重复。在课时安排上原本一课时教学任务拖沓至两课时，致使课堂效率降低。这些问题出现的关键在老师：可能是老师对"目标定向"不清，学生则没有明白认识，也自然不明白任务的关键之所在；也可能是老师点拨不到位，对讨论的话题的深度把握得不够准确。要解决这一问题，教师课前一定要认真研读教材，做好充分备课，设计好施教方案，特别是教学目标、讨论话题、学生状况教师一定要成竹在胸，并在讨论过程中注意提高和转换，不能让讨论失控。

3. 避免两极分化严重，优生越优，差生越差

小组合作中，优秀学生总能做到畅所欲言、操作积极，总能想出许多"怪点子"、用不同策略解决问题且说得有理有据，可是较差学生就成了被遗忘的角落，他们当着合作学习的"三陪"（陪坐、陪听、陪看），不想动脑筋、害怕说错了被别人耻笑而失去了发言的机会。结果会使状态好的学生积极性越来越高，而状态差的学生积极性越来越低，导致两极分化加剧。

为能让较差学生参与其中，则要严格督促学生按照小组合作的规则来讨论，让学生先独立思考，然后组内交流讨论，形成集体意见。这样一来，每个学生都有思考的机会和时间。在进行小组汇报时，改为"哪个小组来说说"的提议。经过集体性质的交流，学生更容易发现差异，在思维的碰撞中，学生对问题的认识也将更加深刻。

4. 避免课堂秩序混乱，教师手足无措

实施"三段教学"的初期，最容易出现的局面就是：讨论一开始，学生的表情各异，有的夸夸其谈，有的心不在焉，更有甚者去扰乱别人……对于这样的情况，我在经过一段时间的尝试之后，主要从以下几个方面去解决：

①准确而具体地把握每一节课的学习目标、学习任务和学习策略，让每位同学明确自己的责任。

②针对个别学生对症下药，可以采用沟通、鼓励、宽容等手段把学生的注意力集中到教学活动中。

③尽量设计一些适应学生积极的心理需求的问题，使学生在学习中能满足内在心理需求，自觉去喜欢一些学习内容，逐渐在自我建构过程中达到自我实现。

④避免出现过重的学习任务。学生认为学习任务有困难时，思维会受到抑制，也不会积极参与集体讨论，结果就是消极应对或自得其乐。

(三)结论

在高中化学教学中采用"三段教学"策略能有效地提高学生学习化学的兴趣,改善学习态度,增强学生的自信心,从而有效地提高学生化学课的整体学业成绩;同时也明显改善了同学之间及师生之间的关系,增强了学生的集体意识。"三段教学"最大的优点是激励评价方式的改变,它追求的不是个人间的竞争,不按个人成绩排队,而是注重大家共同达标,以小组整体成绩作为奖励依据,形成了"组内成员合作,组间成员竞争"的新格局。只要人人努力,都可以为小组争得荣誉。只要我们正确运用,合理调控,我相信师生之间、生生之间的竞争意识、团队精神、共事能力、交往艺术等现代人的合作品质都能得到长足的展示和提升。

参考文献

[1]马宏佳. 化学教学论[M]. 南京:南京师范大学出版社,2000.

[2]韩立福. 有效上课 [M]. 长春:东北师范大学出版社,2009.

[3]王坦. 合作学习原理与策略[M]. 北京:学苑出版社,2001.

六、"三真导学案"的设计与实践探索

双流中学　王泽军

摘要:本文所述观点主要针对普通高中学校课堂教学中存在的课前学生准备不足,课中教师控制过死,课后学生练习过多等问题,主张通过"三真导学案"优化教师的教学行为和学生的学习方式,实现课堂教学的各个环节探究真问题、开展真活动、完成真训练,从而提高学生的自主学习能力。

关键词:真问题;真活动;真训练;导学案

为了迎接四川省即将实施的高中新课改,学校决定结合学校实际情况,展开围绕中学生自主学习能力培养的实践研究,以期逐步实现教师教学行为和学生学习方式的根本转变。

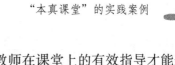

我们认为，中学生的自主学习能力主要应通过教师在课堂上的有效指导才能逐步形成。为此，我们对我校的课堂进行了比较充分的观察了解，发现目前我们的课堂教学存在着与新课程不相适应的种种问题：课前学生准备不足，课中教师控制过死，课后学生练习过多；教师对学生学习不放心，学生处于被动学习状态。这种"教师上课忙，学生下课忙"的状况使不少师生身心疲惫，导致不同程度的厌教厌学情绪，严重阻碍教师专业发展与优秀学生的终身成长。

为了改变这种状况，建设一个能激发学生的学习兴趣，能通过学生自己的内在力量获得发展的充满活力的课堂，我们抓住课堂教学中预习、活动和训练这三个环节进行优化设计，最终形成了"三真导学案"课堂教学基本模式。从近两年实践的情况看，该模式的实践具有较高的针对性与实效性。本文拟就此基本模式的设计意图及实施进行简要说明。

(一)"三真导学案"的设计

我们认为，问题、活动、训练是课堂教学中的三个关键词。"三真"是指课堂教学的各个环节必须探究的是真问题、开展的是真活动、完成的是真训练。

问题　课堂改革首先要解决的问题就是对课程内容进行问题性处理。因为问题是思维的开始，它能揭示矛盾，激起疑惑，推动学生产生解决的欲望，提高学习兴趣。问题的产生来自于学生有效预习之后所生之疑，而不是教师单方提出来的问题。同时，教师巧妙创设情境，也有利于将课程内容转化为问题，由此而提出来的问题才是真问题。

活动　在课堂教学中，教师还必须对课程内容进行活动性处理。活动是落实课程目标的实践。课程内容的活动展开既是教材呈现的一种形式，更是教师与学生的教学活动方式。通过课堂活动实现学生主动参与、主动探索、主动思考、主动实践，从而促进学生整体素质的全面提高。只有具备上述特征的活动才是真活动。

训练　训练的目的是对教学的一个及时反馈，以便教师及时了解课堂教学中的问题解决情况以及课堂活动开展的有效性。训练要求具有极强的针对性与典型性，主张一颗子弹打死一个敌人。只有这样的训练才是真训练。

我们发现，上述三个环节在课堂教学中的落实，必须要有一个规范来做载体，才能确保强化对学生自主学习能力的培养，这就是我们要做的"三真导学案"。下面试对"三真导学案"的做法作简要介绍。

1. 真问题——课前预习的导学案

要点：针对教学目标提出一个主问题，明确自学教材的具体要求，写出在自学过程中发现的问题。情境创设：导入新课，问题意识，应用旧知；要求关联旧知，关联生活，激发兴趣，自主探究。

课前预习导学案的目的是改变学生课外学习方式(学生课外时间主要就是完成课后作业)。

2. 真活动——课堂导学的活动方案

要点：教师重在活动内容与方式的设计、组织实施、调控，目的是调动学生积极动脑、动口、动手等，忙并快乐着。课堂是一个师生、生生置换信息、建构知识的平台；教师可适时做示范讲解、精彩点拨。

课堂导学的活动方案，目的是改变"你讲我听"的课堂教学方式。

3. 训练——能力到手的精练方案

要点：合理运用现代教学技术手段，当堂完成，即时反馈；注意内容的针对性，题量的精要性，检测的有效性。

能力到手的精练方案，其目的是改变题海战术的训练方式。

"三真导学案"的课堂实践，笔者特别要强调两点：第一，问题、活动、训练这三大环节不一定拘泥在一个课时完成，它更适合于放在一个相对独立的知识点的视域内来整体设计；第二，我们主张训练立足于反馈的及时性，同时强调将课外的主要时间让给学生进行自主预习。

"三真导学案"课堂教学基本模式可图示如下：

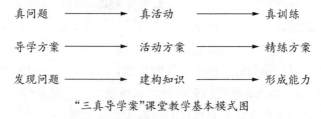

真问题 ——→ 真活动 ——→ 真训练

导学方案 ——→ 活动方案 ——→ 精练方案

发现问题 ——→ 建构知识 ——→ 形成能力

"三真导学案"课堂教学基本模式图

总之，本方案立足于学生认知方式的变革，抓住问题与情境、活动与建构、训练与反馈等课堂要素，力求通过建构有效的课堂教学模式，将课程内容内化为学生

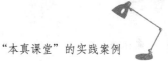

的生命养分。

(二)"三真导学案"的实践探索

　　"三真导学案"的实施首先须从组织管理层面确立一个制度性的保障。各学科以年级备课组为组织单位，实施集体备课。在学习领会"三真导学案"的基本设计理念的基础上，设计出"三真导学案"的基本规范，如下图所示。

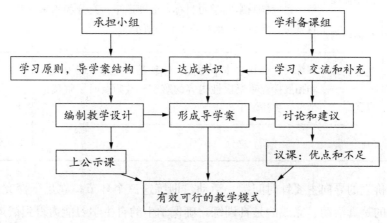

"三真导学案"的基本规范图

　　在做好制度性的保障的基础上，再从评价导向上确保"三真导学案"实施的有效性，我们对导学案的内容及形式做了比较明确的要求，避免将导学案做成课堂知识的归纳梳理或习题化、标准化。问题与活动必须立足于学生的学习，每一个训练都必须有明确的针对性。我们为导学案设计了专门的评价表。

导学案评价表

评价项目	评价要点	具体要求	权重	得分
预习方案	预习目标	目标符合学生实际，内容明确。问题生成围绕学习目标展开，教师和学习组长及时了解学生预习情况，发现问题。情境创设力求新颖务实高效，服务于当堂课教学目标，利于激发学生学习兴趣与思考。	20分	
	预习内容			
	问题生成			

续表

评价项目	评价要点	具体要求	权重	得分
活动方案	问题主线	学生围绕问题主线，自学交流、合作探究、实践发现、猜想论证、争论研讨、创新答辩，学生参与兴趣浓厚，主动性强、多向互动。活动流程清晰流畅，活动方式务实有效，学生能提出有意义的问题，发表独特的见解。目标检测紧扣学习目标，适度适量。充分利用来自教材、学生、生活环境等有效资源。	60分	
	活动方式			
	活动流程			
	目标检测			
练习方案	达标训练	训练设计能代表本节重点，体现基础达标、能力提升和拓展探究等层次性内容的落实。教师及时了解反馈情况，关注学生自我评价。	20分	
	自我评价			
总分			100分	

该评价表的导向主要针对问题、活动、训练这三个环节，立足于探究的是真问题、开展的是真活动、完成的是真训练，确保学生的自主学习能力得到锻炼和提高。就评价表中的"评价要点"一项，我们在教学中根据学科、学段及班级层次的差异提出个性化的调整，确保通过老师有效的指导来实现对"三真导学案"中问题、活动、训练这三个环节的"真"性度，即问题主要来自学生，活动的主体是学生，学生的训练基本当堂完成，课后主要用于对新课的自主预习。过去"教师上课忙，学生下课忙"的状况开始转变为"教师下课忙，学生上课忙"。

当然，该项教学探索离完全实现其研究目标还有一段较长的路。"三真导学案"虽然经历了两次改进，但随着我们对新课程认识的逐步加深，随着教师专业能力的不断提高，我们在探索学生自主学习能力的培养的研究中，尚需继续深入研修，不断学习反思，大胆实践与创新，才能真正创造一个充满生机的教学课堂，培养出一批活泼的人才，同时收获到作为教师的职业尊严与幸福。

七、同伴互助课堂教学模式研究

双流中学　刘一忠

(一)阅读教学模式

班级授课制的提出和盛行当然有其历史必然性，直到今天，各国学校采用的课堂教学模式也大都还是这种制度。但是我们不得不承认，班级授课制的弊端也是显而易见的(前面已经有所陈述)。针对班级授课制的弊端，本课题组提出了自己的课堂教学模式。以下便是我们的探索成果。

1. 自学课文

这个环节，面对新课，再不是以往那样教师哇啦哇啦地讲个不停，而是在课堂上给足时间(不是课前预习，当前所谓课前预习不过是一种自欺欺人的形式罢了)让学生自己钻研教材。把握基本内容，了解教材概貌。这个环节类似于以往我们所说的"初读课文"。(以《荷塘月色》为例)

一、荷塘月色
(一)自主研习

1. 语基梳理
(1)字音识记(在括号内给前面加点字注音)
【答案】踱步(duó)/颤动(chàn)/宛然(wǎn)/霎时(shà)/梵婀铃(fàn)/渺茫(miǎo)/煤屑(xiè)
(2)字形辨认(在括号内给该汉字组词)
【答案】僻(僻静)　癖(癖好)　辟(开天辟地、复辟)　/缀(点缀)　掇(掇拾)　啜(啜泣)　辍(辍学)/泻(倾泻)　泄(泄气)/纱(缥纱)　渺(渺茫)/朦(朦胧)　濛(空濛、濛濛)/斑(斑点)　班(班级)
(3)熟语积累
【答案】①形容树木茂盛的样子。注意使用对象。②形容美女身材修长或花木等形体挺拔。③形容不高兴,不振作。程度比"萎靡不振"轻一些。④艳丽的少男和美腿的少女。

2. 研习学案

学案者,学习方案也。现在这类书籍多如牛毛,但真正适合学生自学的却数量非常有限。为此,我们与语文教研组、刘一忠工作室合作,专门为本校学生编写了《双流中学学案(语文版)》(通名《益友》)。为便于自学,我们的宗旨就是,一切学生能够自己读懂的资料都提供给学生,绝不对学生采用信息封锁或屏蔽。

德国波恩大学心理学家迈克尔·科思(Michael Cohen)试验发现,人类听觉记忆功能弱于视觉记忆功能。这一研究成果也为我们的这一主张提供了理论支持。那种把学案变成一本习题集的做法我们不敢苟同。一本好的学案,无异于一位好老师——它不仅告诉学生学什么,还教会学生怎么学——在语文学习上尤其如此。这个环节,学生在初读教材的基础上借助学案加深对教材的理解,并尝试去解决学案上面提出的"探究性问题"。(以《荷塘月色》为例)

(二)互助探究

1. 作者描写了荷塘的哪些景物?这些景物各有什么特点?找出文中描写心理感受的语句,说说作者的情绪随着景物的转换发生了怎样的变化。

_____

_____

2. 完成下列练习,体会本文的语言特色。

(1)通感,指感觉的转化、迁移,如古诗"风来花底鸟语香",将听觉的声音转化为嗅觉的气味;"鸟抛软语丸丸落",将听觉的声音转化为视觉的形象。品味下面的句子,指出其中通感的用法及其艺术效果。

微风过处,送来缕缕清香,仿佛远处高楼上渺茫的歌声似的。

塘中的月色并不均匀,但光与影有着和谐的旋律,如梵婀铃上奏着的名曲。

你自己也能试着写两三句吗?

_____

_____

_____

(2)作者精心选用动词,增强了文章的表现力,说说下面两句中加点动词的表达效果。

月光如流水一般,静静地泻在这一片叶子和花上。

_____

_____

_____

弯弯的杨柳的稀疏的倩影,却又像是画在荷叶上。

_____

_____

_____

从文中找出类似的例句仔细品味。

_____

_____

_____

(3)本文有大量的叠音词,找出一些来理解、品味。

_____

_____

_____

3. 梳理重点

这个环节,其关键在于"确定什么是重点"。要解决这个问题,学习者首先就要明确面对一篇课文"我到底该掌握哪些东西"。这些"我该掌握的东西",不是教材编者决定的,也不是任课教师决定的,而是由学生的智能基础决定的。因为学生进入高中,一般都 15 周岁了,也就是说已经学习了 15 年汉语了。进入高中时,由于个人经历的不同，环境的差异，每个学生的智能基础肯定是不一样的，即使两个学科分数相同的学生，智能基础也是不同的。因此，教师主观臆想的教学内容，有的可能只适合甲，有的可能只适合乙，有的可能对哪一个学生都未必适合，学生只是出于礼貌才坚持坐在教室里给教师捧场。作为教师，我们可能不能准确预测每一个学生需要什么，但是我们凭借对自己学习语文过程的内省，却能够清楚地知道一篇新课文学生应该掌握哪些方面的东西。所以，为了便于学生学习，我们编制了课文"重点梳理表"，分为"文言课文版"和"白话课文版"。我们认为，只有那些学生个人搞不清楚（或者说发生了错误）的问题才是该生学习的重点，学生需要把这些内容梳理出来。（以《记梁任公先生的一次演讲》为例）

《记梁任公先生的一次演讲》重点梳理表（白话篇）

项目	内容记载	备注
作家作品	梁任公(1903—1987)，中国散文家、文学评论家、翻译家。散文集《雅舍小品》，译著《莎士比亚全集》等。风格：风趣幽默，朴实隽永。 梁启超，中国近代维新派领袖，字卓如，号任公，又号饮冰室主人，其著作合编为《饮冰室合集》。	
易错字音	主角(jué)、角(jiǎo)落；屏(bǐng)息、屏(píng)障；；蓟(jì)北叱咤(chì zhà)、诧(chà)异；莅(lì)临；步履(lǚ)；激亢(kàng)；博闻强识(zhì)	
易错字形	自已、自己；戊戌、戍守；叱咤、诧异	
易错词语	【敬仰】指尊敬仰慕。【景仰】景仰有仰慕；佩服尊敬的意思。出自《诗·小雅·车辖》："高山仰止，景行行止。" 【洪亮】声音宏大响亮；强烈的亮光。【宏亮】扩大，广大；响亮。 【引证】引用前人事迹或著作作为证据。【印证】通过其他事物进一步证明；作为进一步证明的事物。	
易错熟语	【短小精悍】指人身材短小而精明勇猛；比喻文章等精练简短而有力。 【博闻强识】见闻学识广博，记忆力强。也作"博闻强记""博闻强志"。	

续表

项目	内容记载	备注
重要典故	【公无渡河】公无渡河又作《箜篌引》《相和歌辞》之一。据崔豹《古今注》记载，一天早晨，汉朝乐浪郡朝鲜县津卒霍里子高去撑船摆渡，望见一个披散白发的疯癫人提着葫芦奔走。眼看那人要冲进急流之中了，他的妻子追在后面呼喊着不让他渡河，却已赶不及，疯癫人终究被河水淹死了。那位女子拨弹箜篌，唱《公无渡河》歌曰："公无渡河，公竟渡河！堕河而死，将奈公何！"其声凄怆，曲终亦投河而死。子高回到家，把那歌声向妻子丽玉做了描绘，丽玉也甚为悲伤，于是弹拨箜篌把歌声写了下来，听到的人莫不吞声落泪。丽玉又把这个曲子传给邻居女儿丽容，其名即《箜篌引》。韩国认为《公无渡河》是朝鲜半岛历史上现存最早的诗歌。 【手之舞之足之蹈之】(略)	
重要引文	《箜篌引》："公无渡河，公竟渡河！堕河而死，将奈公何！"	
应背	《箜篌引》："公无渡河，公竟渡河！堕河而死，将奈公何！"	

得到这张表后，学生将自己在前两个环节出现的错误记录在表格相应的位置上。然后再跟同伴交流来梳理表，把别人表上面有而被自己忽略了的内容装入自己的表中。如果每篇课文都这样做下去，学生就相当于为自己建立了一份错题档案，试想，这该是一份多么珍贵的高考复习资料。

4. 提出问题

这个环节，学生将自己学习中遇到的个人竭尽全力尚没能解决的问题提出来，向"学习同伴"求助。为了给学生提供方便，研究者专门设计了"疑难问题采集表"，上课前发给学生备用。

《　　》疑难问题采集表（求救组组长_____　救援组组长_____）

序　号	问　题		解　答	
	交问时间	内容	解答时间	解答人
1				
2				
3				

说明：得到问题后，请于 24 小时内在本表背面做出答复。

5. 同伴互助

在入学之初，教师已经给学生讲清楚了同伴互助的原则，这里就不赘述。同伴互助通常按照以下程序进行。

第一步，组内同伴互助。组长先收齐"疑难问题采集表"，然后组员自己挑选其中一份作答；没有人选的，由组长负责解答。个人不能作答的，由组长组织组员讨论作答。

第二步，组间同伴互助。小组讨论仍然不能解答的，由小组长填写"疑难问题采集表"交给"专家小组"组长，专家小组组长再将"疑难问题采集表"随机（或者视情况）分配给其他小组解答。

第三步，专家同伴互助。组际仍然未能解决的问题，由解救组组长填写"疑难问题采集表"交给专家组组长，专家组组长组织专家小组成员讨论作答。

第四步，导师同伴互助。专家组仍然未能解决的问题，由专家组组长填写"疑难问题采集表"交给任课教师，任课教师负责解答。

第五步，工作同伴互助。导师个人仍然未能解决的问题，由任课教师填写"疑难问题采集表"交给年级备课组长，由备课组长组织年级任课教师集体讨论作答。备课组仍然未能解决的问题，由备课组长填写"疑难问题采集表"交给学科教研组长，教研组长自己未能解决的问题，由其组织全校同科教师集体讨论作答。

实践证明，绝大多数问题在第三步都能得到解决；极少数问题，到第四步也能得到解决，第五步只是设以备用而已。

（二）作文教学模式

《鲁迅全集·致赖少麒信》第 10 卷中说道："文章应当怎样做，我说不出，因为

组内同伴互助

自己的作文，是由于多看和练习，此外并无心得或方法的。"鲁迅此言确是真理，因为宋朝的欧阳修也说过作文"无它术，唯勤读书而多为之，自工"。写作文和解答数学题不一样，一个数学题，不同的人只有解答出相同的结果才算正确，因而数学的价值通常在培养学生的求同思维能力。而一个作文题，如果有两个学生写得一模一样，那其中必有一个应该受到责备，所以作文的更大价值在培养学生的求异思维能力。从这个意义上说，写作文时，教师是不能给予学生过多指导的，也是没办法指导的。所以，内行的人常说："好作文不是'教'出来的。"事实上，在中外文化史上，真正把自己的子女教育成写作高手的寥若晨星。作文的不二法门在于"多读、常写、自领悟"。以往作文教学效率低下的原因就在于"读得不多，写得太少"，写得太少的原因是教师"改得太苦"（一般说来，带两个班的教师，写一次作文要断断续续地改三个星期左右），因而不愿意让学生多写。由于课题组着力教会了学生自改互评作文，从而大大减轻了教师负担，所以，实验班级适当加大了作文训练量——除了完成教材的"规定作文"外，还坚持每周一次"自由作文"。在教学过程中，我们确立了以下"作文教学模式"。

1. 据题写作

教师按照教材（相对于教材的强制性而言，这叫"规定作文"）和自己的通盘设计

（相对于"规定作文"而言，这叫"自由作文"）安排作文训练题目，稍作点拨，便让学生根据题目自主审题进行写作。当然，我们也为作文课编写了专用学案。

2. 自评互评

第一步，卷面审查。作文写完后，先交给"小组长"进行卷面审查。卷面不合格者将被责令重新抄写。

第二步，作者自评。卷面审查合格后，由作者自己按照课题组制定的评分要点中"本次训练重点"完成自评，并填写"作者自评表"。（为了对接高考，课题组专门为高三年级设计了专用练习笺。）

第三步，同伴互评。自评结束的作文交给科代表，科代表收齐以后随机分发给班上同伴（人手一份）按照课题组制定的评分要点中"本次训练重点"完成互评，并按评改顺序填写"同伴互评表"。

"规定作文"和"自由作文"不同点在于：前者需要逐项给分，后者则只需评定等级；前者的评改小组按照座次随机组成，后者的评改小组则是按照计划分配组成。这样处理，可以兼收"灵活性"与"稳定性"双重效益。

此外，为了加强管理，确保落实，这里还增设了"同伴督察"这个小环节。

3. 推星展示

第一步，在组长组织下，四人小组按照无记名投票方式选出本次"作文之星"，并把名单交科代表填入"'作文之星'龙虎榜"，给予表彰。

第二步，将"本次星作"装订成册，在全班巡展一周，供同伴观摩学习和欣赏。

第三步，"作文之星"将自己的"星作"制作成电子文档，并附上"作者自评表"和"同伴互评表"，发送给语文教师，发布在教师个人博客或者QQ群，供同伴和学友观赏及点评。

4. 二次修改

自评互评完成以后，学生根据"评改要点"和"同伴建议"对自己的作文进行"二次修改"，并制作为"电子文档"。一则便于教师发布在"教学博客"或者"QQ空间"，以满足学生"发表"的欲望；二则为下一环节"汇编成集"做好资料收集工作。

5. 汇编成集

汇编成集，包括两部分：第一，学生编辑个人作文集。每个人在教师指导下将自己本学年作文编辑为一本 PDF 电子书。第二，班级编辑优秀作文选。教师自己（或者指导专家小组）将本期"星作"及同学们自荐的优秀作文编辑成 PDF 电子书。所编电子书，除每名同学一本外，还可分享给校内同人，赠送学界朋友，留作纪念；同时也是个人和班级高考复习时的珍贵资料。

当然，在汇编成集之前，教师一定要要求学生对自己的作文进行再次打磨，这也就是鲁迅在《鲁迅合集·致叶紫信》第 10 卷中倡导的："等到成后，搁它几天，然后再来复看，删去若干，改换几字。"这时候，学生往往会比以往的修改更加认真，因此效果也会更好。

6. 鼓励参赛

作文需要激情，青年需要激励。课题组深知作文大赛就是激励青年学生写作激情的最好方式，自己的习作能发表是学生极大的荣耀。而中学时期又恰好是一个爱做文学梦的季节，作为语文教师更需因势利导引导学生参加各种有益的文学活动。为此，课题组积极组织学生参加一年一度的"全国青少年冰心文学大赛"，在第八届大赛中，课题组成员所带班级有 110 人获奖，其中刘一忠老师的 8 班和刘小芳老师的 17 班斩获尤丰，分别有 24 人和 20 人之众。此外，在本校文学社刊《春芽》中，课题组成员所带班级发表文章的数量和质量也呈现出明显的优势。

(三)确立练习课教学模式

练习课，也称习题课。这种课型以做练习为目的，老师多采用不讲或少讲的方式让学生自主学习。在倡导"自主·合作·探究"教学理念的新课程中，应该说这种课型更加普遍。其实，在应试教育成绩突出的某些地区，练习课也常常是高考制胜的法宝，在高三复习阶段，这个课型无疑是主要课型。所以本课题组，在这一课型上也进行了自己的探索和研究，并且形成了以下课堂教学模式。

在学案发放到学生手中，教师说明要求后，学生便进入以下环节。

1. 自做练习

上课前，教师根据教材、考试大纲和反馈回来的学情，认真编写适合于班级学生的专用(而不是年级公用)练习题。课堂上，学生按照教师的要求在规定时间内独立完成所布置的学习任务。

2. 自判对错

教师发给学生答案，学生参照答案和评分标准，用红笔判断自己答案的对错，并且评出每个小题的可得分数。当然，这一环节最重要的是教师提供的答案一定要"标准"（附带有评分细则）和"科学"（不能有错误），否则，不仅会叫学生无从着手，甚至会误导学生。

3. 自改错误

学生按照教师提供的"标准答案"，用红笔修正自己答案的错误。学生修正自己错误时，如果对"标准答案"不能理解或者有自己的不同看法，则在答案旁边做上"?"，以便查阅资料，辩证是非。

4. 提出问题

学生把自己查阅资料依然未能解决的问题填入"疑难问题采集表"，交给同伴互助小组长以向同伴求助。

5. 同伴互助

小组长收齐学习同伴提交的"疑难问题采集表"以后，迅疾发放给组内同伴；组内同伴即开始"解救行动"。个人完成不了的，可向组长提出，组长再行转交他人或组织集体"救援"。组内能够解决的问题，到此为止；如不能，则自动进入组际"救援"程序，之后以次推进。

6. 错题整理

"错误可以犯，但同样的错误绝不允许再犯！"这是我们经常能听到的一句话。事实上，人们却是很容易"再犯同样的错误"的。"人类社会的发展史，就是一部无可救药的愚蠢史"这句很有些愤激的名言，从一定程度上揭示了这样的现实。之所以会这样，就是因为人们往往是按照自己的"思维定势"去处理问题的，因而在不经意之间就重蹈覆辙了。

为了防止思维定势的负面影响，使学生不"再犯"同样的错误，本课题组特意设置了这样一个环节。我们要求每个学生必备一个"错题本"，分门别类地为自己建一个错题档案，并且教师要定期检查督促，以帮助学生养成"自我修复"的习惯。

八、语文课堂，让妙"问"生花

——从教学案例谈语文课堂问题设计

双流中学　徐　茂

摘要：我国著名教育家陶行知说过："创造始于问题，有了问题才会思考，有了思考，才有解决问题的方法，才有找到独立思路的可能。"在教学中，"问题导学"课堂教学法被广泛采用。但一些语文课堂，却成了满堂问，满堂问。许多问题提得肤浅，没有价值，失去了有效性。德国物理学家海森堡说过："提出正确的问题，往往等于解决了问题的大半。"在课堂教学中，提问是一项设疑、激趣、引思的综合性教学方法。智者问得巧，愚者问得笨。所以，"问题式"课堂教学法，关键在于如何正确提问，如何提出正确的问题。问得好，问得巧，课堂提问才能成为打开文本的钥匙，成为学生和文本沟通的桥梁。本文通过《故都的秋》《再别康桥》《奥斯维辛没有什么新闻》《廉颇蔺相如列传》《父母与孩子之间的爱》等诗文的教学案例，探讨语文课堂教学中问题设计的方法，为文本解读找到突破口，以此引导学生进行文本学习，为提高课堂教学效率提供参考。

关键词：问题设计；问题导学；教学案例；文本解读

教师通过巧妙的提问不仅可以激发学生学习兴趣，锻炼学生语言表达能力、启发思维，调动学生学习的主动性和积极性，而且好的提问还可以让学生在思考和解读的过程中触发学生潜在的创造能力，并且能通过师生之间、生生之间、师生与文本之间的对话，使师生一起发现新的问题，一起来探讨和解决问题，并为学生的全面发展打下坚实的基础。设计课堂提问必须以教学大纲和教材的知识体系为依据，针对教材中的重点、难点和关键点以及学生的实际情况，在思维的关键点上提出问题，这需要注意以下几个方面。

(一)回归语文之本，彰显语文特色

语文课，就要有语文味，我们的语文教学就应该紧紧抓住语文学科"语言"这一本质特点。在语文教学过程中，我们设计的任何一个教学环节都应该为了提高学生的口头表达能力、语言感知能力、语言理解能力、语言概括能力、书面表达能力服务。因此，我们的问题设计，也应该从提高学生语文素养出发，充分重视学生的听、说、读、写，上出一堂有语文味的语文课。

《普通高中语文课程标准》提出："语文具有重要的审美教育功能，高中语文课程应关注学生情感的发展，让学生受到美的熏陶，培养自觉的审美意识和高尚的审美情趣，培养审美感知和审美创造的能力。"在上《故都的秋》一课时，教学目标设定为：欣赏秋景，品味语言，体会故都的秋的"清""静""悲凉"的特点；体会郁达夫独特的审美情趣。为此，在引导学生品读课文的基础上，我设计了两个大的问题。

①作者描写了《故都的秋》的哪些景物？这些景物可以概括为几幅图景？请为其拟写小标题。

②请同学们从这几幅秋景图中选出你认为最富有故都秋味的一种景物或一幅图进行赏析。

赏析点拨：语言、手法、描写景物的角度及特点。

（要求：在书上做好圈点批注，并将小组交流结果形成文字，请代表上台发言）

这堂课，同学们积极踊跃，发言亮点频出。在诵读中感悟，在感悟后归纳总结，既培养了学生的审美能力，又锻炼了学生语言表达能力。

（二）认清教学目标，透析文本精神

语文教学离不开对文本的研读。文本是问题设计的源泉，一切的问题设计应当以文本为依据，一旦脱离文本，问题就成了无本之木、无源之水。好问题设计的第一步就是要求教师在课堂教学问题的设计中要自己吃透文本，宏观把握教材的编写意图。要透析文本，必须要求教师自己对文本有相当程度的理解，对文本的理解不能仅仅来源于教参等书籍，更要求教师自身有较高的语文素养。

1."抓疑点"激趣

《再别康桥》是中国现代文学史上的名作，它集绘画美、意境美、语言美、音乐美于一身，具有很高的艺术价值，人教版高中语文教材将其收入其中。如何组织教学，让学生真正领悟到《再别康桥》的美，是教师的重要任务。许多老师感觉到，上完课后很多学生并没有真正感受到这首诗的美，只是生硬地记得"三美"是什么。那么这首诗到底美在什么地方，如何将"美"的信息传递给学生？于是，在引导学生学习的时候我进行了问题设计。

《再别康桥》是一首离别诗，看到题目，我们就要引导学生思考：

①告别的对象到底是什么？

②为什么要告别？

问题引发了学生的好奇，问题似乎很简单，但是如果理解了文本，对这两个问题就会有更深的看法。其实，诗人告别的是彩云，告别的也是美的曾经，告别的更是昨天的自己。

诗文中，诗人想要去"寻梦"，去寻找心里那彩虹的梦，还要带着一船的星辉，大声放歌。为何又突然说："但我不能放歌，悄悄是别离的笙箫；夏虫也为我沉默，沉默是今晚的康桥！"诗人为何有如此的转变呢？

在大家想要一起和他放声高歌去追梦的时候，诗人"嘘！"的一声，一切戛然而止。通过探讨，我们可以得出结论：我们可以说现在是离别的时刻，是悄悄独自告别的时刻，不该再去惊扰那彩虹的梦，但也可以认为，那沉淀的美梦不是在天涯海角，不是在青草深处，而正是深藏在诗人内心深处的。那般隐秘，那般深沉，这一切应该是独自默默回味的，也只应该是自我陶醉、自我欣赏的。没有任何人能进入这个梦的世界，也没有一个人可以和他共享这份只属于他自己的甜蜜。"沉默是今晚的康桥"，校园的一切都是为了成全他悄悄回忆自己的秘密，同时"此时无声胜有声"的"沉默"恰巧体现了诗人最深最浓的依恋。

2."寻矛盾"探究

在文章看似矛盾的地方生成问题，引起大家的思考。比如，在教《奥斯维辛没有什么新闻》一课时，我一开始就提出了一个问题：奥斯维辛既然没有什么新闻，为什么作者还要报道呢？这是否违背了新闻的时效性原则？

通过文章的阅读，学生们理解了作者的深意，最后回答出了这个问题：因为奥斯维辛太出名了，人们已经了解了它很多东西，的确好像是没有什么新闻可供报道。但即使没有新闻，作者还是要写，因为他感到一种非写不可的使命感，必须为它写一点东西，以祭奠亡灵，揭露罪恶。

文本的"矛盾"处其实往往是理解和分析文本的关键所在，在文本"矛盾"处设疑，既能够激发学生的兴趣，也能够引导学生认真阅读和分析文本，最终理解文章的主旨。

(三)熟知学生情况，洞悉课堂变化

首先，应根据学生的具体实际情况设计问题。学生是学习的主体，只有设计出真正的符合学生实际的问题才算问的成功。学生的差异是很大的：不同群体之间有年级差异、班级差异、小组差异，还有城乡差异；不同个体之间又有性别、年龄、兴趣、爱好等多重差异。尽管我们不可能针对每个学生设计不同的问题，但我们可以根据学生的具体实际情况将学生分类别、分层次，然后设计出符合各层次学生能力范围的问题，这样就可以做到全班同学共同发展。

其次，要注意课堂环节，根据课堂变化情况灵活设计问题。每一堂课都有初期、发展、高潮和结尾等环节。提问时应遵循每一环节的特点。同时，语文课堂的变化性强，老师应该灵活掌握，随时洞悉课堂变化。

1. 在"错"处，生成问题

"错"处，就是指学生出现了错误的地方，容易出错的地方，往往也是教学的重点或难点。教师，就是传道授业解惑的，如果学生没有疑惑，都能回答正确，那教师也就无用武之地了。正因为学生受知识、经验、思维能力的限制，在活动过程中一般就会产生一些错误的信息，所以就需要教师的指导。而教师需要做的，不是直接告诉答案，而是需要看到学生出错的地方，找出出错的原因，对学生进行引导，使学生在错误中思考，找到正确的方向。如果学生都能回答正确，说明问题难度可能偏小了，这个问题很可能就是无效的问题。

在完成《苏堤清明即事》《清明二绝》两首诗歌鉴赏题的时候，许多同学都找到了相同的景物"杨柳"，而大家根据以往诗歌中讲到的传统意象"杨柳"蕴含的"离别"的意思，就认为此诗歌的情感是表达对家乡的留恋等。这时，我就马上提出了一个问题：诗歌中出现了"杨柳"就一定是表达离别之意吗？于是同学们马上思考起来，并

且找到了以前学习过的含有"杨柳"的诗歌进行了比较。得出了正确答案。

2. 在"同"处，生成问题

"同"处，指的是文本中能引起学生情感共鸣的地方。这些地方与学生的生活经历、情感经历有着相似之处。在这些地方提问，能够引起学生的共鸣，能够让学生设身处地地从作者角度观察问题、思考问题，从而对文本有更高、更深的解读。

例如，在教弗罗姆的《父母与孩子之间的爱》这篇课文的时候，我先提出了关于"父爱"和"母爱"的区别问题，让学生谈谈自己父母给予自己的爱，谈谈二者在日常生活中的区别。课堂上，同学们畅所欲言，各抒己见。这样，让文本和学生之间有了相同的话题，有了相似的情感体验，对文本的理解和分析就轻而易举了。

3. 在"异"处，生成问题

"异"处，就是学生在课堂上对某一问题产生的不同的见解或看法。在课堂上，教师应该鼓励学生提出不同看法，要让学生敢于、善于和乐于提出争议，在争议中思辨，在争议中学习。只要教师及时捕捉语文问题异点，把其变成问题，就能充分发挥学生的主体作用，对提高学生的素质、培养学生的创新能力会起到极大的推动作用。语文课堂的思维应该是百花齐放的，如果我们设计的问题只有唯一明确的答案，那么问题也就没有意义了，因为它不能达到培养语文素养的最终目的。所以，我们要主动创建一种开放的课堂结构。在课堂上鼓励学生根据文章的内容充分探讨。让学生们各抒己见的同时，深刻认识和理解文本。

在教《廉颇蔺相如列传》一文时我和大家一起探讨了这个问题：蔺相如回答赵王是否给秦王璧的问题时说："秦以城求璧而赵不许，曲在赵；赵予璧而秦不予赵城，曲在秦。均之二策，宁许以负秦曲。"而随着情节的发展，蔺相如却在秦王许诺了给城和斋戒后"乃使其从者衣褐，怀其璧，从径道亡，归璧于赵"。这不就是"曲在赵"了吗？蔺相如这样做是否恰当呢？

其实这个问题同样抓住了课文中的矛盾处，引发同学们的讨论。结果同学们纷纷发言，有认为恰当的，也有认为不恰当的。争执不下之时，我继续问了一个问题：你认为蔺相如最终能够完璧归赵的原因是什么呢？同学们从他的勇敢和智慧谈到了原因。可是刚才的"让赵国理亏"也是智慧吗？最后同学们发现，蔺相如正是能够审时度势才做出的这一举动：第一，他深知秦王"决负约不偿城"；第二，他掌握了当时天下形势，知道秦王当时不会因为一璧之故"而绝秦赵之欢"。所以，他才敢让自己在理亏的情况下也能全身而退。于是在这一置之死地而后生中更加凸显了蔺相如的智慧与勇气。同学们通过讨论也熟悉了文本，更深入地了解掌握了人物形象。

（四）总结

总之，在语文课堂学习中，教师要以问题为抓手，精心设计问题来引导学生，努力做到"以问导学，以问促思"，让思维的火花在课堂上闪现。教师就是要让课堂上的"问"有价值，有意义，就是要让妙"问"生花。

参考文献

[1]傅云云.怎样设计有效的语文课堂问题[J].语文天地，2012(2).

[2]顾灵珠.有效提问让课堂更精彩[J].新课程学习(中)，2012(12).

[3]程永刚.教学中的问题设计应注重实效性[J].新课程学习(社会综合)，2009.

九、从叙述者的角度教学《涉江采芙蓉》

双流中学　刘小芳

摘要："叙述者"是叙事学的一个重要概念，他是叙事行为的承担者，是个虚拟的人，其作用是讲故事。由于诗歌是"在心为志，发而为诗"，大家习惯把抒情对象等同于诗人本人，平时几乎只说抒发了什么情感，而不提抒发了谁的情感。这种习惯无疑遮蔽了对叙述者的认识，同时把叙述者与诗人本人简单地画等号。而一旦出现叙述者存在多样性，就会出现理解上的困惑，尤其是在边塞诗和闺怨诗中。抓住叙述者第一人称和第三人称两种，通过从人称上补充诗歌主语来明确叙述者的身份，从而明确诗歌抒发的是谁的情感。再从不同叙述者的角度，引领学生真正进入诗歌优美的意境，去收获丰富的审美体验。

关键词：诗歌；叙述者；情感

《涉江采芙蓉》一课选自人教版高中第二单元第 7 课中的第一首古诗。这首诗简单浅易，从文字表面一看就懂，难以进入大家重点关注的视野。这首诗真的那么简单吗？它的教学价值有其独特的地方吗？带着疑惑我走近这片芙蓉。

(一)此诗中的待定因素

从表面看，这首诗通过抓诗眼"思"，抓关键词"忧伤"，很容易知道抒发的是思念、忧伤的情感，理解上几乎没有任何障碍。在我驻足深思时，一些问题突现在面前：诗歌抒发的是谁的情感？谁在采莲？谁在还顾旧乡？

单看这"谁在采莲"，中学语文教学资源网的观点是：

> 这首诗写的是游子采芙蓉送给家乡的妻子。采摘花草赠给远方的亲人，这种举动在古代诗歌里多有表现。

诗网的观点是：

> 游子之求宦京师，是在洛阳一带，是不可能去"涉"南方之"江"采摘芙蓉的，而且按江南民歌所常用的谐音双关手法，"芙蓉"(荷花)往往以暗关着"夫容"，明是女子思夫口吻，当不可径指其为"游子"。

朱光潜先生的理解是：

> 头两句写夏天江边花香日暖的情况，气氛是愉快的；作者为着要采荷花，不惜"涉江"之劳，是抱着满腔热忱的。

先生先是用"作者"这个主词来说谁采芙蓉，后面明确自己的观点："就我个人的体会来说，我选择了第二个解释。这有两点理由。头一点：'远道'与'旧乡'是对立的，离'旧乡'而走'远道'的人在古代大半是男子，说话的人应该是女子，而全诗的情调也是'闺怨'的情调。"故先生认为采莲的当是女子。

《教师教学用书》上的观点是：

这首诗写的是游子采芙蓉送给家乡的妻子。

　　看来大家解读的争议在女子与男子之间进行，由于诗歌的信息容量小，单从文本看，很难确定，如果与朱自清的《荷塘月色》结合起来，或许有所启示。"采莲是江南的旧俗，似乎很早就有，而六朝时为盛；从诗歌里可以约略知道，采莲的是少年的女子。她们是荡着小船，唱着艳歌去的。"由此看采莲的是女子。南朝乐府民歌《西洲曲》中写道："开门郎不至，出门采红莲。采莲南塘秋，莲花过人头。低头弄莲子，莲子清如水。置莲怀袖中，莲心彻底红。"由此看，采莲的也是女子；而"芙蓉"谐音"夫容"，采来送给丈夫，更是体现采莲的是女子。

　　但梁元帝的《采莲赋》中有："于时妖童媛女，荡舟心许。鹢首徐回，兼传羽杯。"妖童媛女，就是漂亮美丽的少男少女。由此可见，采莲的既可以是女子也可以是男子了。

　　看来是存在两可的理解了，但大家在解读时各执一端，几乎没有出现相容或多解的观点。因而由此带来的抒情主人公的理解，自然也存在争议，有的说抒发的是男子的情感，有的说抒发的是女子的情感，有的干脆说抒发的是诗人的情感。

　　那么，是否只有这首诗才存在这种情况呢？答案是否定的，在边塞诗和闺怨诗中，也存在大量的类似问题。比如，王昌龄的《从军行》抒发的是谁的情感呢？"黄沙百战穿金甲，不破楼兰终不还。"这中间应该既有将士保家卫国，誓死破敌的决心，也有对将士这种情感的赞美之情。《春怨》中："打起黄莺儿，莫教枝上啼。啼时惊妾梦，不得到辽西。"一个"妾"字，表达的是女子和远征辽西的丈夫团聚不能，期望梦中相会的思念之情。但这当然不是作者金昌绪的情感，作者的情感应该是对这女子的同情。

　　对这一问题，学生们的现状是怎样的呢？就《涉江采芙蓉》和初中教材里温庭筠的《忆江南》这两首学过的诗词，我抽查高二、高三的学生，问他们抒发的是谁的情感，几乎一片茫然，连争议的情况都少。看来，这已经成为学生认识的一个盲区。

　　由此可见，抒情对象指向的是不同的人！

　　这首诗看来简单，其实并不简单。如果不能对本诗的抒情主人公做出判断，就无法引导学生对此诗的内容与形式美进行充分的感受和体验。

那么对这一类诗该如何引导学生来判断抒情者呢？如何引导学生对这类的诗进行感受和体验呢？

这便发现了问题，而问题解决的一系列过程就始于这发现。

(二)从"叙述者"这扇窗看进去

"叙述者"是叙事学里一个重要概念。叙事学 20 世纪诞生于法国，叙事学(法文中的"叙述学")是由拉丁文词根"narrato(叙述、叙事)"加上希腊文词尾"logie(科学)"构成的，重视对文本的叙述结构的研究。

"叙述者"是叙事学的一个重要概念，是叙事行为的承担者，是个虚拟的人，其作用是讲故事。由于诗歌是"在心为志，发而为诗"，大家习惯把抒情对象等同于诗人本人，平时几乎只说抒发了什么情感，而不提抒发了谁的情感。这种习惯无疑遮蔽了对叙述者的认识，同时把叙述者与诗人本人简单地画等号。而一旦出现叙述者存在多样性，就会出现理解上的困惑。

那么，怎样利用叙述者这个新的语识来解决理解上的困惑呢？

叙述者的分类很多，但从人称上说，一般分为第一人称叙述者和第三人称叙述者这两种。诗歌一般省略了主语，通过从人称上来补充主语，便可以从文本中明确叙述者的身份，从而明确诗歌抒发的是谁的情感。

在《涉江采芙蓉》中，主语在人称上有这样四种补充。

涉江采芙蓉

(　　)涉江采芙蓉，兰泽多芳草。

　　　　采之欲遗谁？所思在远道。

(　　)还顾望旧乡，长路漫浩浩。

(　　)同心而离居，忧伤以终老。

第一种：我、你、我们。　　第二种：你、我、我们。

第三种：我、我、我们。　　第四种：她、他、他们。

从诗中看，还顾望旧乡(旧乡即家乡)的人，是身在外地的人，一般应该是男子。那么，第一种从主语"我""你"的呼应中，可以看出叙述者是女子，抒发的应该是女子思念心上人、忧伤寂寞的情感；第二种从"你""我"的呼应中，可以看出叙述者是男子，抒发的应该是男子思乡怀人、忧伤悲痛的情感；第三种从第二个"我"的定位中，可以看出叙述者仍是男子，男子采芙蓉，男子还顾旧乡；第四种从对"她""他""他们"的称呼中，可以看出叙述者是旁观者，抒发的应该是旁观者同情、悲悯的情感。

我们可以惊喜地看到，从"叙述者"这扇窗看进去，不仅看到女子的与男子的这两个情感世界，还看到"旁观者"同情、悲悯的情感世界！

由此可见，叙述者可以是女子，也可以是男子，还可以是旁观者！叙述者存在多样性，解读也就存在多样性，不是非此即彼，而是相融相生。诗歌，是想象的艺术，正是这种多样解读，可以给学生更为广阔的想象空间，更为丰富的情感体验。

同理，在一些边塞诗中，叙述者存在多样性时，也可以得到解决。像王昌龄的《从军行》，主语在人称上可以有三种补充。

从军行

青海长云暗雪山，孤城遥望玉门关。

（　　）黄沙百战穿金甲，（　　）不破楼兰终不还。

第一种：我（我们）、我（我们）。

第二种：他（他们）、他（他们）。

第三种：你（你们）、你（你们）。

从诗中看，第一种从主语"我""我们"的称呼中，可以看出叙述者是将士，抒发的应该是将士决心杀敌、誓死破阵的英雄气概；第二种和第三种，从"他""他们"和"你""你们"的称呼中，可以看出叙述者是旁观者，抒发的应该是旁观者对将士们的激励或赞美之情。

用一种新的语识来解决中学文本解读问题，这又是一种挑战。教学一首诗，不是为教这首诗而教这首诗，而是要教学这一类诗！即学生所获得的方法可以迁移，可以用于解决一类诗。用叙事学知识来解读诗歌，无疑是给学生开启了一扇思维的窗户，沿着这个窗户看出去，会看到崭新的风景。

这便从表征问题，即在心里将问题中的各相关要素整合成连贯一致的结构，进行了问题的理解，抵达了探索解题策略阶段。在这一阶段，学生尝试用指导的方法来寻求解决问题。

(三)体味"叙述者"窗内风景

女子？男子？旁观者？你更喜欢哪一种叙述者？请说出理由，并揣摩其情感特点。

让学生自由选择来体验，这既尊重学生个体的认识的差异，也真正体现课堂的民主，让教师的主导作用与学生的主体作用相得益彰。既然叙述者存在多样性，就需要讨论碰撞，擦出认识上的火花。而以小组合作讨论的方式，是要让学生在智慧的碰撞中，获得丰富的审美体验。而讨论成果的展示，便是深度理解与多维理解的双向呈现。

在这个活动中，有理由的陈述，有通过朗诵对情感的体验，有通过想象对当时的情境的还原。诗歌是想象的艺术，具有召唤性。比如，当叙述者是男子时，他的还顾是在什么样的季节？（回归文本可以明确）什么样的年龄？（不同年龄阶段情感差异很大）什么样的性格？（性格不同情感差异自然也大）什么样的处境？什么样的地方？什么样的天气？感喟当时，他是什么样的衣着？什么样的神态？什么样的动作？等等，如果对当时的场景、神态展开想象，想象思维必然获得一次腾飞。

然后，读写结合，让学生确定一位叙述者，自选诗中一两句，改写成散文片段。比如，王泽苗同学改写道：

> "她身着素衣，宛如那一池芙蓉中最美的一朵。满怀的荷映照着她青涩的面容，无边的思念却无法传送。"

一个"她"确立叙述者为旁观者，而"素衣""青涩面容"，从衣着、神态这些细微的地方可以看出，对女子的想象很细腻。

赖勤同学改写道：

> "浅浅的江面环抱着一片墨绿。微风徐来，送来缕缕清香，轻起明眸，映入点点落红。亭亭的绿叶托起朵朵红莲，绿影缀满了银池。微波荡起，轻颤了它的腰肢，扶枝而上，分开那一抹红与绿。远方的爱人，你可闻到这满载我思念的花香？"

一声爱人一声你，看出叙述者是女子，同时对采莲的环境展开了丰富的想象，进行了诗意的描绘，难得的以诗情悟诗境！

曾琦雅同学改写道：

"悠悠地缓步在河边，生有兰草的沼泽地中间，嫩草丛生，我似乎望见朦胧中，她温婉地采莲。情不自禁，我伸手摘下一朵，却发现空无一人。回首故乡的一切，似乎处处都是与她的回忆。无边无际的道路，无边无际的思念。曾经说好不分离，如今你又在哪里？直至白发终老，我想，我仍爱你。"

叙述者是男子，改写中的"她"若换成"你"，抒情意味更浓。"直至白发终老，我想，我仍爱你"改成"直至白发终老，我想，我们仍然相守相爱"为好，体现"同心""终老"。这改写有动作的想象，"悠悠地缓步""摘下一朵"；有幻觉的再现，"我似乎望见朦胧中，她温婉地采莲"；有内心的表白。行笔之细，想象之丰，难得！

王乙好改写道：

"我撑着一叶小舟来到江心，还记起过去你我一起时的笑容。亭亭的荷花依旧，而我却没有了你。多渴望我能将这个花送到你身边。你一定望着归路吧，那漫漫没有尽头的归路承载的是漫漫的思念。"

以女子为叙述者，表达一种物是人非的悲叹。

……

学生的作品改写令人振奋，语言优美，笔触细腻，想象力丰富。从不同叙述者的角度，真正进入诗歌优美的意境中，收获了丰富的审美体验。

这一过程便是执行问题解决策略。经过对问题解决策略的尝试而构建出问题解决的方案后，就执行这一策略来实际解决问题。在上一阶段，问题解决者需要具备的知识主要是策略性知识，而这一阶段需具备的是良好的程序性知识。

由此看来，当学生完全能够理解把握叙事者，并且通过解读叙事者来独立地解读出诗歌传达的丰富情感时，就抵达了问题的目标状态。从《涉江采芙蓉》这一首诗出发，根据其"叙述者"的不确定性特点，作为载体，来引导学生通过叙述者的角度来解读和赏析诗歌，无疑是给诗歌鉴赏开辟出又一条通道。

当然，最后还需要回顾与总结。一是对执行问题解决策略所得到的结果是否达成了目标进行评价；二是对整个问题解决过程的回顾。通过回顾，可使我们从中得到一些新结果，从中提炼出解决某类问题的方法步骤。

参考文献

[1]申丹，王丽亚．西方叙事学：经典与后经典[M]．北京：北京大学出版社，2010.

[2]王荣生．语文科课程论基础[M]．上海：上海教育出版社，2003.

[3]杨义．中国叙事学[M]．北京：人民出版社，2009.

十、对一道直线与方程复习参考题的思考

双流中学　赵一凡

（一）原题再现

人教 A 版，高中《数学 2》（必修）第 115 页，即第三章《直线与方程》复习参考题 B 组第 8 题为：

过点 $P(3,0)$ 有一条直线 l，它夹在两条直线 l_1：$2x-y-2=0$ 与 l_2：$x+y+3=0$ 之间的线段恰被点 P 平分，求直线 l 的方程。

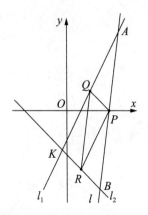

（二）多视角探究

这是一道求解直线方程的问题，对于求直线方程的问题，一般可以使用两种解题方法："直接代入法"和"待定系数法"。但是无论使用怎样的方法，处理解析几何问题都要

把握"数形结合"的思想方法。

1. 探究视角 1

设直线 l 与 l_1，l_2 的交点分别为 $A(x_1，y_1)$，$B(x_2，y_2)$。

联立方程组 $\begin{cases} 2x_1 - y_1 - 2 = 0 \\ x_2 + y_2 + 3 = 0 \\ x_1 + x_2 = 6 \\ y_1 + y_2 = 0 \end{cases}$，解得 $x_1 = \dfrac{11}{3}$，$y_1 = \dfrac{16}{3}$。即点 A 的坐标是

$\left(\dfrac{11}{3}，\dfrac{16}{3}\right)$。所以直线 PA 的方程是 $\dfrac{y-0}{\dfrac{16}{3}-0} = \dfrac{x-3}{\dfrac{11}{3}-3}$，即 $8x - y - 24 = 0$。所以直线 l

的方程是 $8x - y - 24 = 0$。

评注：在已知直线上一个定点 P 的条件下，本视角以求出直线上异于点 P 的点的坐标为出发点。不过解法中引入了四个未知量，因此需要四个独立的方程。

2. 探究视角 2

设直线 l 与 l_1，l_2 的交点分别为 A，B。

①当直线 l 的倾斜角 $\alpha = 90°$ 时，$A(3，4)$，$B(3，-6)$，从而线段 AB 中点坐标为 $(3，-1)$，不合题意。

②当直线 l 的倾斜角 $\alpha \neq 90°$ 时，设直线 l 的斜率为 k，则 l：$y = k(x-3)$。

联立方程组 $\begin{cases} 2x - y - 2 = 0 \\ y = k(x-3) \end{cases}$，解得 $x = \dfrac{3k-2}{k-2}$，$y = \dfrac{4k}{k-2}$，即点 A 的坐标为

$\left(\dfrac{3k-2}{k-2}，\dfrac{4k}{k-2}\right)$。联立方程组 $\begin{cases} x + y + 3 = 0 \\ y = k(x-3) \end{cases}$，解得 $x = \dfrac{3k-3}{k+1}$，$y = \dfrac{-6k}{k+1}$，即点 B 的

坐标为 $\left(\dfrac{3k-3}{k+1}，\dfrac{-6k}{k+1}\right)$。解方程组 $\begin{cases} \dfrac{3k-2}{k-2} + \dfrac{3k-3}{k+1} = 6 \\ \dfrac{4k}{k-2} + \dfrac{-6k}{k+1} = 0 \end{cases}$，得 $k = 8$。所以直线 l 的方程

为 $y = 8(x-3)$，即 $8x - y - 24 = 0$。

评注：在已知直线上一个定点 P 的条件下，本视角以求出直线的斜率为出发点。对于熟悉待定系数法求直线方程的同学，本视角是容易想到的。

3. 探究视角 3

联立方程组 $\begin{cases} 2x-y-2=0 \\ x+y+3=0 \end{cases}$，解得 $x=-\dfrac{1}{3}$，$y=-\dfrac{8}{3}$，所以 $K\left(-\dfrac{1}{3}, -\dfrac{8}{3}\right)$。

设过点 P 且与直线 l_2 平行的直线 PQ 交 l_1 于点 Q。设 PQ：$x+y+\lambda=0$，代入点 $P(3, 0)$ 得 $3+0+\lambda=0$，解得 $\lambda=-3$，所以直线 PQ 的方程是 $x+y-3=0$。联立方程组 $\begin{cases} 2x-y-2=0 \\ x+y-3=0 \end{cases}$，解得 $x=\dfrac{5}{3}$，$y=\dfrac{4}{3}$。所以 $Q\left(\dfrac{5}{3}, \dfrac{4}{3}\right)$。

因为 P 是 AB 的中点，$PQ//KB$，所以 Q 是 KA 的中点，所以 $A\left(\dfrac{11}{3}, \dfrac{16}{3}\right)$。所以直线 PA 的方程是 $\dfrac{y-0}{\dfrac{16}{3}-0}=\dfrac{x-3}{\dfrac{11}{3}-3}$，即 $8x-y-24=0$。所以直线 l 的方程是 $8x-y-24=0$。

评注：本视角基于数形结合的思想方法，有效利用三角形中位线的性质解决求直线方程的问题。

(三)各探索视角总评

上述三种解题方法基于两种不同的出发点，即求直线上另一点坐标(体现在视角 1 和视角 3 中)、求直线的斜率(体现在视角 2 和视角 3 中)，使用两种不同的方法，即直接代入法(体现在视角 1 和视角 3 中)、待定系数法(体现在视角 2 中)，都达到了求直线方程的目标。其中视角 3 更充分地体现了数形结合思想方法的运用，又涉及平行直线系的性质、对称问题。

三种方法难易程度相当，所涉及的知识、技能、思想方法全都是《直线与方程》一章的重要内容，根本的处理手段都是"列方程、解方程"的方程思想，能够达到复习本章内容的目的，作为复习参考题当之无愧。

如果我们反思三种方法，认为"距离"这一重要概念没有得到体现的话，我们甚至可以弥补这一缺憾。由 P 为 AB 中点，得 $S_{\triangle AKP}=S_{\triangle BKP}$。若设点 P 到直线 l_1 的距离为 d_1，到直线 l_2 的距离为 d_2，则 $KA \cdot d_1 = KB \cdot d_2$，亦可建立一个 A、B 坐标的方程。结合其他三个条件：A 在 l_1 上，B 在 l_2 上，A、P、B 三点共线，便可建立方程组，解出 A、B 坐标。只是这样解题运算量更大一些。

（四）变式探究

有一条直线 l，它与两条直线 l_1：$2x-y-2=0$ 与 l_2：$x+y+3=0$ 相交得一个三角形。若点 $P(3,0)$ 是该三角形的①垂心，②重心，③外心，分别求直线 l 的方程。

①直线 l 的方程是 $5x+4y+21=0$；②直线 l 的方程为 $8x-y-36=0$；③直线 l 的方程是 $57x-21y-89=0$。

评注：变式通过既改变原题的条件，又改变原题的结论实现构造。改变之后，题目更突出体现了数形结合的思想方法求直线的方程。

（五）教学启示

1. 以教材为根，以通法为本

任何困难的问题，要么是技巧性强不容易想到的，要么是知识点多容易混淆的。前者的不可控因素太多，然而后者，只要做到以教材为根，以通法为本，就会大有裨益。当下学生对于教材的重视程度不足，通过教材习题的探索，让学生注重教材知识、例题与习题，注重解决问题的通性通法，淡化特殊技巧才能以不变应万变，才会站得高看得远[1]。

2. 以变式为枪，以思维为靶

变式教学是培养学生思维的发散性和收敛性的强化剂。通过变式教学，让学生掌握构造变式的常用方法：改变已知量、条件、未知量三者中的若干个，在变式的过程中，既能培养"百花齐放"的思维发散性，又能培养"万变不离其宗"的思维收敛性。通过变式构造、求解，既能强化、深化基础知识、基本方法的理解和运用，又能激发学生的创造力。有了变式这把好枪，才能直击思维这块硬靶。

3. 以反思为常，以自我完善为目标

没有任何一个问题是完全解决的，没有任何一个学习者是十全十美的。通过问题的探索，培养学生反思的思维习惯，在反思中不断完善知识、方法、习惯等，才能不断地提升自我，完善自我。比如，我们的变式，学生自然而然地会提出，如果所给点是所述三角形的内心，直线的方程又是什么？但是，他们经过探索就会开始反思，对于任何一个可以作为所述三角形内心的点都存在无

数条直线满足题意；也会开始反思：合情推理是需要检验的，严谨的治学态度是需要保持的。研究指出"反思"和"给别人讲"是效果最佳的两种学习方法，然而反思不能仅仅停留在解题上、学习上，反思更应该成为一种思维的行为习惯和生活习惯。

参考文献

[1]曲文瑞，李学军．横看成岭侧成峰——对一道平面向量试题的多角度探究及拓展[J]．中学数学教学参考：上旬，2014(8)．

[2]关保华．一道课本习题引发的探究[J]．中学数学教学参考：上旬，2014(8)．

[3]波利亚．怎样解题[M]．上海：上海科技教育出版社，2007．

十一、以"话题"为中心的高中英语写作教学策略探究

——以外研社高中英语教材为例

双流中学　马　俐

摘要：本文探讨在外研社高中英语教材每个模块话题的基础上，教师如何采用有效的写作教学策略，引导学生整合语言能力，对学生进行与所学模块话题相关的写作训练，从而提高学生的英语写作水平。

关键词：话题；高中英语写作；教学策略

（一）引言

当今世界英语已成为最流行的语言，语言的功能在于交际，而作为一种书面交际形式，写作无疑是实现这种功能的重要途径之一。在高中英语学习中，写作是"听、说、读"的综合反映，学生能否运用已掌握的英语知识和技能进行思想交流，在写作中可以得到充分的体现。《普通高中英语课程标准》在高中阶段语言技能目标（七级）中对写作技能的目标描述如下：①能用文字及图表提供信息并进行简单描述；②能写出常见体裁的应用文，如信函和一般通知等；③能描述人物或事件，并进行

简单的评论；④能填写有关个人情况的表格，如申请表等；⑤能以小组形式根据课文改编短剧。作为高中英语教师，有意识地培养学生的英语思维方式，减少表达错误，写出地道的英语作文责无旁贷。

(二)高中生英语写作常见问题分析

在高中英语教学实践中，教师们常常会发现高中生在进行书面表达训练时，存在紧张、焦虑、担心、惧怕和厌恶的心理状态。学生在写作过程中会担心无话可说，还会担心写出来的东西满篇错误。学生写作中的常见问题有：字迹潦草，卷面不工整；单词拼写错误多，词汇量不足；词语误用，表达不准确；某一词语反复使用，语言表达缺乏变化；语法错误普遍，句子结构混乱，句义表达不清；逻辑性不强，缺乏必要的主题句、过渡句和衔接连词，使得文章跳跃性很大，句与句、段与段、主题与各段落之间缺乏连贯性；受到汉语思维方式和表达习惯的影响，学生在写作中的表达方式不遵从英语的表达或思维习惯，而按照中国人的表达方式强行组成词句，致使在写作中出现大量的"中文式英语"。

针对学生写作中存在的这些问题，高中英语教师应积极探索有效的写作教学方法，积极思考自己的课堂写作教学策略，帮助学生提高英语写作水平。

(三)高中英语写作教学策略

外研版高中英语教材以话题为核心，以结构和功能项目为主线，呈现话题高频词汇句法，篇章结构特征显著，教材覆盖了新课标中的 24 个话题，涉及社会生活的各个方面。教师应通过任务型活动实现教学目标，在教学中引导学生整合语言能力，为话题写作做好充分准备。

1. 写作前的积累

(1)以"话题"为中心，激活词汇教学

"头脑风暴法"，是美国学者 A. F. 奥斯本于 20 世纪 30 年代提出的一种思维高度活跃、打破常规的思维方式。"头脑风暴法"以一个特定的话题为切入口，教师作为指导者，激励学生积极思考，创造性地思维，并以谈论与讨论的形式挖掘各种有用的信息形成思路，从而拓宽学生想象和思考的空间，集思广益，激发其头脑中各种相关的图式(如想法、概念、形象和印象等)，诱发集体智慧，激发学生的创意和灵感。

以外研社必修 1 Module 2 My New Teachers 为例，本模块的话题"我的新老师"贴近高一新生的校园生活。Introduction 部分以描述人的特征的形容词引入，教师可以使用"头脑风暴法"让学生回顾联想已经学过的知识，用 word map 帮助学生构建介绍人物的词汇图。比如，介绍外貌特征：beautiful，black eyes，good-looking，strong，tall，with a big smile，with a big nose。性格特点：kind，be ready to help others，wise，warm-hearted，smart，be strict with，care for，treat … as。年龄：at the age of，in his twenties，a twenty-five-year-old young man。兴趣爱好：be good at，do well in，enjoy doing。教学方法：work hard，have a good way of making his class lively and interesting，encourage sb. to do。对人物的评价：think highly of，be given the honor of，be loved and respected by the students。

（2）以"话题"为中心，开展读说教学

在 Reading 部分教学时，教师可以引导学生细读课文，在文中找出描述三位教师的年龄、外表、任教科目、性格、教学风格、学生对老师的感受的信息，从而总结出写作介绍教师的文章结构。在课文学习完成后，教师可以组织学生开展话题讨论活动，学生们从小学、初中再到高中，已经接触了相当多的教师，其中的一些优秀教师给学生们留下了深刻印象，可以让学生们讨论"好老师的标准是什么"，并进一步思考如何描述他们喜爱的老师。

Speaking 和 Function 部分是本模块话题的延续，教师应引导学生通过口头练习掌握这两个部分中呈现的表达喜好的句型，如 My favorite teacher is Mr. Li，our history teacher. I enjoy his classes very much because … The reason why I like … is that … I like … who is amusing and can laugh with us. 为写作中的句式运用做好准备。

本模块的写作要求是学会描述自己喜欢的老师及其特点和教学风格。教师应认真思考和设计写作课之前的模块教学过程，为最后的写作输出做好铺垫。

2. 写作过程中的引导

支架式教学的理论基础是皮亚杰的建构主义思想和维果茨基的儿童发展理论，是西方教育心理学的最新教学理论。"支架式教学为学习者建构对知识的理解提供一种概念框架"，因此，在写作教学中，教师应将复杂的学习任务加以分解，创设真实情境，逐步为学生建构起写作的整体概念。

(1)创设情境，引入写作话题

在写作课教学时，教师可以组织学生进行小组合作，讨论如下问题：How old is your ideal teacher? Do you prefer serious or funny teachers? Why? How much homework do you think teachers should set? What can teachers do to make their lessons really interesting? 这个讨论可以让学生说出自己的心声，激发写作热情。

(2)运用多种练习方式，提升学生的写作技能

第一，缩写课文。教师可以引导学生抓住课文的中心思想，把关键词句等内容要点连接起来，缩写成文。在教学中教师可以把学生分成三个小组，让学生们分别缩写本模块的阅读课文中所介绍的一位教师。比如，下文是对 Mrs. Li 的缩写：Mrs. Li, our English teacher, was nervous and shy at first. I like her very much, because she is kind and patient. She always tries to avoid making us feel stupid when we make mistakes. 缩写的方式，有利于培养学生综合概括篇章的能力。

第二，改写、扩写简单句。教师可以引导学生改写、扩写简单句，巧用复合句、非谓语动词短语等高级句式表达。比如，Compared with other teachers, Mr. Wu pays more attention to his way of teaching. What impresses me most is that she is patient with students. My first impression of her was that she was shy. My English teacher is a beautiful lady who has long hair and big eyes. He is such a learned person that we all admire him very much.

第三，仿写范文。仿写是一种学步式的练习，也是一种让学生走向自由写作的过渡性练习活动。教材 Module2 Writing 部分学习标点符号的运用，使学生学会根据意群断句，了解基本句法。因此，教师可以设计练习让学生为下文标注标点符号：

My Favorite Teacher

My favorite teacher is Mrs. Wu she is middle-aged she has been teaching English for more than twenty years since she graduated from her university she works very hard and has been a model teacher for many years in my opinion she is patient energetic and amusing

She is very good at teaching and makes every lesson interesting and vivid she often teaches us English songs and helps us put on short English plays she always encourages us to speak and read English as much as possible

In a word she is not only my good teacher but also my good friend we all respect and love her

在学生完成标注标点符号以后，让学生模仿此文的谋篇布局，使用文中的词句，进行口头作文练习，描述班上自己最喜爱的老师，然后让班上的同学来猜测所描述的老师是谁。

（3）谋篇布局的引导

在学生动笔写作之前，教师还应引导学生分小组讨论人物描写的写作要求。总结出人物介绍的文体、人称和时态，在写作中必须包括所给的全部信息点，不能遗漏，可适当增加相关的内容。最后，教师还应指导学生在写作时注意句与句、段与段之间的衔接过渡，这样才能使文章更流畅，更具逻辑性，因此教师要引导学生写作时使用恰当的过渡词。比如，What's more，besides，not only…but also，as well as，however，as far as I'm concerned，in a word 等。

在对将要写的文章的文体、时态、谋篇布局都做好铺垫后，学生对写作任务中的词汇、短语、句型和连接过渡词都有了积累后，让学生描写他们心目中最喜爱的老师，已经不再是一件困难的事，学生提笔就能写出表达自己思想的文章。

3. 写作后的评价

在写作教学中，除了训练写作技巧和监控学生的写作过程外，教师还应做好作文讲评和范文展示工作。教师可以采用学生自评、互评和教师评价三者相结合的方式。具体做法如下。

第一，教师在批阅学生作文的过程中，对写得优秀的作文，或者对学生们在作文中写得优美的词句，教师可以画上线，写上一些鼓励或赞赏的话语。比如，"An excellent sentence!""A wonderful sentence!""Excellent!""Good job!""Well done!"

第二，教师要善于激励学生的"自悟"能力，培养学生的"自能"能力。教师可以让学生自评或互评作文，提出习作的优点、不足和建议。之后，教师要指出学生作文中存在的语言、内容、结构等各方面的主要问题，并提供参考的修改方案，或要求学生集体讨论解决问题，以增强他们对英文遣词造句和谋篇布局的认识和理解。

第三，教师要指导学生建立个人学习档案袋。让学生把自己的习作收集起来，前后对照，反思自己的写作过程，并能看到自己的进步，培养学生的自信心，逐步提高写作水平。

(四)结束语

写作是语言学习过程中一项重要的语言运用技能和一种基本的交际手段，同时也是语言学习者的语言知识、思维品质和表达技能的综合体现。写作水平的提高依赖于学生的参与、教师的正确指导和写作课堂教学的有效开展。英语写作能力并非一蹴而就的，在平常的写作教学中，教师们应紧扣教材话题，以"话题"为中心，由浅入深、由简到繁、由易到难、循序渐进地培养学生的写作能力。

参考文献

[1]Antonia，Chandrasegaran. Intervening to Help in the Writing Process[M]. Beijing：People's Education Press，2007.

[2]Paul，Nation. Managing Vocabulary Learning[M]. Beijing：People's Education Press，2007.

[3]M. McCarthy & R. Carter. Language as Discourse：Perspectives for Language Teaching[M]. London：Longman，1994.

十二、把学习的权利还给学生

双流中学　张　炜

摘要：新课改的一个基本精神就是转变教师的教学行为和学生的学习方式，强调学习的自主性。我校作为成都市课程改革样本校，主动适应新课改的要求，培养学生的自主学习能力势在必行。由此，学校于 2012 年开始了以合作学习为主要手段的"二元导学"课堂教学模式的建构与实践。

关键词：二元导学；合作学习

"二元导学"指的是教师和学生在课堂上的"导"与"学"的辩证关系，主张通过目标、活动、评价，提升教师教学的针对性；通过预习、互动、训练，加强学生学习的参与度。

(一)"二元导学"教学模式中导学案的设计

历史导学案以简明、实用，突出导学案特点和学科特点，服务课堂教学为原则，总共分为三个板块。

1. 板块一是"我的计划"

本版块以专题为单位，放在一个专题导学案的开始，囊括以下两个部分的内容。

(1)自我分析

包括学生学习本专题知识的优势和薄弱之处、基础知识欠缺之处、学习习惯、与教师的磨合等。准确估计学习任务的难度。

(2)我的计划

包括设置学习目标，对如何完成学习目标在时间、环境上的具体安排；做什么事，什么时候做。

2. 板块二是"学习内容"

本版块以课为单位、参照课标和四川省普通高中历史学科教学基本要求进行编写，由三个部分组成。

(1)预习篇——自学导航

引导学生遵循以下几个步骤自主预习，带着问题进课堂，掌握学习主动权。

①明确学习目标。参照课标和四川省普通高中历史学科教学基本要求给学生提出学习目标，帮助学生知道知识层次与考纲要求，为学习提供导向。

②宏观感知教材。让学生通过初读教材，搞清楚本课的主题是什么，围绕主题教材讲了几个问题。要求学生认真阅读各子目内容，把层次要点、要素标注勾画在教材上。

③问题思考。根据教材设计 2～4 道思考题，题目要基于教材(需要仔细看书)、又高于教材(有一定的思维要求)，具有小、巧、活的特点。

(2)课堂篇——互动探究

换位思考，站在学生的角度去了解教材，从学生的思维角度专研教材，以史料为载体，力图将历史阅读能力的培养融入史料教学当中。尽可能地设计有层次性、梯度性、渐进性的 2～3 个探究问题，先让学生分析、解答，每个题后都要有"归纳点评"，重在答题思路和角度的指导。

探究题可分为以下类型：激趣类(精选材料、巧妙设问、激趣引思)；流变类(探寻变化轨迹、阐明变化原因、获得有益启示)；比较类(比较异同、探寻历史事物的规律性和特殊性)；方法类(授之以渔、渗透史学方法和史观)；质疑类(怀疑定论、提出己见、用证据说话)。每课采用什么类型，应依据该课内容和学生状况予以确定。

(3)练习篇——巩固拓展

设计一组题目测试学生，试题要精选、层次要得当，紧扣学习目标、覆盖重点内容、难度适中，问答题至少有一道是材料型的。以考查知识的掌握及运用为主，以便了解学生对本课知识的学习，掌握情况，发现问题，不断完善。

3. 板块三是"自我评价"

本板块放在专题导学案末尾，旨在引导学生对基础知识、思维方法、答题规律进行归纳总结，对学习方法以及易错混的知识点进行反思，从思维和方法的高度进行思考、提炼和升华，包括专题知识总结、答题方法总结、记忆方法总结等内容。

(二)"二元导学"教学流程的操作尝试

"二元导学"教学模式下有五项基本原则：教师讲授时间不可超过30分钟；具有明确课时的微观目标；课堂至少分别有一次合作学习、探究学习、展示学习。基于此，我在实际教学过程中，结合历史学科的学科特性，以选修二专题二第四课《近代中国创建民主制度的斗争》为例，进行了以下探索尝试。

1. 课前

学生在导学案的引领下，在学科自习课中完成"自学导航"部分，了解考纲要求、明确学习目标、把握历史发展的阶段特征、感知教材，达到铺垫课堂的目的。学生对预习中对疑问或者无法解决的问题做好记录，带着问题步入课堂。从而逐渐培养学生学习的独立自主性和善于发现问题的能力，养成良好的课前预习习惯和方法，提高学生独立自主学习的效率。

比如，根据"当时中国各阶层对西方的民主政治制度是何态度？""为了实现各自的奋斗目标，维新派和革命派又进行了哪些努力和斗争？"这两个问题，阅读、勾画教材，并填写表格中的相关信息。

派别	对西方民主政治的态度	创建民主制度的斗争

在正式上课前 2 分钟，请组长检查导学案，如全组都完成导学案，则给予积分奖励，并评选优秀导学案、进步导学案，单独给积分奖励。积分管理旨在用最直观的形式，在学生习惯、方法养成初期进行学生调动，后期如若学生已基本实现调动，积分形式可逐步减少或取消。

2. 课中

(1)创境设问，导入新课

在学生课前预习、完成导学案导学的基础上，把握历史科特点，创设情境，如时政现象、音像资料、古玩图片、诗歌引入、历史小常识等，方式多样，快速提高学生激情，高效地导入。比如，在进行导入时，教师借助网络资源，选取了这样三幅图片："美国国务卿希拉里发表 2011 年度人权国别报告""2011 年美国'占领华尔街'抗议活动""抗议者手持中国国旗"。教师通过图片史料的运用，并适时、巧妙地采用提问、谈话等方式，为学生创设历史情境，引起他们探索知识的欲望，使学生置身历史情境中去主动积极思考和理解历史，增强学生的历史责任感和社会使命感，继而过渡到本课的主题教学。

(2)阅读教材，整体感知，梳理构建知识体系

学生课前已结合"自学导航"中的问题阅读、勾画教材，并填写完相关表格信息。小组在课堂中展示优秀导学案并进行阐述，其他小组成员认真聆听，纠正错误，补充完善，给予展示者和补充者积分奖励。

(3)关联整合，探究规律

小组合作学习是"二元导学"课堂中的重要组成部分。教师首先创设小组合作探究问题："促使近代中国创建民主制度斗争的原因？""阻碍中国资产阶级民主政治建设的因素有哪些？"呈现出相关史料，各小组根据材料结合所学从多角度分析思考、合作探究。

小组合作探究过程中要注意围绕探究点，个人先独立思考，由小组学科长收集组内同学的问题解决单，全员参与相互交流、讨论，最后综合小组成员答案并形成

小组问题解决单，准备展示。

小组分别派出代表展示一个问题的探究成果，介绍本组对答案要点的讨论、综合以及思维过程。其他小组予以补充和完善。老师此时针对展示成果和补充的要点做出确切的评价，并给予积分鼓励，对集体通过探究和补充还不完善的地方，通过思维引导并加以点拨。这便形成了设置课后拓展训练需要强化的知识点。这样可以起到三个方面的效果：一是对小组的褒奖；二是可以激活其他小组以后进行探究、讨论的积极性；三是让其他同学把握解决问题的学习思维方法。

(4)深化拓展，迁移运用

引导学生有意识地对中外历史知识进行横向联系："比较《临时约法》与1787年美国宪法异同"，培养学生运用全球史观看待历史问题的学科意识，使学生了解世界历史本身是一个统一的有机整体，每个地域和民族的历史发展有着密切联系，是相互依存、相互制约的关系。

3. 课后

巩固并应用所学知识，加强拓展训练。要求学生完成《导学案》中"巩固拓展"部分，了解学生对该课内容的学习、掌握情况，发现问题，并不断完善。

以上是本人对"二元导学"教学模式的一些初步探索和尝试，在教学操作中，还有一些值得商榷的地方。比如，如何有效促成各小组成员人人积极参与并检验个体学生的思维效果？如何处理好学生积极讨论与教学进度的关系？这些问题都有待在今后的教学中不断改进和完善。总之，"二元导学"教学模式只是为一线教师提供了一个基本的教学思路，在实际教学中我们还应根据不同的教学内容、学生的实际、自身的教学风格，灵活变通。我相信，只要不断学习、研究、结合实践，认真总结，就一定能够探索出具有自身教学特色的、更加完善的"二元导学"教学模式。

十三、基于问题链设计的化学教学"二元导学"模式研究

双流中学　徐　聪　尤丽娟　杨朝军　林　莉　林华娟

摘要：四川省双流中学化学组在关于问题链设计、导学案研究的基础上，结合双流中学"二元导学"模式和化学学科特点，探讨了基于问题链设计的化学教学"二元

导学"教学模式，并且选取了典型课例，对教学效果进行了分析。

关键词：问题链；化学教学；"二元导学"

（一）问题的提出

近年来，基于"导学案"的课堂教学研究非常流行。2010 年以来，四川省全面实施高中新课改，倡导学生在课堂中的主体地位。小组合作学习和翻转课堂也逐步流行。双流中学由此提出了"二元导学"教学模式。"二元"指教师和学生，包括课堂教学过程中教师的教学目标、活动、反馈和学生学习过程中的预习、互动、训练等环节。"导学"是以学案为载体，以导学为方法的教学活动，从而培养学生能力，提高课堂教学效益，突出学生自学能力。

问题是课堂教学的核心，教学的最终目的是要使学生能自如地解决问题，学生学习知识和技能是为了解决问题。为了促进学生积极、主动地思考，培养学生问题解决能力，教师在教学中应该创设一系列驱动性问题，并将其建构成一个螺旋上升的"驱动性问题链"。围绕问题情境创设的"驱动性问题链"，是问题情境的延续和发展，是层层推进问题，进而解决问题的阶梯。

化学是高中课程的重要组成部分，同时也是现在高中生学习比较吃力的科目。必修 1 和选修五中有大量需要记忆的元素化合物知识，包括物质性质与反应方程式；选修四中有大量概念原理内容，需要细致的逻辑推理和定量计算。加上现在四川中考对化学要求的削弱，高中生初学化学时感觉很不适应并且很枯燥，较多学生整个高中阶段化学都是薄弱学科。

为了更好地实施新课程理念，探索"二元导学"模式，促进学生核心知识的发展和关键能力的提升，激发课堂活力，取得更好的教学效果，让学生学习化学和教师教授化学更加轻松，探讨基于问题链设计的化学教学"二元导学"模式显得非常必要。

（二）文献综述

1. 关于"导学"模式的研究

21 世纪初，江苏省溧水县东庐中学开创了"学案导学"教学模式，批判地汲取了传统教学法、实用主义思想的合理因素，进一步改变了师生关系，以学生为中心，编写学案，因材施教，全面开发学生的智能。从导学案教学模式的发展阶段和研究内容来看，目前我国对"学案导学"的研究可分为三个阶段。

2000—2003 年，探索阶段：研究者主要对教学模式进行了初步探索和模式构建。

2003—2006 年，应用阶段：研究"学案导学"模式在中小学各学科中的应用，包括具体的学案导学模式的课堂教学实施原则及学案的编写原则、环节和要求。

2007—2012 年，实践反思阶段：一些研究者开始对此种教学模式进行批判反思，提出了此种教学模式存在的问题及实施过程中应注意的事项。

裴亚男（2007）从理论依据、教学目标、操作程序、师生角色等方面分析了学案教学模式，发现学案教学程序可概括为导向、导学、导练、升华四个基本阶段，师生组合方面多数赞同教为主导、学为主体的主体观，并总结了学案教学课堂教学的操作程序[1][2]。

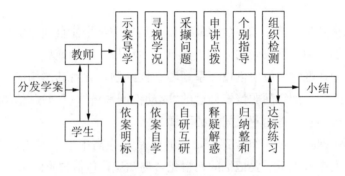

学案教学课堂教学操作程序图

2. 基于问题链设计的化学教学模式研究

王后雄（2010）指出，中学化学新课程提倡开展以问题为中心的教学，引导学生通过高水平的思维来学习，通过问题解决来建构对知识的理解。实施以问题为中心的教学，问题的设计是关系整个教学成败的关键，并将化学课堂中常见的问题链类型归纳为引入性问题链、差异性问题链、诊断性问题链、探究性问题链、迁移性问题链、弹性化问题链、总结式问题链、递进式问题链八类。[3]

胡久华（2012）指出，"驱动性问题链"是问题解决教学的核心策略，在问题解决教学中，教师需创设一系列问题，形成螺旋上升的"问题链"，通过逐层解答，最终达到解决问题的教学目的。第一个问题需要具有足够的真实性和趣味性，与学生的已有认识产生较为强烈的碰撞，考虑到它对后续问题的启示和影响。以沉淀溶解平衡为例，给出了驱动性问题链设计示范。

顺序	问题的选择	预期目的	学生评价
1	氯化银和碘化钾、碘化银和硫化钠2组盐之间是否能够发生反应?	学生推测不能,因为反应物为"难溶物"。实验验证却与推测相反,与已有知识产生矛盾冲突,激发进一步研究的兴趣。	基本可以回答出这一问题,但同时心里会有些犹豫,激发进一步探究兴趣,同时判断2组物质,会分散注意力,过于关注结果,忽略了提出问题的意图。
2	向硝酸银溶液中滴加过量的氯化钠,硝酸银溶液中银离子与氯离子充分反应,生成氯化银白色沉淀。向溶液中继续滴加碘化钾溶液,生成碘化银黄色沉淀的银离子从何而来?溶液中为什么还有银离子存在?	学生想到氯化银为"难溶",但不是"不溶",溶解的很少,溶解的部分完全电离,所以溶液中有阴离子存在,继续和碘离子发生反应。	基本可以想到"难溶"的含义,还有部分学生从物质分类的角度联想的氯化银属于盐类,是强电解质,能初步理解溶液中存在银离子的原因。
3	资料显示,氯化银的溶解度很小,所以溶液中存在的银离子很少,形成碘化银黄色沉淀也应该很少,为什么实验中会出现大量的黄色沉淀?	学生从大量黄色沉淀推断出溶液中存在大量的银离子。与上一步的判断发生了矛盾,激发起讨论的兴趣。根据学过的平衡理论,能初步想到这个过程中存在平衡移动的环节,可是氯化银是强电解质,完全电离,不存在电离平衡。所以引出沉淀溶解平衡。	通过研究资料发现与已有判断产生冲突,引起继续探究的兴趣,根据学过的平衡理论,基本能想到存在平衡移动的过程,以为是电离平衡的移动,部分学生能想到氯化银是强电解质,不存在电离平衡,在教师的引导下,带着浓厚的兴趣学习沉淀溶解平衡概念。
4	向黄色的碘化银沉淀中继续滴加硫化钠溶液,会出现什么现象?为什么?	学生能运用刚学的沉淀溶解平衡理论,预测出实现现象,并解释原因。	大部分学生可以初步判断出实验现象,并且可以运用沉淀溶解平衡理论解释原因。

续表

顺序	问题的选择	预期目的	学生评价
5	请参考所给的溶解度资料，思考沉淀之间发生相互转化的规律是什么？	培养学生分析数据和资料的能力，学生基本可以根据资料判断出沉淀之间相互转化的实质是沉淀溶解平衡的移动，其规律是向溶解度更小的方向进行。	所给的资料清晰准确，指向性强，大部分学生可根据资料判断出沉淀之间相互转化的实质和规律。

驱动性问题链的设计要考虑教学内容的认识功能和学生已有的认识水平，设计模型如下。

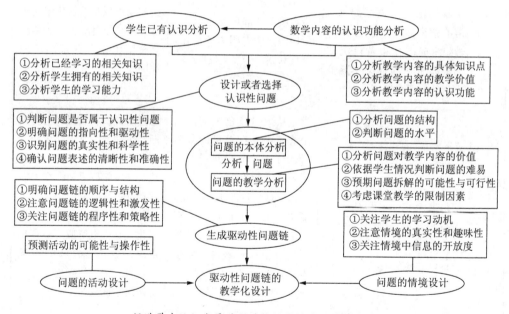

促进学生认识发展的驱动性问题链的设计模型图

综上所述，关于"导学法"和基于问题链的化学教学模式的理论研究已经比较成熟，如何将二者有机结合起来适应四川省高中生的学习，如何将两种教学模式与小组合作学习和翻转课堂较好地融合，如何将两种教学模式有效地运用到化学教学中，提出具有示范作用的教学模式并测评教学效果，这些问题值得研究。

(三)研究思路与方法

1. 研究思路

①认真研读有关"导学法"和"问题链"的文献，结合现阶段有关小组合作学习和翻转课堂的理念，结合四川省双流县中学的实际，结合化学学科的特点，探索切实可行的教学模式。

②形成若干系列典型的教学课例，进行长期的教学实践。

③收集实验班与对照班的数据，用 SPSS 软件进行分析得出结论。

2. 研究构想

基于问题链设计的化学教学"二元导学"模式
①根据本节课所需的知识基础，设计任务单，让学生通过各种途径查阅资料，回忆所学知识，完成课前预习。
②提出具有深层学科内涵和认识功能的、学生感兴趣的给学生造成强烈认知冲突的驱动性问题。
③组织学生小组讨论，通过实验、查阅资料等各种途径解决问题，并分享问题解决思路。
④提出逐步深入、层层递进、具有认识功能的问题链，引导学生归纳整理相关问题的一般解决思路和方法。
⑤迁移应用，解决其他类似问题，进一步巩固认识模型。

3. 研究方法

(1)文献分析法

进一步阅读有关导学法教学和问题链教学的文献，整理归纳出一般的教学模式，为本研究的教学模式提供参考和理论支持。

(2)案例法

分析已有的导学法和问题链的优秀教学课例，结合本校特色和学科特点，开发基于问题链设计的化学教学"二元导学"模式的课例。

(3)问卷测查法

收集长期使用该模式课例的实验班与传统教学的对照班的学习情况数据，通过 SPSS 软件进行分析，得出结论。

(四)基于问题链设计的化学教学"二元导学"案例分析

1. 基于问题链设计和"二元导学"的铁盐与亚铁盐课例

(1)教学设计

教学基本信息		
课题	第三章第二节第六课时　铁盐和亚铁盐	
教材	书名:《化学必修1》	出版社:人民教育出版社
任教者	单位:四川省双流中学	姓名:徐聪
指导思想与理论依据		
翻转课堂要求学生课前预习,梳理知识要点,课堂分享学习困惑,小组合作解决典型问题,展示小组成果,教师点拨思维。 　　同时,新课改倡导化学课堂中注重科学探究,重视实践,重视实验;重视知识的实用价值和认识功能,让学生认识到化学的价值,运用化学知识解释实际生产生活中的问题(STS),掌握分析一般化学问题的思维方法,提高学生的科学素养。		
教材分析、学情与教学法分析		
(一)教材分析 　　新课标中要求根据生产、生活中的应用实例或通过实验探究,了解钠、铝、铁、铜等金属及其重要化合物的主要性质。 　　本节内容是在介绍完离子反应、氧化还原反应、钠与铝的重要化合物,以及铁的氧化物和氢氧化物之后,通过实验掌握如何检验 Fe^{3+},如何实现 Fe^{2+} 与 Fe^{3+} 之间的转化。 　　教材内容包括正文、Fe^{3+} 检验实验 3-10、科学探究 Fe^{2+} 与 Fe^{3+} 的转化。 (二)学情与教学法分析 　　从平时批改学生作业、预习案检查以及与学生交流情况来看,学生对于物质的量在化学方程式中的运用、离子方程式的书写和氧化还原基本概念的把握仍然存在问题,动手做实验的机会太少,对物质的转化关系容易混淆。 　　因此,本节课当中,以铁盐与亚铁盐的性质为载体,通过氧化还原和离子反应两大工具进行深入分析,掌握分析化学反应的基本思维;通过中学化学实验包让尽可能多的学生能亲手做实验,体验实验过程,深刻掌握实验现象;通过解释生产生活中的现象,感受化学知识的价值;通过巩固迁移,进一步内化、运用掌握的知识。		

教学目标
(一)知识与技能 ①掌握如何检验 Fe^{3+}。 ②初步 Fe^{2+} 与 Fe^{3+} 之间的转化关系。 ③归纳总结铁及其化合物的转化关系。 (二)过程与方法 ①通过中学化学实验包进行科学探究，探究 Fe^{3+} 检验、Fe^{2+} 与 Fe^{3+} 转化的实验现象与结论。 ②通过迁移应用，解释生产生活中的现象，进一步感受化学知识的价值，深入体会 Fe^{2+} 与 Fe^{3+} 的转化关系，内化巩固知识。 ③通过离子反应和氧化还原基本关系的分析，深入理解 Fe^{2+} 与 Fe^{3+} 转化反应的本质。 (三)情感、态度与价值观 ①体会科学探究在化学研究中的重要性。 ②体会化学知识在日常生产生活中的实用价值。 ③体会化学反应中转化的辩证思维。

教学重点和难点
①掌握如何检验 Fe^{3+}。 ②掌握 Fe^{2+} 与 Fe^{3+} 之间的转化关系。

教学流程示意
展示学习目标→提出如何检验 Fe^{3+} 的问题→展示预习案中学生提到的观察法和加减法→引出如何更加灵敏检验 Fe^{3+} 的问题→组织学生利用实验包探究 Fe^{3+} 检验的实验→小组交流实验现象，得出结论→引导学生思考如何实现 Fe^{2+} 与 Fe^{3+} 之间的转化→展示预习案中学生提到的办法，确定是要用氧化还原方法→利用实验包，探究利用氯水氧化亚铁以及利用铁粉还原 Fe^{3+} 的实验→交流实验现象，得出结论→学以致用，小组讨论解决铁盐检验与转化的常见问题→课堂小结，强化 Fe^{2+} 与 Fe^{3+} 的转化关系。

续表

教学流程			
教学环节	教师活动	学生活动	设计意图
活动一：探究如何检验 Fe^{3+}（10分钟）	引入：物质的检验与鉴别是化学研究的重要任务，请思考我们现在有哪些办法可以检验 Fe^{3+} 呢？ 展示：以截图形式展示预习案中检验 Fe^{3+} 的方法，归纳为观察法和加减法。溶液呈黄色的为 Fe^{3+}，溶液呈浅绿色的为 Fe^{2+}；加入 NaOH 后出现红褐色沉淀的为 Fe^{3+}，出现白色沉淀变灰绿色最后变为红褐色的为 Fe^{2+}。 追问：如果 Fe^{3+} 的浓度很小这两种方法还适用吗？ 展示：图片展示 $0.1mol \cdot L^{-1}$ 的 $FeCl_3$ 为浅黄色，$0.01mol \cdot L^{-1}$ 的 $FeCl_3$ 几乎为无色；$0.01mol \cdot L^{-1}$ 的 $FeCl_3$ 加入 NaOH 后没有明显的红褐色沉淀。 过渡：这时候我们就需要寻找更加灵敏地检测 Fe^{3+} 的方法，KSCN 可以达到这个效果。 分组实验1：请按学案后所附实验操作要求，分组合作完成 Fe^{3+} 检验的实验，往 $FeCl_3$ 和 $FeSO_4$ 中分别加入 KSCN 观察实验现象。 小组展示：小组分享实验现象和实验结论。 板书：1. Fe^{3+} 的检验 　　$Fe^{3+} + 3SCN^- = Fe(SCN)_3$（血红色）	阅读教材第61页和学案，回忆所学知识。 铁离子浓度太小时常规方法检验不方便。 Fe^{3+} 遇 KSCN 变为红色，现象很明显；Fe^{2+} 无明显现象。因此，利用 KSCN 可检验 Fe^{3+} 的存在。	培养学生的自学、归纳与质疑能力。 培养学生动手操作的能力，观察实验现象的能力，分析所得结论的能力和小组合作与展示的能力，深刻体验 Fe^{3+} 检验的现象。

续表

教学流程			
教学环节	教师活动	学生活动	设计意图
活动二：探究 Fe^{3+} 和 Fe^{2+} 转化(10分钟)	过渡：如果我们就要利用 KSCN 来检验 Fe^{2+} 该怎么办呢？如果要从铁盐制得亚铁盐又该怎么办？这就需要实现 Fe^{2+} 与 Fe^{3+} 之间的转化。 实验探究 2：请按学案后所附实验操作要求，分组合作完成铁盐与亚铁盐转化的实验，往 $FeSO_4$ 中加入氯水后再加 KSCN 检验；往 $FeCl_3$ 中加入 Fe 粉后再加 KSCN 检验。观察实验现象，思考所得结论，写出相应的离子反应并分析电子转移情况。 小组展示：小组分享实验现象和实验结论，展示对发生反应的分析。 板书：2. Fe^{2+} 与 Fe^{3+} 的转化 $$Fe^{2+} \xrightleftharpoons[\text{金属单质(Zn 到 Cu)、I}^-\text{等还原剂}]{\substack{Cl_2 \text{、} H_2O_2 \text{、} HNO_3 \text{、} KMnO_4 \text{ 等}\\ \text{强氧化剂}}} Fe^{3+}$$ ①Fe^{3+} 转化为 Fe^{2+} $2Fe^{3+} + Fe = 3Fe^{2+}$ ②Fe^{2+} 转化为 Fe^{3+} $2Fe^{2+} + Cl_2 = 2Fe^{3+} + 2Cl^-$	Fe^{2+} 转化为 Fe^{3+} 后可利用 KSCN 检验，转化过程需要加入氧化剂；Fe^{3+} 转化为 Fe^{2+} 需要加还原剂。 $FeSO_4$ 中加氯水后再加 KSCN 溶液变红；$FeCl_3$ 中加入 Fe 粉后，黄色溶液变浅绿色，再加 KSCN 不变红。说明 Fe^{3+} 与 Fe^{2+} 可通过氧化还原反应实现转化。 Fe^{2+} 转化为 Fe^{3+} 的反应： $2Fe^{2+} + Cl_2 = 2Fe^{3+} + 2Cl^-$ Fe^{3+} 转化为 Fe^{2+} 的反应： $2Fe^{3+} + Fe = 3Fe^{2+}$	培养学生思考问题的能力，动手操作，观察实验现象，分析所得结论和小组合作与展示的能力。 深刻体验 Fe^{2+} 与 Fe^{3+} 的转化关系。 学会运用离子反应和氧化还原反应分析化学反应。

续表

教学流程			
教学环节	教师活动	学生活动	设计意图
活动三：学以致用（15分钟）	小组讨论展示：组织学生分组讨论，根据所学知识，解决铁盐与亚铁盐的常见问题，每个小组展示一个问题的解决过程。 1. 请根据所学知识解释为什么亚铁溶液保存时要加入铁粉或铁钉，亚铁补铁剂中要加入维生素 C(Vc 具有还原性)？ 拓展介绍：介绍补铁常识，补铁要补 Fe^{2+}，因为血红蛋白中结合的是 Fe^{2+}，含铁较多的食物有动物内脏等。 2. 证明某补铁剂溶液(经脱色处理后)中只含有 Fe^{2+}，而不含有 Fe^{3+} 的实验方法是?（　　） 　　　A. 先滴加氯水，再滴加 KSCN 溶液后显红色 　　　B. 先滴加 KSCN 溶液不显红色，再滴加氯水溶液后显红色 　　　C. 滴加 NaOH 溶液后呈红褐色 　　　D. 滴加 KSCN 溶液不显红色 总结：鉴别某种物质时，要排除其他物质的干扰。 3. 补铁剂中铁元素(亚铁)含量测定的过程通常是将补铁剂溶解、脱色、酸化后，再用 H_2O_2 氧化，请用离子方程式解释其工作原理。 4. 印刷电路板是由高分子材料和铜箔复合而成的，刻制印刷电路时，常用 $FeCl_3$ 溶液作为腐蚀液，请根据所学知识解释原理。(还原性大小关系为：$Fe>Cu>Fe^{2+}$) 写出化学方程式和离子方程式，标出电子转移情况。	分组讨论解题思路，上台展示解题过程。 为了防止 Fe^{2+} 被氧化。 A 中不能排除原溶液中就有 Fe^{3+}；C 中肯定有 Fe^{3+}；D 中不能说明一定含 Fe^{2+}；B 中 Fe^{2+} 遇 KSCN 不变色，氧化为 Fe^{3+} 后遇 KSCN 会变红。 $2Fe^{2+}+H_2O_2$ $+2H^+=2Fe^{3+}+2H_2O$ $$\overset{\displaystyle 2e^-}{2Fe^{3+}+Cu=2Fe^{2+}+Cu^{2+}}$$	让学生分组讨论，根据所学知识，解决铁盐与亚铁盐的常见问题，感受化学知识的实用价值，了解补铁常识。 进一步深入 Fe^{2+} 与 Fe^{3+} 之间的转化关系，迁移应用，内化巩固知识。

续表

<table>
<tr><td colspan="4" align="center">教学流程</td></tr>
<tr><td>教学环节</td><td>教师活动</td><td>学生活动</td><td>设计意图</td></tr>
<tr>
<td>活动四：
总结升华
（5分钟）</td>
<td>课堂总结：本节课的主要学习内容为：
1. 如何检验 Fe^{3+}？
　　$Fe^{3+}+3SCN^-=Fe(SCN)_3$（血红色）
2. Fe^{3+} 如何转化为 Fe^{2+}？
　　$2Fe^{3+}+Fe=3Fe^{2+}$
3. Fe^{2+} 如何转化为 Fe^{3+}？
　　$2Fe^{2+}+Cl_2=2Fe^{3+}+2Cl^-$
布置课后任务：请讨论完成铁及其化合物的转化关系图

$Fe^{2+} \xrightarrow[\text{金属单质(Zn 到 Cu)、}I^-\text{等还原剂}]{Cl_2、H_2O_2、HNO_3、KMnO_4 \text{ 等}\atop \text{强氧化剂}} Fe^{3+}$</td>
<td>倾听并思考。</td>
<td>梳理课堂知识要点，课后进一步厘清铁及其化合物的转化关系。</td>
</tr>
</table>

板书设计

铁盐与亚铁盐

1. Fe^{3+} 的检验

　　$Fe^{3+}+3SCN^-=Fe(SCN)_3$（血红色）

2. Fe^{2+} 与 Fe^{3+} 的转化

$Fe^{2+} \xrightarrow[\text{金属单质(Zn 到 Cu)、}I^-\text{等还原剂}]{Cl_2、H_2O_2、HNO_3、KMnO_4 \text{ 等强氧化剂}} Fe^{3+}$

①Fe^{3+} 转化为 Fe^{2+}

$2Fe^{3+}+Fe=3Fe^{2+}$

②Fe^{2+} 转化为 Fe^{3+}

$2Fe^{2+}+Cl_2=2Fe^{3+}+2Cl^-$

"铁盐与亚铁盐"课例中的核心问题
①如何检验 Fe^{3+}？
②如何更加灵敏地检验 Fe^{3+}？
③如何实现 Fe^{2+} 转变为 Fe^{3+}？
④如何实现 Fe^{3+} 转变为 Fe^{2+}？
⑤实现物质价态改变的一般方法是什么？

（2）基于问题链设计和"二元导学模式"与传统教学模式的学习情况分析

本研究搜集了按照问题链和"二元导学"模式教学的实验班与传统教学模式的对照班高一上期期末考试总成绩和高二十月份月考涉及元素化合物知识题目的得分情况，期望通过 SPSS16.0 的统计分析得到两种教学模式的学生学习情况分析和经过一段时间后的记忆理解情况。试题经过组内命题人和审题人仔细斟酌，信效度可以保证，对照班和实验班均为普通班，中考成绩相当。

高一上学期期末考试成绩独立样本 *T* 检验分析表

Group Statistics

	班级	N	平均值	Std. Deviation	Std. Error Mean
成绩	实验班	45	48.56	17.597	2.623
	对照班	46	44.76	16.968	2.502

Independent Samples Test

		Levene's Test for Equality of Variances		t-test for Equality of Means						
		F	Sig.	t	df	Sig. (2-tailed)	Mean Difference	Std. Error Difference	95% Confidence Interval of the Difference	
									Lower	Upper
成绩	Equal variances assumed	0.000	0.982	1.047	89	0.298	3.795	3.624	−3.405	10.995
	Equal variances not assumed			1.047	88.695	0.298	3.795	3.625	−3.408	10.998

从数据分析表格看出，实验班有 45 人参考，对照班有 46 人参考，实验班高一上期期末考试平均分 48.56 分，对照班平均分 44.76 分，独立样本 T 检验结果差异性系数[Sig. (2-tailed)]为 0.298＞0.05，说明两个班差异性不显著，但是实验班平均分比对照班高。也就是说，基于问题链设计和"二元导学"模式的实验班虽然相比传统教学的对照班来说，所讲授的知识虽然少了，但是经过一学期的学习成绩并没有变差，还略占优势。

高二十月份月考元素化合物大题(主观题 4)独立样本 T 检验分析表

Group Statistics

	班级	N	平均值	Std. Deviation	Std. Error Mean
成绩	实验班	44	1.84	2.623	0.395
	对照班	44	0.98	1.836	0.277

Independent Samples Test

		Levene's Test for Equality of Variances		T-test for Equality of Means					95% Confidence Interval of the Difference	
		F	Sig.	t	df	Sig. (2-tailed)	Mean Difference	Std. Error Difference	Lower	Upper
得分	Equal variances assumed	2.016	0.159	1.789	86	0.077	0.864	0.483	−0.096	1.823
	Equal variances not assumed			1.789	76.980	0.078	0.864	0.483	−0.098	1.825

从数据分析表格看出，实验班和对照班都是 44 人参考，实验班在高二十月份月考中元素化合物知识大题(主观 4 题)平均分为 1.84 分，对照班为 0.98 分，独立样本 T 检验结果差异性系数[Sig. (2-tailed)]为 0.077，说明实验班相比对照班有了较为显著的差异，且平均分相高了近一倍。也就是说，基于问题链设计和"二元导学"模式的实验班经过较长时间后，对元素化合物知识的记忆和理解效果明显好于传统教学的对照班。

实验班和对照班化学学习兴趣访谈情况如下：

当访谈实验班和对照班个别同学对化学学习是否感兴趣时，实验班同学表示课堂上经常有一些生产生活趣味知识、趣味实验，动手实验机会也较多，思考时间较充分，对化学学习比较感兴趣。对照班同学表示，化学课堂基本以做题为主，实验少，趣味性差，觉得化学比较枯燥。

2. 基于问题链设计和"二元导学"的化学反应热的有关计算教学设计

第一章　化学反应与能量的变化
第三节　化学反应热的有关计算
（第一课时）教学设计

四川省双流中学　尤丽娟

一、教学目标

（一）知识与技能

了解盖斯定律的含义，能用盖斯定律进行有关反应热的简单计算。

（二）过程与方法

①通过对盖斯定律的含义的分析和论证，培养学生分析问题的能力。

②通过盖斯定律的有关计算，培养学生的计算能力。

（三）情感、态度与价值观

①通过对盖斯定律的发现过程及其应用的学习，激发学生参与化学科技活动的热情。

②帮助学生养成务实、求真、严谨的科学态度。

二、教学重难点

教学重点：盖斯定律的含义和根据盖斯定律进行反应热的计算。

教学难点：盖斯定律的应用。

三、教材分析

在必修化学2中，学生初步学习了化学能与热能的知识，对于化学键与化学反应中能量变化的关系、化学能与热能的相互转化有了一定的认识，本章是在此基础上的扩展与提高，引入了焓变的概念，使学生认识到在化学反应中能量的释放或吸收是以发生变化的物质为基础的，二者密不可分，但以物质为主。而能量的多少则是以反应物和产物的物质的量为基础。把对化学反应中的能量变化的定性分析变成了定量分析。解决了各种热效应的测量和计算的问题。在这一节里，我们将进一步讨论在特定条件下，化学反应中能量变化以热效应表现时的"质""能"关系，这既是理论联系实际方面的重要内容，对于学生进一步认识化学反应规律和特点也具有重要意义。

四、教学方法

探究式教学，多媒体辅助教学。

五、教学用具

多媒体设备。

六、教学过程

教师活动	学生活动	设计意图
实物展示：石墨和金刚石	观察	激发兴趣
提问：石墨能转变成金刚石吗？要测定石墨转变成金刚石的反应热容易吗？怎么测定？	回答	引入新课
课堂练习：用 A、B、C 的能量 E_A、E_B、E_c 表示出下列各步变化的反应热。 $\Delta H = ?$ $\Delta H_1 = ?$ $\Delta H_2 = ?$ (E_A)　ΔH　(E_B) A　$\longrightarrow$　B ΔH_1　　ΔH_2 C (E_C)	思考 回答 评价	巩固旧知、引入新课
投影：学生答案以及正确答案，并进行评价。	理解	
提问：写出 ΔH、ΔH_1、ΔH_2 的等量关系？能用简洁的语言描述这个等量关系吗？	回答	引出盖斯定律的内容
阅读：教材第 11 页，了解盖斯定律的内容。		
板书： 第三节　化学反应热的计算 一、盖斯定律 (一)盖斯定律的含义 反应热只与反应体系的始态和终态有关，而与反应的途径无关。		

续表

教师活动	学生活动	设计意图
提问：身边有没有和盖斯定律相似的事例？	思考回答	理论联系生活
课堂练习：判断右图中化学反应的反应热。 A→D ΔH=？ ΔH_1 B ΔH_2 A C ΔH_4 D ΔH_3	回答	应用盖斯定律
投影：学生的答案并评价。		
思考：$\Delta H_1 + \Delta H_2 + \Delta H_3 + \Delta H_4 = ？$为什么得到了这样的答案？	思考	
总结：盖斯定律是符合能量守恒定律的，是能量守恒定律在化学反应中的应用。	理解	
思考： 1. 通过实验直接测出这个反应的反应热容易吗？ $C(s)+1/2O_2(g)\!=\!=\!CO(g)$　$\Delta H_1=？$ 2. 通过实验直接测出下列反应的反应热容易吗？ ①$C(s)+O_2(g)\!=\!=\!CO_2(g)$　$\Delta H_2=？$ ②$CO(g)+1/2O_2(g)\!=\!=\!CO_2(g)$　$\Delta H_3=？$	思考 回答	
分组讨论： ①$C(s)+O_2(g)\!=\!=\!CO_2(g)$　$\Delta H_2=-393.5kJ/mol$ ②$CO(g)+1/2O_2(g)\!=\!=\!CO_2(g)$ $\Delta H_3=-283.0kJ/mol$ 利用上述化学反应推导出 $C(s)+1/2O_2(g)\!=\!=\!CO(g)$ $\Delta H_1=？$	讨论 思考判断 回答：小组代表回答 点评：其他小组点评	知识应用、学会交流
阅读：教材第12页过程分析图，对比。	核对	

教师活动	学生活动	设计意图
投影：过程分析图及评价。		
提示：除用过程分析图的方式，还可以用已知热化学方程式进行加减计算。	理解	
讲述：盖斯定律的意义就是可以间接求出某些反应的反应热。		
板书： (二)盖斯定律在科学研究中的意义 间接测定某些反应的反应热。	阅读课本：了解盖斯定律的意义	知识与科学研究联系
分组讨论：设计怎样的途径间接测定下述反应的反应热： C(石墨、s)＝C(金刚石、s)　ΔH＝？	思考 讨论 回答：小组代表回答 评价：其他小组评价	增强学生之间的交流和合作
投影：过程分析图。	核对	
讲解：该题也可以用已知热化学方程式之间的加减来求得反应热。		
板书： (三)盖斯定律的应用 (1)画过程分析图解题 (2)直接利用已知热化学方程式进行加减乘除		

续表

教师活动	学生活动	设计意图
课堂练习 2：发射火箭用 N_2H_4（肼）在 NO_2 中燃烧，生成 N_2 和液态 H_2O。已知： ① $N_2(g)+2O_2(g)\!=\!\!=\!2NO_2(g)$ $\triangle H_1 = +67.2\ kJ/mol$ ②$N_2H_4(g)+O_2(g)\!=\!\!=\!N_2(g)+2H_2O(l)$ $\triangle H_2 = -534\ kJ/mol$ 请写出发射火箭反应的热化学方程式。	回答	巩固新知、承上启下
投影：订正答案。		
课后总结：今天学习了盖斯定律，理解了盖斯定律的含义，也掌握了盖斯定律在化学反应的中的应用。	总结	
课后作业：学案随堂巩固习题。		

(五)结论与反思

第一，课堂上不一定讲解很多知识内容，关键在于引发学生思考，得到解决一类问题的思路和方法，明白知识内在的认识功能和价值。所以问题链的设计和课堂活动的设计比较重要，要让问题有深度，学生有时间和兴趣去思考，并且想办法将思路和方法外显，让学生把知识理解透彻，而不是盲目灌输。基于问题链的"二元导学"模式虽然讲解的知识和练习的题目少了，但是跟传统教学模式相比，学生的学习情况并没有变差，还略显优势，甚至经过较长时间还能有较好的理解和记忆。

第二，现在较多学生学习动力不足，由于化学需要较多的记忆和逻辑推理，导致较多学生对化学学习不感兴趣，甚至感到学习困难。如果化学课堂中多一些生产生活应用的实例，多一些实验探究，多一些思维方法的引导，学生就会感到学习有成就感，化学学习兴趣增加了，学习效果也会更好。

第三，由于时间、精力、文献阅读量和教学实践经历有限，本研究还存在许多不足，教学模式还有很多值得探讨的地方，教学案例还应该更加丰富，数据测查对象和深度还应该更加充分，这样才能得到值得推广的有效教学模式，因此需要更多的后续研究。

参考文献

[1] 裴亚男. 学案导学模式综述[J]. 内蒙古师范大学学报，2007(20).

[2] 林小榕. "学案导学式"教学模式实验的启示[J]. 化学教育，2003.

[3] 王后雄. "问题链"的类型及教学功能——以化学教学为例[J]. 教育科学研究，2010(5).

十四、例谈"细胞分裂"的模型构建

双流中学　陈　维

摘要：构建"细胞分裂"物理模型，模拟真核细胞有丝分裂和减数分裂的动态变化过程，不仅能加深学生对相关知识的理解，还能提高其动脑和动手能力，真正实现"在做中学"和"在学中做"相互融合。

关键词：细胞分裂；物理模型；构建模型

高中生物必修 1 指出："物理模型就是以实物或图画形式直观地表达认识对象的特征。"[1] 皮亚杰和早期布鲁纳的理论中已有建构的思想，美国教育家杜威提倡学生自主学习、重视培养学生的动手能力，而构建物理模型正是学生主动建构知识、动脑与动手相结合的过程，是一个"在做中学"和"在学中做"相互融合的过程，它不仅能帮助学生突破难点知识，更重要的是能促进学生认知水平的发展、有助于学生能力的培养。[2]

(一)确定原型、明确目标

细胞通过分裂进行增殖。真核细胞的分裂方式包括有丝分裂、无丝分裂和减数分裂。有丝分裂位于必修1《分子与细胞》第6章第1节,图6-3展示了植物细胞有丝分裂的过程。减数分裂位于必修2《遗传与进化》第2章第1节,图2-2展示了哺乳动物精子的形成过程。这两幅图中染色体的变化即为构建物理模型的原型。

《普通高中生物课程标准(实验)》(以下简称《课程标准》)对有丝分裂和减数分裂的要求分别是:"观察细胞的有丝分裂并概述其过程。""阐明细胞的减数分裂并模拟分裂过程中染色体的变化。"可见,描述两种分裂方式的过程及分裂时染色体的行为至关重要,通过构建物理模型来模拟染色体的动态变化过程能真正突破该难点,也能调动学生的主观能动性,使其在活动中内化知识之间的联系。

(二)依据原型、准备材料

为使模型经久耐用,同学们选择木板为主材。为体现构建模型的环保原则,同学们纷纷主动要求提供原材料。同学 A 将家里装修时剩余的木板锯成规整的长方形,用于模拟植物细胞。同学 B 搜集冰棍里的木片,洗净后用于模拟染色体。同学 C 提供自己画水彩用的颜料、姐姐修磨指甲用的打磨抛光棒。同学 D 提供刻刀、锯片、胶水、小磁铁、铁钉、榔头等用具。

(三)小组合作、构建模型

构建模型需要小组同学相互协作、共同完成,小组由四名成员组成,构建模型的具体过程如下。

1. 精读教材,画图建模

每名同学先将必修1第6章第1节"细胞的增殖"和必修2第2章第1节"减数分裂和受精作用"精读2遍,再在草稿纸上画出含2对同源染色体的细胞进行有丝分裂和减数分裂的过程图,然后在组长的带领下,小组成员围绕图像展开讨论、互相纠错、共同完善,教师在旁聆听并适时给予必要的指导。

构建的图像模型应体现如下过程。

①有丝分裂前期，细胞内的 4 条含姐妹染色单体的染色体散乱分布；中期，4 条染色体的着丝点整齐地排列在细胞中央赤道板平面上；后期，着丝点裂开、姐妹染色单体分开，细胞内含 8 条染色体。

②减数第一次分裂前期，2 对同源染色体联会、形成 2 个四分体；中期，2 对同源染色体整齐地排列在赤道板两侧；后期，同源染色体分离开、分别移向细胞两极。

③减数第二次分裂前期，细胞内的 2 条含姐妹染色单体的非同源染色体散乱分布；中期，2 条非同源染色体的着丝点排列在赤道板上；后期，着丝点裂开、姐妹染色单体分开，细胞内含 4 条染色体。

2. 据图讨论，确定方案

组长组织组内成员根据以上图像模型对实物模型的制作方案展开讨论，结果如下(见下图)：①用长短不同的"染色体木片"代表非同源染色体，其中木片 4 根较长、4 根较短；用不同的颜色表示染色体的来源不同，其中 4 根蓝色木片(两长两短)表示该染色体来自父方，4 根红色木片(两长两短)表示该染色体来自母方。②用磁铁代表着丝点，每根"染色体木片"的中部粘贴一个磁铁，长度和颜色均相同的木片可以通过磁铁相互吸引，表示含有姐妹染色单体的一条染色体，拆开磁铁可表示着丝点分裂、两条姐妹染色单体分开成为两条子染色体的过程。③由于模拟植物细胞的背景木板较厚且磁铁的吸力有限，若利用位于木板背面的磁铁的引力来牵引正面的"染色体木片"移动非常容易脱落，故同学们决定在背景木板上刻出纺锤形的移动轨道，又由于有丝分裂中期着丝点排列在赤道板平面上，还需在背景木板中央刻出该平面位置。④为使"染色体木片"在"细胞背景木板"的轨道上自由移动而不脱落，采用边长略大于轨道宽度的方木块衬于背景木板后，通过小铁钉将"染色体木片"与方木块连接起来。

① ② ③ ④

"细胞分裂"物理模型的制作方案

3. 小组合作，动手建模

在组长的组织下，小组四名成员分为两组，第一组负责"细胞背景木板"，第二组负责"染色体木片"。第一组同学先将木板锯成约 30 cm×40 cm 的长方形，再用铅笔在木板上描画出纺锤形和赤道板平面的移动轨道，然后两人互相配合、用刻刀和锯子等沿笔迹刻出移动轨道。第二组同学先用铅笔在冰棍木片上描画出染色体形态，再用刻刀刻制，然后用打磨抛光棒将边缘打磨光滑，最后在每根木片中央粘贴磁铁。两组分别完成任务后，大家共同完成安装工作，即用小铁钉将正面的"染色体木片"与背面的方木块连接起来，这样"染色体"就能沿着轨道在"细胞"里移动了。

（四）展示模型、组内互评

小组四名成员共同为全班同学展示模型，同学 A 负责全程语言讲解，同学 B 负责展示有丝分裂分裂期，同学 C 和 D 分别展示减数第一次分裂和减数第二次分裂的分裂期。展示模型时，同学 A 首先描述有丝分裂和减数分裂的概念及区别，再解释分裂间期细胞中的主要变化即进行 DNA 的复制和有关蛋白质的合成，然后同学 B、C、D 依次出场用实物模型构建出有丝分裂和减数分裂分裂期细胞中染色体的动态变化过程（见下图），同学 A 同时进行语言讲解，最后针对其他同学的提问，小组成员一一解答。

有丝分裂前、中、后期　　减数第一次分裂前、中、后期　　减数第二次分裂前、中、后期

"细胞分裂"物理模型的展示过程

共同展示模型后，小组四名成员完成评价量表（见下表），对在构建物理模型的活动中自己、队友的表现进行评价。小组成员填完后，由教师进行评价和总结。

小组合作构建"细胞分裂"物理模型的评价表

班级		填表时间			
模型名称		小组名称			
组长		组员			
活动起止时间		指导教师			
评价内容		自评	互评	师评	
组长组织工作	能积极为小组服务	□好 □一般 □差	□好 □一般 □差	□好 □一般 □差	
	能平均、合理地分配任务	□好 □一般 □差	□好 □一般 □差	□好 □一般 □差	
	能做好材料的搜集和整理工作	□好 □一般 □差	□好 □一般 □差	□好 □一般 □差	
小组合作情况	每个成员都积极参与活动	□好 □一般 □差	□好 □一般 □差	□好 □一般 □差	
	每个成员都有明确的任务	□好 □一般 □差	□好 □一般 □差	□好 □一般 □差	
	每个成员都能认真完成各自任务	□好 □一般 □差	□好 □一般 □差	□好 □一般 □差	
	小组成员间互助互学	□好 □一般 □差	□好 □一般 □差	□好 □一般 □差	
	小组合作氛围愉快、效果好	□好 □一般 □差	□好 □一般 □差	□好 □一般 □差	
个人收获	活动中我能发挥特长、施展才能	□好 □一般 □差	□好 □一般 □差	□好 □一般 □差	
	遇到问题不退缩、想办法解决	□好 □一般 □差	□好 □一般 □差	□好 □一般 □差	
	我与人交往的能力有所提高	□好 □一般 □差	□好 □一般 □差	□好 □一般 □差	
	我能独立描述细胞分裂的过程	□好 □一般 □差	□好 □一般 □差	□好 □一般 □差	
总体体会	小组活动中遇到哪些困难，怎样克服？				
	小组活动中_____的表现最突出，他(她)的具体表现有哪些？				
	我的体会和感受有哪些？还有哪些方面仍需努力？				

(五)反思及建议

通过小组合作构建的"细胞分裂"物理模型，具有以下优点：①形象地展示出有丝分裂和减数分裂的动态变化过程；②直观地展示出姐妹染色单体、着丝点、子染色体的变化；③使同源染色体、非同源染色体等概念具体化，更易辨识；④该模型能反复使用，帮助学生加深对有丝分裂和减数分裂异同点的理解。当然，该模型也有一定的局限性，如模型未能表现出染色质与染色体的区别和染色体的化学组成，也未能表示分裂末期植物细胞板的形成及细胞质的分裂过程等。

在构建模型的活动中，往往需要进行观察、归纳和演绎，需要运用已有知识进行假设和模拟，将头脑中抽象的概念具体化、形象化；通过亲身参与这样的活动，学生在探索思考中可以体会到模型建构的方法，获得成功的喜悦，才可能将模型方法内化为认知图式，获得认知水平上的提升。然而，模型并不是一成不变的，而是带有试探性和创新性的。模型是发展变化的，这也决定了构建模型的过程必须经过思维的碰撞、认知的结合、结果的反馈等，才能在发展中不断完善。

参考文献

[1]朱正威，赵占良. 生物1·必修·分子与细胞[M]. 北京：人民教育出版社，2007.

[2]蒋丹. 模型与模型建构在高中生物学教学中的价值[J]. 生物学教学，2010，35(12).

十五、"学案导学"模式在信息技术课堂的实施

双流中学　戴　荣

摘要：在新课改的背景下，在双流中学全面推行"学案导学"模式的环境下，本文从学案编排到教学实践，初步探索"学案导学"在信息技术课堂中的实施策略。

关键词：学案导学；学案；优势

在实施以创新精神和实践能力为重点的信息技术的素质教育中，帮助学生形成一种主动探求知识，并重视解决实际问题的积极的学习方式已成为主要的指导思想。鉴于信息技术学科操作性强、学生自主学习的时间多、学习过程以"任务型"为主的特点，不仅为教师由"知识讲解者、传递者、灌输者"转变成学生的"指导者、帮助者、促进者"这一角色的转换提供了前提与保障，也为尝试着进行"学案教学法"的探索与实践提供了便利。著名教育心理学家布鲁纳（Bruner）的"发现学习"理论强调：

学生的学习应是主动发现的过程，而不是被动地接受知识。这些理论为学案导学提供了理论依据。

（一）什么是"学案导学"

"学案导学"教学法是一种新型的教学模式，它旨在通过学生的自主学习，培养学生的自学能力，提高教学效益。

学案即导学方案，是信息技术全组老师集体备课的结晶，它是从"教案"到"学案"的转变，是把教师的教学目标转化为学生学习的目标，把学习目标设计成学习方案交给学生。"学案导学"是指教学中，教师在写好自己教案的同时，结合教学内容和学生的学习特点，为学生编写出一份学案，供学生在课下预习、课上使用和课后复习巩固。学案不同于教案，教案的着眼点和侧重点在于教师讲什么和怎么讲，而学案的着眼点和侧重点在于开启学生智慧，调动学生积极性，发展学生知识和能力。教案重在教，学案重在学；教案以教师为中心，学案以学生为中心；教案强调"给予"，学案强调"拿来"；教案侧重"学会"，学案侧重"会学"；教案追求的境界是"谆谆教海，海人不倦"，学案追求的目标是"海阔凭鱼跃，天高任鸟飞"。二者虽密切相连，最终目标一致，但在课堂角色、教育观念、课堂结构、教学方法等方面，有着本质的区别。学案教学，旨在培养学生的主体参与，培养学生的创新意识和创新思维。充分体现了教师的主导作用和学生的主体作用，使主导作用和主体作用和谐统一，发挥最大效益。

（二）怎样来编制学案

首先，学案的编制要以教案为依据，要体现出学生学习的心理特点，要根据不同的教学内容进行设计，但不是任意教学内容均可用此法；其次，学案要清楚完整地反映所要求掌握的知识点以及应培养的能力；最后，在学案上，要给学生留出记笔记和做小结的地方，以便学生写自己的心得、体会和疑问，以利于学生的自我调节和提高。笔者以为：一个较为合理与完整的学案一般可以分为以下四个部分。

1. 学习目标

无论是对学生还是对教师，学习目标是方向，是动力。因此，制定的目标，既要切实可行，又要使学生感到跳一下能摸得着。比如，在"IP 地址及其管理"教学中的知识技能目标是：①掌握 IP 地址的概念、格式、分类；②掌握子网掩码的作用；③了解 IP 地址的管理方式及 IP 地址资源的分配情况。

2. 知识构成

信息技术学科知识构成可以分成基本线索、基础知识和基本操作技能三个部分。线索是对一节课内容的高度概括，编写时，它一般以填空的形式出现，让学生在预习的过程中去完成。比如，"IP 地址及其管理"一课中：以 IP 的概念为主线，再逐步深入与 IP 相关的理论知识的研究，如子网掩码、IP 地址的分配等，由表及里，由浅到深……基础知识是学案的核心部分，主要包括知识结构框架、基本知识点、教师的点拨和设疑、印证的材料（典型范例）等。比如，IP 地址的格式、分类，是什么子网掩码等。基本操作技能则是让学生掌握最基本的相关操作的一般要求。比如，如何查询、设置自己电脑的 IP 地址，如何识别自己的 IP 地址属于哪一类，如何利用子网掩码来划分网络号和主机号等。上述要素的编排要体现教师的授课意图。对于重要的知识点，可以以案例的形式出现，让学生在课下预习或复习时完成，从结构和细节上对所学内容进行了解、理解与掌握。对于重点内容要设计思考题、操作练习题，供学生在预习时思考与操练，上课时老师再与学生一起讨论、分析、演示。同时，可以引用一些现成的网络资料及相关范例，以加深对所学知识的实际应用的理解和印证。

3. 学习方法

学案中所介绍的学习方法主要是针对信息技术所学内容设计的。一般包括记忆方法、理解角度、理论运用、操作方法、自主学习、任务探究、小组协作等。比如，在学习"IP 地址及其管理"时，笔者为学生提供了以下学习方法：①任务驱动—体验探究法；②小组协作式学习法；③自主学习法。

4. 技能训练

技能训练是对一节课学习的检验，信息技术学科一般有选择题和操作题。训练题的设计，要体现出针对性、实用性和可操作性，既要有基础知识的检验，又要有基本技能的训练。这些练习有的在课上完成，有的是课下作业。

（三）学案在实际教学中的应用

下面笔者从自己的实践、探索过程出发，以"IP 地址及其管理"为例，浅谈一下学案在信息技术课程中的实际应用。

"IP 地址及其管理"学案

班级＿＿＿＿　小组＿＿＿＿　学号＿＿＿＿　姓名＿＿＿＿

一、教学目标

(一)知识与技能

①掌握 IP 地址的概念、格式、分类。

②掌握子网掩码的作用。

③了解 IP 地址的管理方式及 IP 地址资源的分配情况。

(二)过程与方法

在探究知识的过程中，以 IP 的概念为主线，再逐步深入与 IP 相关的理论知识的研究，如子网掩码、IP 地址的分配等，由表及里，由浅到深。

(三)情感态度和价值观

①克服畏难情绪，体会到学习理论的快乐，为以后学习理论知识找到合适的方法。

②认识 IP 地址资源的有限及分配的不平衡，体验民族的危机感。

二、教学内容

①IP 地址的概念

②IP 地址格式

③IP 地址的分类

④子网掩码

三、教学方法

①任务驱动—体验探究法

②小组协作式学习法

③自主学习法

四、教学过程

(一)提出问题(3分钟)

1. 你操作的计算机的 IP 地址是＿＿＿＿子网掩码(Subnet Mask)是＿＿＿＿。

2. 一个 8 位的二进制数所表示的数的范围如下：

	二进制	十进制
最小的数		
最大的数		

(二)分析问题(10 分钟)

1. 阅读课本第 45～46 页 IP 地址的分类部分，模拟 ABC 三类地址，通过填充颜色，用黑白两种不同的颜色，区分网络位与主机位，黑色代表网络位，白色代表主机位(把网络地址位涂黑)。

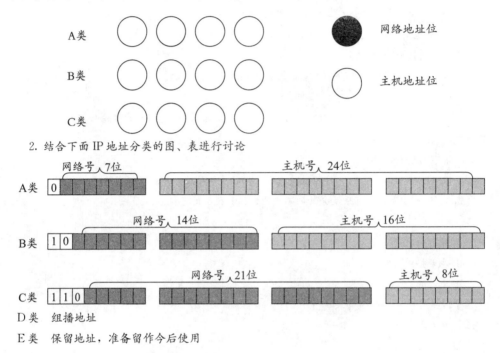

2. 结合下面 IP 地址分类的图、表进行讨论

D 类   组播地址

E 类   保留地址，准备留作今后使用

三类 IP 地址的比较

IP 地址	地址范围	可支持的 网络数目	每个网络 支持的主机数	适用的 网络规模	范例
A 类	1. x. y. z—126. x. y. z	126 (2 的 7 次方—2)	16 777 214 (2 的 24 次方—2)		10. 7. 9. 100
B 类	128. x. y. z—191. x. y. z	16 384 (2 的 14 次方)	65 534 (2 的 16 次方—2)		172. 16. 0. 244
C 类	192. x. y. z—223. x. y. z	2 097 152 (2 的 21 次方)	254 (2 的 8 次方—2)		192. 168. 2. 1

注：第一，127. *. *. * 是系统保留地址，不能使用。

第二，主机数减 2 原因：主机号不能为全 0 或全 1；全 0 表示网络地址，全 1 表示广播地址。

讨论：

①三类 IP 是如何区分的(思考、口头回答)？

②下列哪个 IP 地址是不合法的(　　)

A. 202.100.199.8　　　　　　　　B. 202.172.16.35

C. 172.16.16.16　　　　　　　　　D. 192.168.258.1

③假如某公司要建立一个拥有 1500 台计算机规模的网络，可采用_____类 IP 地址；假如要建立一个拥有 200 台计算机规模的网络，可采用_____类 IP 地址。

④你现在使用的计算机的 IP 地址，属于_____类地址，IP 地址 172.16.16.16 属于_____类地址，网络号是_____。

(三)超级挑战(5 分钟)

此表是老师在 IP 地址设计窗口设计的三类 IP 地址，及电脑自动生成的子网掩码，同时老师列出了三类 IP 地址的网络地址。

	IP 地址	自动生成的子网掩码	此 IP 地址的网络地址
A 类	10.7.9.100	255.0.0.0	10
B 类	172.16.10.2	255.255.0.0	172.16
C 类	192.168.1.8	255.255.255.0	192.168.1

讨论：根据三类 IP 自动生成的子网掩码的不同及最后的网络地址，子网掩码的作用是_____
_____。

上表的三类 IP 地址的网络号是根据系统默认的子网掩码得到的，但大多时候，我们需要根据网络的规模自己指定子网掩码，用来划分网络地址和主机地址。

子网掩码的作用过程：

255 的二进制数是 11111111(8 个 1)

```
            10   .   7    .   9    .   100
         00001010  00000111  00001001  01100100   (IP地址)
 AND(与运算) 11111111  11111111  11111111  00000000   (子网掩码)
         ─────────────────────────────────────────
         00001010  00000111  00001001  00000000
```

10 . 7 . 9 . 0

网络号

结合子网掩码，你现在使用的计算机的 IP 地址，网络号是＿＿＿＿＿＿。

（四）解决问题（3 分钟）

1. 一台 IP 地址为 192.168.2.8 的电脑移到网络号为 192.168.3 的局域网中，地址需改为＿＿＿＿＿＿。

2. IP 地址资源的不足，如何解决？

方法一：

方法二：

（四）学案导学优势体现

在实际教学中，我发现在信息技术课堂上实施"学案导学"能够有效地提高学生的操作技能和探索创新能力。主要表现在以下几个方面。

1. 目标明确

一份好的学案，首先包括教学目标。同学们有了学案，就非常明确一节课要学习哪些知识，达到什么要求，并且贯穿课堂的始终，使学生对教学目标始终有明确清晰的认识。

2. 关注学生的差异

学案，体现的是整节课的学生学习的过程和方法。信息技术教学最明显的特点是学生水平参差不齐，在以前的教学中，经常使用的方法是让做得好、做得快的同学去帮助操作不是很熟练甚至不会操作的同学，这样，时间长了，我发现学得好的同学一节课下来，感觉没有学到更多的知识，而学得不太好的同学，则出现了明显的依赖心理。成功的课堂应该是每个同学都得到充分的发展。面对这种现状，学案教学充分发挥了它的优势，在设计学案的时候，可以设计难度不同的任务，学得好的同学可以多完成任务，或者有难度的任务，而学得不太好的同学，则可以选择完成适合自己的任务。这样，学生一堂课都感觉有事情可做，时刻都在挑战着自己，学习情绪和学习兴趣都有了明显的提高，而且平时不太动脑筋的同学也对照学案认认真真地做起来，整体学习能力和操作水平有明显的提高。学案导学很好地满足了不同水平学生的需要，关注了学生的差异，使信息技术课堂更具有了生机和活力。

3. 有利于学生的自主学习

信息技术教学的根本目的在于培养学生的信息素养，如何培养学生获取信息，处理信息（存储、分析、加工），传递和使用信息的能力，是信息技术教学首先要思考的问题。在课堂中，使用学案，有利于培养学生自主学习的能力，学生可以根据学案中要学习的内容，自主地规划学习过程以及时间的分配等，从而更好地完成学习任务。学案的使用，给学生自主学习提供了广阔的空间，这对学生学习能力的培养也是大有好处的，使学生真正成了学习的主人。

4. 渗透学法指导

一份好的学案，应该渗透对学生学法的指导。在信息技术课堂中，大多是操作技能的学习，"任务驱动"是信息技术课堂用得最多的教学方法，在学案中也能充分地体现出来。同时，对于有难度的问题，学案设计时，可以分解为很多的小任务，学生在完成一个个小任务的同时不仅可以掌握应该掌握的技能，还可以让学生记下自己的操作过程或者发现解决问题时的心得体会，记录的过程就是学生自己总结规律的过程。这也让每个学生都有小小的成就感，比教师的表扬更有鼓舞学生的作用，并且掌握的知识技能学生也不容易遗忘。

5. 有利于课堂小结

课堂小节，是一堂好课必不可少的环节。以往，都是"请同学们想一想，这节课你学到了哪些知识？"这样的课堂小结，往往有点流于形式，没有起到梳理本节课知识的目的。有了学案，可以让学生看着学案，包括自己上课的记录，来梳理学习的知识，有了学案这个依据，学生的思路会变得顺畅，知识也变得有条理，使课堂小结发挥出真正的作用。

6. 有利于课后的复习

学案，是教师根据教学内容以及学生的认知特点精心编写的，在学生课下复习的时候，就成了学生的好助手，看着学案，学生目标明确，学习过程也重现在面前，知识点也会复习得比较全面。

7. 有利于过程性评价

信息技术与其他高考科目不一样，不可能有大量的课后作业，也很少有平时的考试测验。因此，学生完成的学案可以作为学生过程性评价的一个重要参考，可操作性也很强。

学案，是老师的备课思路的展现，也是学生学习过程的依据。"学案导学"的教学模式也不仅仅是笔者这么寥寥数语所能表述完全的，完整的"学案导学"模式包括预习案、课堂案、练习案。这"三案"在使用上还有很多的学问。但信息技术课有其特殊性，尤其在高中，学生在课业压力已经很大的情况下，几乎不可能花时间来预习信息技术，也不太可能课后花大量时间来做信息技术作业。因此，笔者认为，就信息技术课而言，我们应该结合学科特点及客观实际，有选择性、有针对性地设计具有本学科特色的学案，向有限的课时要质量。如何精心设计学案，如何应用学案来提高信息技术课堂教学的有效性，值得笔者及所有信息技术教师不断探索。

参考文献

[1]朱培志．自主学习不等于自己学习[N]．光明日报，2004．

[2]三段式学案导学教学法浅谈[EB/OL]．http：//ja．3edu．net．

[3]丁慧玲．发挥"学案导学"作用　培养学生自主学习英语的能力[J]．科学大众（科学教育），2010(2)．

双流中学数学组合影

双流中学语文组合影

双流中学英语组合影

双流中学政治组合影

双流中学历史组合影

双流中学地理组合影

双流中学物理组合影

双流中学化学组合影

双流中学生物组合影

双流中学现代技术组合影

"本真课堂"的影响与推广

一、"三段教学"的影响与推广

（一）韩立福教授（中央教科所）谈"三段教学"

2009 年 12 月 5 日至 6 日，中央教科所有效课堂教学研究专家韩立福教授亲临棠湖中学，具体指导教师们的"三段教学"课堂，指导教师们修改即将发表在国家级刊物上的教学论文，并高度评价学校"三段教学"取得的成果。

韩教授说：棠湖中学在课堂教学改革、实施"三段教学"的实践中取得了突破性进展，真正实现了从高一到高三的全面推进，这是全国罕见的；推进力度大，成效显著，是全国高中新课改的典范，堪称"西部高中课改先锋"；棠湖中学在新课改方面探索出了一条有效途径和一个成功模式，取得的成绩是其他学校难以企及的，值得全国的学校借鉴和推广。

韩教授特别指出：棠湖中学通过几年实践探索，"三段教学"已经成型，开发出了具有先进理念的学生学习工具《学与导》，高中课堂教学实现了全面转型，教师角

中央教科所韩立福教授高度评价棠湖中学"三段教学"

色从过去的传授者、讲解者转型为引领者、合作者、指导者，教师素养大大提高，走向了专业化发展，很多同志将成长为专家型教师；学生由过去的消极被动学习走向了积极主动的自主、合作、探究性学习，学生的学习积极性、求知欲、学习能力和综合素质得到了极大提升。

韩教授希望老师们进一步转变理念、角色和行为，进一步处理好"课型""问题""目标"三者的关系，处理好"教材""学与导""笔记"三者的关系，进一步精心设计课堂教学流程和方法，进一步加强学生学习方法的指导和加强小组合作学习评价激励机制的建设。他还建议教学设计要逐步搞电子备课，教师要建立教育教学博客等。

2010年3月9日至11日，中央教科所有效课堂教学研究专家韩立福教授再次亲临我校，为即将召开的"全国高中新课程有效教学专题研讨会"做指导工作。

在研讨会上，韩立福教授就"实施三段教学，教师有何改变？""学生有何改变？""三段教学模式的推广价值何在？"三个问题向与会老师提问，并结合实际提出"教师要加快观念转变和角色转变，不断提高自身专业素质，要主动积极地从传统讲授式教师走向智慧型教师"的要求。

紧接着，韩立福教授根据观课的情况，总结了本次课堂的进步之处。

第一，学校所有课堂教学正在体现素质教育思想和新课程理念，都能够按"三段教学"进行有效组织，教师的角色已发生本质性变化，已经成长为学生有效学习的组织者、指导者和评价者，师生共同创建了自主合作、和谐民主的人文课堂。

第二，学生学习方式发生重大转变，已经不同程度地学会了自主合作探究学习，学生课堂表现积极，踊跃发言，主动参与，积极思考，能够在教师的指导下进行有效学习，尤其是学生的表达能力、学科思维能力、展示学习能力得到明显提高。

第三，教师课堂行为上，有了巨大的变化和成就，在问题指导、组织学习、情境刺激、评价激励方面处理得比较科学，能够根据学生需要组织学生共同解决问题，敢于退出主角，放手让学生进行自主学习和小组讨论，使问题解决有深度有质量，确保了三段式课堂教学的质量。

紧接着，韩立福教授从八个角度提出了问题供全体教师思考：课堂教学效果和操作、教师既成角色、教学组织与《学与导》教学工具的融洽度、小组合作学习、小组讨论、展示交流程度、结构化预习、学习效果的评价落实及贫困生成长。韩教授和与会教师诚恳地交换意见，解答了教师们提出的疑问和困难，指出了近期工作中的不足之处，并对教师们提出了殷切的希望。

（整理：熊波　任飞扬）

在全国高中新课程有效教学专题研讨会上介绍棠湖中学"三段教学"

（二）棠湖中学"三段教学"被确定为省级骨干教师培训会重要内容

2009 年 11 月 24 日，为期一周的 2009 年四川省省级化学骨干教师培训会议在棠湖中学举行，"三段教学"被确定为此次培训会的一项重要内容。参会领导和教师们对我校正在进行的教育教学改革的实践探索给予了极高的评价。

四川省教育厅和四川师范大学的领导出席了当天的开幕式。省教育厅李处长在讲话中指出，将省级骨干教师培训地点选定在高中学校现场，这是培训中心在培训模式上的一个创新和探索，省教育厅对此十分关注，希望学员能充分把握在棠湖中学的这次学习机会，为明年高中新课改做好准备。四川师范大学的领导也在讲话中谈到，棠湖中学在教育教学改革方面的成功经验，可以为骨干教师的学习交流提供更高的平台，以利于教师的专业化发展。

开幕式上，熊伟校长向来自全省各地的领导专家和教师表示了最热烈的欢迎，熊伟校长指出，省教育厅指定我校承办本次培训是对我校新课改探索的肯定，也是对我校的鞭策和勉励，本周我校的课堂将向各位专家和教师敞开，接受大家的指导。随后，熊伟校长在大会上做了题为"解析'三段教学'，全方位实施素质教育"的报告，向专家和教师们详细介绍了我校实施"三格教育"和"三段教学"的基本情况，就我校的教育管理理念、办学特色、"三段教学"具体实施细节、师生们的可喜变化及取得的成绩等同大家进行了交流。

25日，我校化学教研组组长肖光明老师在培训会上为教师们做了一堂题为"'三段教学'在化学教学中的实践"专题讲座。肖老师的讲座扎根化学课堂，理论联系实际，内容充实，观点前瞻，在教师们中间引起了强烈的反响。大家一致认为，棠湖中学化学组在课堂教学改革方面的探索体现了新课程理念，有助于激发学生学习热情，提高学生学习主动性，具有极强的操作性，具有推广和示范作用。

26日开始，部分专家通过现场教学课例进行培训。课堂上，我校同学积极思考，主动探索，展示出了良好的综合素质和积极向上的精神风貌。我校青年教师叶书艳也为培训会献了一节优质课。

此次培训，各地的教师们都深感不虚此行，收获颇丰。培训之余，教师们深入棠湖中学校园参观考察，我校鲜明的办学特色、精细化的教育管理和浓厚的校园文化氛围都给他们留下了深刻的印象。

（整理：熊波　任飞扬）

（三）成都市教科所肯定棠湖中学"三段教学"所获成果

2009年11月11日，成都市教科所钟楠副所长率领各学科教研员一行10人到我校调研"三段教学"取得的成果，高度评价了我校在新课改中做出的积极探索。

上午8：30，熊校长向市教科所的教研员们介绍了我校推进"三段教学"的背景、指导思想，教学思路，课前、课中、课后的教学环节和目前推进的情况。9：00，在我校有关领导的陪同下，语文、数学、英语、物理、化学、生物、政治、历史、地理等学科教研员纷纷走进课堂，对我校不同年级不同层次的班级展开了深入的调研。听课过程中，教研员们认真观察课堂教学情况，时而会意微笑，时而陷入沉思，时而欣然鼓掌，时而巡视学生活动情况，不时记录下生生互动、师生互动等课堂教学场景。课后，教研员们翻阅了《学与导》，并就本学科的相关内容和授课教师、学生进行了亲切的交谈。随后，各教研组长组织本组教师围绕"三段教学"研究实践过程中的具体问题，和教研员们展开了深入细致的评课交流活动；教师们认真聆听了教研员针对下一步如何更好地开展"'三段教学'"实践工作的指导意见。

下午，本次调研的总结交流会在我校三楼会议室召开，各位教研员对我校开展的"三段教学"纷纷给予了高度赞扬。教科所中学室罗主任和教研员们认为，"三段教学"是改变传统教学模式的积极实践，不仅提升了教学质量，更体现了以人为本的教育思想，真正落实了"以学生为主体，教师为主导"的教学理念。该模式激发了学生的学习热情，培养了学生良好的学习习惯，提高了学生学习的积极性、主动性，从"老师要我学"转变为"老师，我要学"，提高了学生自主学习、合作学习、探究学习的能力，增强了学生独立思考、合作共存、交流表达和创新实践的能力。同时，该模式的实践真正转变了教师的教学观念，改变了传统的教学方法，提高了教师的教育教学理论水平以及科研水平，促进了教师的专业化发展。他们还高度评价了我校教师敢于实践、勤于钻研的精神，认为我校教师在教学工作中表现出了极大的创造性和课改意识。钟所长还特别指出：高中课堂在变化，棠湖中学能够走在前面，营造全员积极参与的良好的氛围，体现了学校领导班子的胆识。

会上，教研员们还对实践中的不足之处提出了中肯的意见和建议，鼓励我校全体教师在继续深化实施"三段教学"的过程中再接再厉，对不同学科不同类型的课堂教学展开更加深入的研究，争取在全市范围内起到更好的推广示范作用。

（整理：熊波　任飞扬）

（四）棠湖中学"三段教学"在九龙开花

2009 年 10 月 25 日至 30 日，双流县对口支援九龙县教育交流活动在九龙县隆重进行。棠湖中学刘凯副校长应邀向九龙县教育局各界做了题为"'三段教学'的实践与研究"的专题报告；棠湖中学张端午老师以"函数的单调性"为内容展示了一堂示范课。

10 月 27 日上午，张老师在九龙中学高一上示范课。张老师课堂上熟练运用"三段教学"，通过"创境设问"和"互动解疑"，帮助学生打开了思路，将学生的积极性激发出来，各小组同学纷纷举手回答问题，气氛十分活跃。该堂示范课针对基础很差的学生，让大多学生学有所获，十分成功，得到了在座领导和老师们的高度赞扬，他们纷纷表示要好好学习和借鉴"三段教学"。

　　27 日下午，刘凯副校长在九龙县教育局六楼会议室就棠湖中学"三段教学"做了一场精彩的讲座。整个讲座持续了两个多小时，其间不时响起阵阵热烈掌声。讲座结束后，到会老师纷纷要求延长讲座时间，以便他们能够更细致深入地了解和学习。他们表示，该讲座就像一场及时雨，为他们在新课改的背景下如何进行有效教学指明了方向，并希望棠湖中学的领导和教师能够多到九龙县讲座、献课，为他们指点迷津，争取早日把九龙教育推上一个新台阶。

（整理：熊波　任飞扬）

（五）重庆垫江实验中学到棠湖中学交流

　　2010 年 4 月 10 日，垫江实验中学校长携其校行政领导及高三教师 50 余人莅临我校参观交流，观看了我校于 2010 年 3 月 27 日举行的"全国新课程有效教学专题研讨会"中"棠湖中学主题报告"视频。通过视频里熊校长及其所带团队的精彩讲话，以及观看视频后熊校长幽默、精练的讲话，垫江实验中学一行进一步了解了我校的"三格教育"和"三段教学"，垫江实验中学的皮校长当即表示，棠湖中学先进的教育理念和教学方法非常值得他们学习和借鉴，对其即将开始的新课程改革有着很好的启示和引导作用。

（整理：熊波　任飞扬）

（六）重庆市字水中学到棠湖中学参观考察

　　2010 年 7 月 12 日下午，重庆市字水中学党委书记、校长李伟带领该校近 200 名教师到棠湖中学参观考察。棠湖中学党总支书记、校长熊伟，办公室主任熊波等与考察团一行进行了深入交流。

　　在参观校园时，熊校长向考察团一行介绍了棠湖中学"三格教育"理念以及作为这种理念载体之一的校园文化建设。熊校长认为，教育是一个科学化、系统化的工程，在教育过程中，学校应该以"管"为基础、"理"为方法，以专题德育课程为主线，班科密切配合，促进学生全面发展。对于具有潜移默化教育作用的校园文化环境，无论是种植花草树木，还是悬挂图片标语，学校都应该从审美的高度深入规划，以便挖掘其育人功能。基于此，棠湖中学高度重视校园文化建设，设计了校园显性文化建设方案，面向全校师生征求意见，为学校教学楼、学生公寓、园区和道路命名，并打造文化墙，实现校园文化强大的育人功能。考察团一行对"小而风雅，旧而和谐"的棠湖中学校园及底蕴深厚的校园文化给予了高度赞扬。

考察团一行高度肯定"三段教学"在新课程改革中的引领推动作用，李伟校长对熊伟校长敏捷的思维、流畅的表达和深入浅出的说理表示钦佩，对熊校长坦诚无私的交流表示感谢，并邀请熊校长到字水中学做客讲学。

（整理：熊波　任飞扬）

（七）全国高中课堂教学改革实施策略专题研训会暨高中课改样本校经验交流观摩考察活动成功举办

2010年12月16日至18日，由中国教育学会教育机制研究分会主办、北京国基研教育科技研究院承办、棠湖中学协办的"全国高中课堂教学改革实施策略专题研训会暨高中课改样本校经验交流观摩考察活动"在成都新华饭店成功举办。来自全国各地的300多位教育专家、教育行政主管部门领导、高中学校校长与会。

下午2：30，与会人员走进棠湖中学，走进真实的"三段教学"课堂，感受"三格教育"和"三段教学"的魅力。为了向参观学习者展示"原生态"的高效课堂教学，并不断完善提升"三段教学"课堂，棠湖中学一贯坚持所有课堂全面开放，参观者可以自由选择到任意教室听课。同时，在第一阶梯教室，部分与会人员观摩了语文学科组（王娟）和历史学科组（江楠）的"三段教学"竞教课（为了促进"三段教学"的落实和完善，棠湖中学每周都有学科竞教课），中央教科所韩立福教授亲临课堂指导。两节课课型皆为"学生支持型课"，由学科代表组织课堂，教师从旁指导，全体同学积极合作讨论、展示交流，课堂气氛活跃，课堂目标圆满完成，充分体现了"三段教学"的高效，展示了棠湖中学学生较高的素质和能力，也展示了棠湖中学教师先进的课改理念和高超的教学水平。

下午4：30，熊校长与中央教科所韩立福教授以及献课的两位老师同参会代表进行了互动交流。熊校长对大家提出的"'三段教学'对提高升学率的作用""'三段教学'下如何调动教师积极性？""如何在保证课时的情况下推进'三段教学'？""学生支持型课怎样设计？学生主持人如何培训？"等问题一一作答。最后，韩立福教授做了总结发言，对棠湖中学"三段教学"的不断完善给予高度评价，鼓励棠湖中学"更上一层楼"，继续引领和推动高中课程改革。

（整理：熊波　任飞扬）

应邀在"四川名校校长高峰论坛"上畅谈高中新课改

（八）"三段教学"领跑高中课改，四方行家一致称赞

由于"三段教学"有效培养了学生良好的行为习惯和学习习惯，增强了学生独立思考、合作共存、交流表达和创新实践的能力，提高了办学质量，实现了素质教育与应试教育的完美结合，被中央教科所专家誉为"课改先锋"，被四川省教育厅定为"四川省高中新课程改革教师培训学校"，对全省高中学校和教师进行示范和培训。

棠湖中学在高中新课改方面取得的成绩引起了教育界同人的高度关注——仅2010年，棠湖中学就接待了全国各地前来参观学习的学校（团体）共380所共2219人。其中，安岳县实验中学每周派8位教师到校学习一周，预计用一年时间将该校所有教师派到棠湖中学轮训一遍；重庆市凤鸣山中学派教务处主任到棠湖中学随岗学习一个月。

　　2011年2月25日至3月28日，棠湖中学先后接待了广东省崇雅中学(广东省第一所国家级示范高中，建校120多年，在校学生一万多人)、江苏省徐州市教育局、广元市教育局等15个考察团共计415人到校参观学习。

　　熊伟校长及学校部分教师也先后应邀到鹿泉市、深圳市、惠州市、洛阳市、重庆市、成都市、广元市、遂宁市、资阳市、雅安市、攀枝花市、西昌市、阆中市、射洪县、安岳县等地及北京大学做报告、献课共70余次，得到了当地教育主管部门、教科所、学校的高度好评。

（整理：熊波　任飞扬）

校领导、教师应邀到阆中市讲授"三段教学"并献课

（九）共享优质教育资源，力促区域教育均衡

　　为了实现优质教育资源的辐射和共享，促进课程改革目标的实现，棠湖中学积极推荐优秀教师参加全国各级赛课、应邀到其他学校开展献课和讲学活动。

　　我们还致力于探索区域交流新模式，力促区域教育均衡，在与县外兄弟学校的结对帮扶中，棠湖中学做了许多有益探索。

　　2010年7月15日，安岳县教育考察团到棠湖中学参观交流。从2010年10月24日起，安岳实验中学每周选派两名行政干部和六名教师(各学科教研组长、备课组长及优秀教师)到棠湖中学随岗全天候学习(计划送培十六期),全程全面学习棠湖中学的教育教学管理工作。在安岳实验中学编录的《加强教师培训 提升核心竞争力——赴棠中学习感想辑录》中,安岳实验中学刘凡仲校长对棠湖中学做出如下评价:管理方面,制度规范、考核落实、奖惩分明;教学方面,落实"三段教学",贯彻课改精神,发挥学生主体作用,让各个层面的学生都学有所获,学有所用;学生方面,规范行为、张扬个性、丰富社团活动,学生精神风貌好,自信、乐学、积极向上;教师方面,教师凝聚力强,以校为家,共同发展。

　　2011年3月6日,"普格县教育局——棠湖中学交流会"在普格县教育局会议室举行。会上,棠湖中学应邀帮扶普格中学。就两校合作,熊校长从"行政对接""教师培训""科研提升""高三资源共享""网络班建设"五方面提出建设性意见,希望普格中学立足"自身发展为主,外部支援为辅",加强自身造血功能,明确发展定位,着眼长远发展,实行错位发展。熊校长的讲话得到普格县教育局巫局长及与会人员的高度称赞。巫局长认为,熊校长的建议关键、有效,既有对普格县中学的近期帮扶,又有长远规划,对普格中学和普格县教育的发展具有极强的指导作用。他代表普格县教育局向棠湖中学领导及教职工表示真诚的感谢,邀请棠湖中学教师多到普格县交流指导。普格中学刘校长对棠湖中学毫无保留的帮扶表示衷心感谢,对我们"资源共享,共同发展"的大的教育观表示万分钦佩,期望并相信普格县中学乃至普格县教育都将在棠湖中学的帮扶下实现历史性的飞跃和发展。

(整理:熊波　任飞扬)

(十)《中国教育报》2008年7月2日报道

这里,让教育绽放如花
——四川省成都双流棠湖中学特色办学侧记
于金秋

　　位于芙蓉天府之国、物阜民丰之地的成都双流棠湖中学创建于1991年,是一所实行全方位改革试点的公立学校。经过十几年的励精图治,创新办学,棠湖中学迅速崛起,实现了3年建成四川省合格高中、5年建成四川省重点中学、10年建成国家示范性普通高中的"三级跳",产生了闻名全国的"棠中效应",以其全新的运行机制和办学模式，鲜明的多元化办学特色，"以人为本、为师生的发展创设和谐的支撑性环境、帮助每位师生走向成功"的办学理念而声名远播。棠湖中学，如一株教育奇葩，绽放在祖国的西南大地，闪烁着耀眼的光彩！

上篇："别致馨香"的教师培养之花
——让青年教师如沐春风迅速成长

"哪个学校的工作一蹶不振，教师是责无旁贷的；工作搞得出色，也应归功于教师……教师对于学校，犹如太阳对于宇宙。他是推动整个学校机器的力量的源泉。"德国教育家第斯多惠的这句话一语中的，指明了教师对学校的重要性。我们常在想，如果把学校比喻成一棵大树，那么管理层就像深扎于泥土中的树根，教师就像树干，而学生则是枝叶和果实。唯有树干粗壮有力，才能把根部的营养源源不断地输送到树冠，使其枝繁叶茂，硕果累累。那么，棠湖中学的教师培养究竟成果如何？这株"树干"能挺起学校的教育脊梁吗？这是我们采访中一个十分关注的问题。通过走访教师，通过与熊校长交谈，我们在慢慢寻找答案。

在棠湖中学的校园网上，曾经流传着这样一个真实的故事：

　　一对夫妻在棠湖中学本部教书，孩子在棠湖中学外语实验学校读书，一家人都住在棠外。从小学二年级开始，父母就没有给孩子过过生日了。六年级的那一次生日，孩子放学后赶到棠湖中学本部。他对母亲说，这是小学最后一个生日了，他有一个愿望，就是希望妈妈能够陪他过生日。那时，父母恰恰都是高三年级的班主任，没有办法陪孩子。孩子过来了，只能跟他讲清楚，送他回去。那天，下着小雨，孩子撑着一把小伞，孤零零地走在雨中，埋着头回家了。等爸爸妈妈回到家，孩子已经睡着了。妈妈削了一个苹果，放在孩子的床头柜上，写了一个条子，祝福他生日快乐。第二天早上，在孩子起床之前，父母已经离开了家门。

不用多做解释和说明了，从这个故事中，从这对教师身上，我们读懂了什么是"敬业"，什么是"以校为家"！学校究竟有何种魅力能使老师们对工作如此之投入呢？

其实，这都是源于学校能时时处处为教师着想，能让老师们找到人生与工作的幸福和价值，能让他们产生强烈的归属感。在扎实的工作中，能享受到收获的幸福，老师们自然也就乐于工作、勤于工作了。那么，棠湖中学在教师培养上有哪些法宝呢？

评价方式："感情×制度"

新课程理念要求，要"建立促进教师不断提高的评价体系"。且看学校在教师评价制度上的创新之举——"我们对教师的评价有一套科学的办法，注重教师的情感和团体协作。我们有一个口号叫作'感情×制度'，这体现了棠湖中学对人性和感情的高度尊重——没有感情，一切工作就全部都是零！没有任何意义！"熊伟校长说。同时，随着学校的不断发展、壮大和素质教育的深入开展，为了使自身办学水平上档次、出品牌，棠湖中学大力实施"科研兴校"战略，引导教师不断自主发展，促使其由"教书匠"向学者型、研究型、专家型的教师转变，让教师张扬个性，形成特色。学校大胆进行评价改革，大力实施名师工程：第一，设立了"教学成绩等级奖""班主任工作等级奖""科研能力等级奖"以及"校本课程开发奖"等奖项；第二，在校内开展"优秀教师""初级教育专家""中级教育专家""高级教育专家"以及"特级教育专家"等名师的评定，使不同层次的教师都有目标、有奔头，在专业发展之路上不断向新的高峰迈进。

青年教师培养：唯才是用，你行你就上！

建校之初，棠湖中学没有教师，他们采用了招聘引进的方法。1991年至1993年，学校分三次从1300余名报名应聘的教师中选聘出110余名德才兼备的教师，组成了一支年富力强、结构合理的教师队伍。多年来，学校很注重对青年教师的培养，并且已经摸索出了一套成功的经验。"17年来，棠中人坚定不移地走'改革立校'之路，在全省率先实行以'三制一包'（校长负责制、教师聘任制、结构工资制和经费包干）为主要内容的学校管理体制改革，打破了传统教育生产关系的桎梏，促进了学校超常规、跨越式发展！"熊伟校长的话，干练中透着自豪。

为了使发展更具后劲和持久力，学校始终把教师素质摆在突出位置，打破资历界限，唯才是用，动态管理，坚持"同岗同酬、多劳多得、优劳优酬"的分配原则，突出教育工作的质量管理，实行评聘结合与职称挂钩的基本工资制和以贡献分配的奖励工资制，按贡献和实绩分配，激发了教师的潜力。对于先后从省内师范院校精选的优秀毕业生，则采取"学、导、思、担、赛、交"的方式，促进新教师尽快成长。

对青年教师，突出能者上，"待遇留人"。青年教师只要各项工作符合学校的要求，就可以享受与担任同种工作的老教师相同的待遇。"只要你能够站稳讲台，得到学生认可，哪怕你是才毕业的，津贴跟特级教师一个样！"熊校长的这句话掷地有声，告诉我们，在棠湖中学，只要你有才能就一定能得到尊重，只要你是金子就一定能熠熠生辉！

在教师的发展过程中，学校还积极为青年教师提供学习的课堂、搭建展示的舞台，同时充分发挥优秀教师的"传、帮、带"作用。学校根据实际情况，将教师分成不同梯队，提出不同的目标和要求，让大家都有机会参加专业学习和进修。首先，每学期都安排近三年的新教师上"汇报课"，考察他们在师傅的帮助下，教育教学能力提高了多少，还有哪些不足；其次，安排青年教师上"评优课"，每个年级推荐表现突出的教师参加校级赛课，这样既锻炼了他们自己，也给其他教师树立了榜样；最后，骨干教师不仅要上好"示范课"，还要为年轻教师开好专题讲座，介绍教学经验和专业发展体会，以身说教；至于学科带头人和特级教师，学校则安排他们上"研究课"，根据自己的研究课题或教学中遇到的问题或困惑，有针对性地进行教学研究，引领大家朝着专家型、学者型教师的方向发展。

据统计，17年来，棠湖中学投入师资培养经费达250多万元，现拥有特级教师和中学高级教师156人，县级及以上名教师、学科带头人52人、优秀青年教师28人。新来的教师，两三年时间就能在赛课活动中脱颖而出，就可以教高三了。采访期间，我们接触了许多青年教师，他们得益于学校的悉心培养，意气风发，前途风光无限。把他们的经历和感受告诉您，或许这些鲜活的事例比数字和理论更能打动人心，更能说明棠湖中学在教师培养上所取得的成绩——

曾宪雪：刚来棠湖中学，就从高一到高三教了一个完整的过程。刚毕业的时候，只有20岁，胆子很小。师傅就鼓励她，晚上经常熬夜到十一点给她改课件。她是怀着一颗报恩的心在学校里工作。有一年，她参加公招考试，笔试考了第一名，她还是选择了留下。她给出的原因是：很多学生让她感动，她们的关系是亦师亦友。学校对青年教师很信任，支持教师参加各种竞赛，对他们进行鼓励式的教育。在她看来，棠湖中学真的就是感情留人。

杨军：2005年来校。他更倾心于棠湖中学的事业留人。读大学时，杨军的成绩很好。但是到了中学讲台，一跟学生打交道，就感觉自己还是一个小学生。在老教师的指导下，杨军成长很快，一天都没有荒废。在不少学校，大学毕业生得"三届成才"，棠湖中学则是三年成才。所以，在学校发展最为关键的某个时期，有6个月，虽然只拿了237元的工资，但他仍坚定地选择留在了学校，与棠湖中学风雨同舟，与棠湖中学一同进步和成长！

下篇："多彩灵动"的特色教育之花
——让学生全面发展个性飞扬

在棠湖中学的发展征途中，有两大"目标"一直如灯塔般指引着学校前行的方向，成为棠湖中学办学的灵魂性指针：一是"育人目标"，即"六会一长"（会做人、会求知、会生活、会健体、会审美、会创造、有特长）；二是"办学目标"，即把棠湖中学建设成为全国知名的素质教育示范学校。为了达到育人目标，学校从学生实际需要出发，多方开发，形成了棠湖中学的"七大特色"，打造了素质教育的七张靓丽"名片"，让不同潜能的学生都能找到立足点，使"众口"不再"难调"！

第一张"名片"：重视修养立德，突出德育教育特色

重视德育教育，深化德育管理，强化学校德育课堂主渠道是棠湖中学德育教育的特色。早在1995年，学校就提出"人人都是德育工作者"的思想。2001年，学校起草了《棠湖中学德育工作序列化》，确定了学校德育工作的重心：主旋律教育、行为习惯教育、美育教育、心理健康教育和法制教育。学校通过开展"一二·九""五四""九一八"等纪念活动，通过升旗仪式和国旗下讲话、收看《新闻联播》、图片展、影视教育和主题讨论的形式，加强了学生的爱国主义教育。学校每天一节思想品德课，由班主任根据时代要求以及学生实际情况组织开展一系列有针对性的主题班会。同时，成立各种社团，组织学生参与各种文体活动，培养学生高尚的审美情趣，从2002年开始，学校开展了每年一届的"青春才艺大赛"。为推进学校的法制教育，1999年学校与四川大学法学院签署协议，联手开展法制教育活动，多次举办法制教育讲座，学生参与人数上万人次。学校开展的"爱心工程"活动，16年来共为贫困生筹措、减免资金178万元，使近1000名贫困生顺利地完成了高中学业。此外，学校

还组织编写了承载国学精粹的校本教材，力争使学生在民族传统文化、儒家道德精髓的熏陶中修身立德。为了培养学生勤俭朴素、热爱劳动、乐于助人的行为习惯和道德情操，学校组织学生参与以义务劳动、校内值勤和巡逻等为主要内容的"社会实践活动"。

由于创造性地将德育教育工作系列化、课程化、生活化，学校涌现出了许多先进的社会典型。比如，2004 年获得第六届"宋庆龄基金会"奖学金的初 2004 届学生白莹；2005 年获得首届成都市"十佳希望之星"的高 2006 届贫困学生黄甜甜；2005 年为中央电视台所关注的身残志坚的高 2005 届学生左小萃等。他们的高尚风貌和精彩人生在社会产生了良好声誉，充分展现了棠湖中学德育工作的成就，为社会所称道。

学校先后荣获县、市、省"精神文明建设标兵单位""德育工作先进集体"、中小学开展健康教育"先进集体""校风示范校"、爱国主义教育"三百工程"活动"先进集体"等荣誉称号，先后有 210 多名学生被评为省、市、县各级"三好学生""优秀学生干部"等，并有 30 个班集体评为省、市、县各级"先进班集体"。

第二张"名片"：面向全体学生，突出分层教学特色

学校以"帮助每位师生走向成功"为办学宗旨，以"面向全体学生，对每一位学生负责，让学生人人走向成功，从而造就'高出口'毕业生"为指导思想，突出"因材施教、分层教学"的教学特色：从分班开始，抓住选配班主任、师资配备、教学标高、教学方法、教学手段、教学评价、奖励办法等环节，针对不同层次的学生，采取不同的策略，使各层面的学生都学有所得，让学困生学起来，中等生优起来，优等生尖起来，从而使学校教学质量得到全面提高。

第三张"名片"：把握时代要求，突出信息技术特色

学校建校之初，正值微型计算机发展之时。学校领导牢牢抓住这一历史机遇，于 1992 年引进 CSC 办公系统，使学校率先步入以信息技术为特色的快速发展之路。1993 年，学校建成了全县首个计算机教室，并把计算机知识的学习列入了初中、高中一年级的必修课程。1994 年至 1996 年，建成微机网络教室和多媒体电子教室，为各年级和各科室配备了计算机，使学校步入办公自动化阶段。1996 年至 2000 年，

教育、教学和管理工作进入网络化阶段。2005 年至 2007 年，学校共派出 22 位教师参加全国"信息技术与学科教学整合大赛"，获得一等奖 11 项，二等奖 11 项。学校开展的远程教育课题研究受到了国际协作组织的极大关注。学校成为中央电教馆的示范窗口，主研人员多次受到中央电教馆的指派到各大区培训班进行示范讲学。

第四张"名片"：推进创新模式，突出艺体教育特色

艺术、体育特色是学校全力打造的一大亮点。在艺术教育方面，学校坚持"普及与提高相结合、课内与课外相结合、学习与实践相结合"的原则，构建了"三课（音乐、美术、书法课），两班（科学艺术班、艺术特长实验班），一团（海棠艺术团），一活动（课外兴趣活动），一基地（中国人民大学艺术人才基地）"的教育模式，营造了较浓厚的校园文艺氛围，提高了学生的审美情趣。到目前为止，学校已连续招收了 7 届科学艺术班，共 19 个班共计 1000 多人。其中，有 114 人获国家级比赛奖、243 人获省级比赛奖、403 人获市级比赛奖、116 人获县级比赛奖，有 50 人获得重点大学艺术特招生资格。海棠艺术团不仅定期举行汇报演出，而且还多次为来访的考察团举行专场音乐会，与国外来访的艺术团同台竞技，获得好评如潮，蜚声中外。

在体育教育方面，学校坚持"做人、文化、专业三不误"的原则，构建了"一课（体育课），两班（男足班、体育高考专业培训班），两操（课间操、眼保健操），七队（女足队、男足队、田径队、棋艺队、篮球队、武术队、射箭队），一活动（课外体育活动）"的统筹运行管理机制和体育教育模式，增强了学生体质，培养了学生团结协作、拼搏进取的精神。在教育主管部门举办的各类体育比赛中，学校有 53 人次获国家级比赛奖、155 人次获省级比赛奖、186 人次获市级比赛奖、427 人次获县级比赛奖，有 86 人获二级运动员称号；学校荣获了"省体育工作先进单位""北京 2008 奥林匹克教育示范学校"等称号，被国家体育总局确定为"国家级青少年体育俱乐部"。学校从 1991 年建校起就组建了女子足球队，2005 年招收了男子足球班，创造性地探索了足球教育的"体教结合"模式，被亚足联秘书长维拉潘先生赞誉为"值得推广的'棠中模式'"。

第五张"名片"：全面实施素质教育，精心打造多元办学特色

学校既关注学生的艺体特长，又高度重视学生的科学文化特长兴趣的培养，提

出了"合格＋特长"的人才模式，尊重每一个学生的个性需要，发掘其潜质特长，致力于促进学生生动、活泼、主动、全面、和谐、有特色地发展，在全面发展的基础上培养学生的一专之长，为他们终身学习、自我发展奠定基础。为此，学校从班级模式的构建、课程改革、课时安排、课外活动等方面进行创新性的探索和改革，构建一系列班级教育模式：数理实验班、英语实验班及艺术特长班；班级增设的课次都用于研究性学习课程；七年级、八年级和高一年级开设书法课程以及严格控制学生作业量等，以确保学生的兴趣特长得到充分的培养和张扬；要求全体师生周一至周五以年级为单位进行集体体育锻炼，以提升师生身体健康素质；要求每个学生一学期至少要有半小时在公共场所讲演的机会。而标准的普通话、朗朗的读书声以及嘹亮的歌声则成为和谐校园的一道亮丽的风景线。

学校在全面实施素质教育的同时，还积极构建国际化、精品化、多样化的升学渠道，为学生升入国内外著名高校、充分实现自我价值、走向成功搭建最好的发展平台。近两年来，先后有 20 多名学生被英国剑桥大学、帝国理工学院、加拿大多伦多大学、新加坡南洋理工大学（享受新加坡政府全额奖学金）等世界知名大学录取；有 50 余名艺术特长生获得中国人民大学、北京航空航天大学、西南交通大学等重点大学预录资格；有近 30 名学生被北京第二外国语学院（小语种）、四川外语学院（小语种）录取。学校也因此成为国内外众多重点大学的生源学校，包括中国人民大学艺术人才基地、北京外国语大学小语种单独招生生源学校、成都军区国防生源基地、新加坡政府全额奖学金指定公派留学生学校、古巴政府奖学金项目四川省留学人员推荐学校等。

第六张"名片"：打造办学亮点，突出外语教学特色

学校自建校起就十分注重外语教学，从 1993 年起就开始邀请外教到校指导外语教学。同时，在校内开展英语角活动，将每年的 12 月定为学校的"英语活动月"（后更名为"英语文化节"），还构建了适合新课改要求的校本课程以及自主、开放的新型学习方式。学校与中国教育国际交流协会、美国英语学会合作，先后举办了 8 届为期一个月的"英语夏令营"和暑期英语教师培训班，来自北美地区，以及英、澳等国的近 100 名外籍教师利用暑假对来自全省各地的 2000 多名师生进行了英语口语和教学法强化培训。

自 2004 年 8 月起，学校先后招收了一批来自美国、德国、法国、意大利、芬兰

等十多个国家的近50名国际学生，来校进行为期一年的汉语学习和文化交流活动。16年来，学校接待国外教育考察交流团近100起共计400人，近600名师生出国留学、交流访问或参加游学活动。学校因此被授予或成为"联合国教科文组织北京教育学术交流中心定点联系学校""美中教科文组织中国重点合作学校""AFS国际文化交流项目定点派出和接待学校""美国美中文化教育基金会'成都交流中心'"。

第七张"名片"：关注全面健康，突出心理教育特色

学校高度重视学生非智力因素培养，将心理健康教育纳入学校日常课程管理和校本教材，形成学校心理健康教育特色。1999年，学校成立了心理教育领导小组，同年设立了心理健康教育教学教研组，开设了心理健康教育课，开通了心理热线，开辟了心理咨询室，组织了心理协会，为学生上心理健康教育课近千节，自编教案30余万字，建立学生心理档案5000余份，接待学生心理咨询千余次，开展专题讲座20余次，聘请专家开设讲座10余次。2003年在学校主页上设置了"心理健康教育"专栏，同时还利用校园报办了"心育专版"。由于在心理健康教育方面的突出特色，学校于2004年被批准成为"成都市首批心理健康教育实验学校"。

七张靓丽"名片"，犹如七片多彩的"花瓣"，构成了棠湖中学素质教育明艳俏丽的"七瓣花"。但是，这朵神奇之花的"根"在哪里？是什么催开了它呢？熊伟校长的这番话也许是答案吧："在素质教育上，我们始终坚持以人为本，以学生为中心，坚持'三个精细化'，即'精细化育人、精细化管理、精细化服务'的管理思想。面向全体学生，因材施教，分层教学，让每一个学生在文化学习上有'教学导师'、在兴趣特长培养方面有'专业导师'、在思想上有'德育导师'，让每一个学生都学有所获、有所进步、有所成功！"新锐的教育理念，科学的管理方法，人文化的实施手段，这就是熊校长的"办学经"。现在，国家在大力提倡"教育家办学"，从棠湖中学前进的脚步中，从熊伟校长的身上，我们仿佛读懂了"教育家办学"的生动内涵。

"把学校建成成都市周边最好的学校，让进不了成都市内最好中学，却又渴望优质教育的学生将目光投向虽新建却气势飞扬的棠湖中学。"这是棠湖中学创建之初的目标，毋庸置疑，这一目标已经实现了。棠湖中学，以其"立足成都，辐射全国，走向世界"的卓越的办学成绩告诉世人，什么是"最好的中学"，什么是"优质教育"！短暂的采访，恒久的记忆。棠湖中学，这所"时时刻刻、时时处处把师生的发展放在心

坎上"的学校，已经根植在了我们的心里。而今迈步从头越，敢教日月换新天！衷心祝愿"开放、民主、求实、创新"的熊伟校长和他的精英团队，能够用"巧手"浇开更多的"幸福之花"。相信成都双流棠湖中学——这朵绽放在祖国西南宝地的教育奇葩能够长开不败，以自己的别致与明艳，催生教育的光明未来与璀璨希望！

二、"二元导学"的影响与推广

（一）《中国教育报》2013 年 5 月 7 日报道

从德才兼备入手 培养出类拔萃人才
——四川省双流中学校长熊伟谈教育改革与创新
张跃志

　　纵观改革开放 35 年来的发展，中国的教育事业发生了巨大的变化。从"培养有知识、有文化的新一代，为四个现代化做贡献"到"普及九年义务教学，提升全民素质"，再到"以人为本，创办和谐教育"……单从这些教育口号的变化中，我们就可以看出中国的教育，从关注外在的显性的数量到关注内在的隐性的个体的转变！教育慢慢回归到了"人"本位！

　　在举国上下大力倡导践行"中国梦"的今天，作为伴随着改革开放成长起来的新一代教育家——双流中学校长熊伟，对"中国的教育梦"有着更为深刻的认识和体会。30 余年的执教生涯，17 年的治校经历，既让他为见证了"素质教育"在神州大地上的深入发展而自豪，又让他为能够使自己的教育理想得以探索与实践，为中国的教育梦贡献出一分力量而欣慰。

　　2008 年 1 月，熊伟被任命为棠湖中学校长。他带领着全校教职工践行了"大众教育、多元办学"的教育理想，通过实施"三格教育"和"三段教学"，走出了一条教学改革的新路；2012 年 5 月，熊伟又被任命为双流中学的校长，上任伊始的他实施了大刀阔斧的改革，提出以打造特色品牌为目标，以校本课程为载体，实施双商（智商、情商）教育的施政策略。

在学校大会上做"快乐人生"发言

　　是什么原因让熊伟校长在两所学校实施了两种不同的教育理念？他的教育改革和创新之路又是如何展开的？下面就让我们一起来揭开谜底。

不同的两所学校实施不同的教育理念

　　熊伟于 1963 年出生于美丽的山城重庆。1983 年 7 月，开始到垫江三中从事数学教学工作。1992 年，办学伊始的棠湖中学面向社会公开选聘人才。熊伟以数学组考核第一的成绩顺利进入这所学校，没想到一待就是 20 年。在这 20 年里，熊伟见证了棠湖中学发展的整个过程——3 年创建四川省合格高中，5 年创建四川省重点中学，10 年成为国家示范性普通高中。与此同时，他也从普通教师成长为教务处副主任、校长助理、副校长，一步步走到了学校掌门人的位置。2008 年 1 月，被任命为棠湖中学第二任校长的熊伟，和全校教职工一起肩负起了实现棠湖中学"从优秀到卓越"的跨越式发展重任。在深入贯彻素质教育的背景之下，学校按照"六会一长"的育人目标，关注每个学生的个性需要，努力挖掘其潜质，致力于促进学生主动、全面、和谐、有特色地发展，为学生的修身发展打下了坚实的基础。为此，学校从班级模式的构建（建有数学、英语、艺术等特长班）、课程结构、课时安排、课外活动等方面大胆地进行探索和改革，确保学生的兴趣特长得到培养和张扬。

在棠湖中学坚持的"大众教育、多元办学"的办学理念中，"三格教育"和"三段教学"尤为业内人士称道。熊伟也多次在中学校长高级研修班、中学名校校长论坛上面以"解说'棠中效应'"和"多元办学 大众教育"为题目发言。

2012年5月，熊伟入主双流中学。众所周知，一直以来，双流中学都是双流基础教育的风向标和领航者，作为这艘巨轮新船长的熊伟，上任伊始就进行了大刀阔斧的改革，学校中层干部全部实行竞聘上岗，此举犹如一石激起千层浪，在师生中产生了很大的反响。在叫好声与质疑声并存之下，熊伟展现了自己的魄力与胆识，亮剑前行，稳步推进，改革的效应逐渐凸显，古老的双流中学再次生机勃发。

如今，一学年过去了，双流中学新掌门人熊伟的改革步伐越发坚定。熊伟在经过长达数月的深入调查、座谈、研讨和深思熟虑之后，提出了在传承双流中学"以育人为本，面向全体，全面发展"的核心教育价值理念的基础上，以打造"精英教育"品牌为目标，以校本课程为载体，实施双商(智商、情商)教育的施政策略。

不同的教育理念源于不同的教育背景

一个是棠湖中学，实施大众教育；一个是双流中学，打造精英教育。单从外在的形式来看，熊伟校长的教育思想未免也变化得太快了吧？但熊伟校长却以高瞻远瞩的视角给我们做出了合理的解释。

2008年，双流县教育主管部门提出了"高效课堂"的口号，这与以往的"填鸭式""满堂灌"的教学有着本质的不同，它预示着双流教育将从注重"教师完成教学目标"到注重"学生在课堂上学有所得"的转变！作为新任校长的熊伟深刻地认识到，新一轮教学改革的目的将在于全面实施素质教育，深入贯彻以人为本的教育理念。如此一来，如何将新的课程理念落实到教育教学行为过程之中？如何关注每一个学生的发展？如何让教育真正实现"以教师为主导，学生为主体"的理想境界？这些便成为摆在他和众多教育实践者面前的重要任务。

除此之外，熊伟还对学生通过12年的基础教育反而出现素质差距大的现象进行了深入探究。熊伟认为，其原因主要有两个方面，一方面是学生内在的原因，学生的行为习惯养成不到位；另一方面是客观的原因，那就是教师长期运用的传授式教学方式，传授式教学方式对接受能力强的学生有利，但基础知识较弱的学生由于跟不上教师教学的进度，问题越来越多，逐渐失去学习的兴趣，从而导致学生的差距。基于这样的教育背景，棠湖中学实施"三格教育"培养学生良好的习惯，实施"三段教学"改变学生的学习方式，培养学生的全面素质。

而之所以会在双流中学以"精英教育"为教育目标，熊伟校长是如此阐释的："为什么我们的学校总是培养不出杰出人才?"——我国伟大的科学家钱学森曾提出的这句话深深切中了今日中国教育的体制之痛。从总体上看，杰出人才的培养有赖于精英教育的完善和发展，从国际上来看，发展精英教育是各国教育大众化进程中反思后的选择。国家领导人也曾强调："我们教育的目的是培养德、智、体、美全面发展的优秀人才，特别是拔尖人才。"因此，我们应该更新观念，认识精英教育的战略重要性，为我国精英人才的培养寻求可行之策。

不同的教育思想采用不同的教育策略

棠湖中学："三格教育"与"三段教学"。

熊伟任棠湖中学掌门人期间，其在教育改革与创新方面的突出贡献是在该校实施的"三格教育"和"三段教学"。

"三格教育"的具体内容是指"入格—合格—品格"，是在"有利于学生良好意志品质的培养，学生终身学习习惯的养成，学生创新精神能力的提高和棠湖中学独具特色校风的形成"的教育思想指导下，遵循"关爱不悖严格，引导不忘督促，鼓励不替批评，平等不失师尊"的教育原则，采取"班主任德育课程、科任教师三维目标"的教育渠道制定而成的。学校坚持以"管"为基础，"理"为方法，以专题德育课程为主线、"学生成长足迹"为平台、班科密切配合为保证，通过"入格—合格—品格"的递进教育，使学生成为具有仁爱之心、道德之行、宏远之志、智慧之脑、恒久之信、健康之体、卓越之识、创新之能等的"棠中人"。

具体而言，高一年级侧重养成教育，使学生养成良好的生活习惯、学习习惯，初步树立正确的人生价值观，掌握终身受益的强身健体法，取得成为棠中人的基本资格，从而形成良好的班风。高二年级侧重能力培养，使学生活用有效的学习方法，学会审视美、欣赏美和自我美，形成创新意识，培养创新能力，成为名副其实的合格的棠中人，从而形成良好的学风。高三年级侧重个性张扬，使学生生成和张扬个性特长，具有实现目标和理想的恒心，增强自己追求卓越的信心，成为独具品格的棠湖中学的毕业生，从而形成良好的校风。

"三段教学"主要是指"课前、课中、课后"的三段教学，它是学校在坚持"以激发学习内动力为前提，以强化组织教学为保证，以优化教学程序为重点，以激活课堂互动为关键，以落实学习环节为抓手，以迁移知识能力为目的"的指导思想，坚持以"效益在每一个课时，希望在每一个学生，成功在每一个环节"为教学理念，采取"从学困生抓起"的教学策略的形势之下创设的。"三段教学"以学生为主体、以"问题"为主线，以培养能力为核心，通过课前"学生主动发现问题"、课中"师生互动解决问题"、课后"反思升华拓展问题"，"先学后导，内化延展"达到有效教学的目的。

双流中学："双商教育"与"校本课程"

入主双流中学，熊伟基于学校的办学理念、学生的发展需求、情商和智商的协调发展等多方面综合考虑，在充分论证的基础上，提出了培养学生"人文素养、科学素养、身心健康素养、人际交往能力、自我认知和生存能力"五项基础素质以及"独特的智能品质、卓越的领袖气质、执着的创新精神、自主的研究能力、开阔的国际视野"五项特色素质。熊伟认为，精英教育的关键支撑有二：一个是"双商教育"，另一个是"校本课程"。

"双中培养的精英，是在各行各业都出类拔萃的人才。"熊伟说，学校将从德才兼备入手，一要培养其强烈的精英意识，目标远大，意志坚强，能够朝着理想孜孜以求；二要培养其高尚的道德情操，关注民生，关心他人，能够带领团队共同奋斗；三要培养其扎实的业务功底，善于学习，精于创新，能够引领所处领域发展进步。"我们的'精英教育'强调的就是培养具有精英意识，有智慧、有品位、有尊严、有文化的学生！"

要培养"精英"人才，必须"情""智"并重，双流中学从德育和教学两方面来开展双商教育。学校坚持"以导为主，严爱结合"的德育工作模式，建立了多层次、多渠道的德育工作目标管理体系，实现了德育工作的"四化"——课程化、活动化、系列化、创新化。除了德育，"精英教育"还通过"二元导学"教学模式来实现。

校本课程是学校在国家课程和地方课程之外，为实现学校的办学特色、发展学生的特长和发挥教师专业能力而自主研发开设的课程。双流中学自 2003 年开始已经在进行课程改革以及校本课程的研究与实践，至 2010 年高中课程改革正式实施时，已经取得长足进展。双流中学在推进课程改革中逐渐形成了以课堂教学为基础，以课程建设为抓手，以学生创新思维培养为核心，以素质教育为目标的发展思路，形成了比较成熟的课程开发体系与模式——三大类八个板块：文化双流中学领域的"校园文化""师生风采"，高效双流中学领域的"学科拓展""科学素养""人文素养"和智慧双流中学领域的"人格塑造""三课引领"和"人生规划"等。

不同的教育策略为了相同的教育目的

"三格教育"的实施，培养了学生健全的人格和优良的品质，提升了学生的表达能力、思辨能力、组织能力和创造能力，促进了学生健康、积极、全面、长足的发展，营造了"文明、和谐、创新、进取"的校园氛围，形成了"团结协作，永争一流"的校园精神。而"精英教育"的实施，则激发了学生的特长潜能，培养了学生的精英意识，让学生最终成长为具有意志力、领导力、记忆力、领悟力、想象力和创造力的"精英"。尽管实施的教育策略不同，最终却实现了相同的教育目的。

教育的出发点是人，教育的落脚点依然是人，不论是"从学困生抓起"的"三段教学"，还是应注重"双商教育"的"精英教育"品牌，都体现出了熊伟校长作为新时代的教育实践者勇于创新的胆识和魄力，体现出其热爱学生，奉献教育的胸襟和情怀。

翻看熊伟校长的履历表，我们看到，熊伟不仅在教学改革和创新方面取得了突出的成就，而且还先后荣获了"涪陵地区优秀青年教师""成都市优秀教师""全国教育科研杰出管理者"等诸多殊荣，他主持的国家科研课题也获得国家教育部门全国教育科学重点课题成果一等奖。

在双流中学的年度述职报告中，熊伟送给了学校行政班子成员四个字——"严、公、勤、能"。熊伟进一步解释道："这四个字分别代表着严于律己、公平公正、勤恳勤俭、能做能说能写，这也正是我的自我要求。因为只有以身作则，才是合格的领导。"他是这么说的，更是这么做的！

（二）《成都日报》2014 年 10 月 31 日报道

精英教育亮剑前行 多元促进全体发展
——双流中学"精英教育"结硕果

杨　军　　彭　驰

2013 年春，沐浴在蓉城早春的暖阳与和风之中，位于广都大地的国家级名校——双流中学，顺利通过了"四川省一级示范性普通高中"的验收、"四川省阳光体育示范校"的验收、"四川省示范性标准化学生食堂"的验收……获得了一个又一个新的荣誉。回望过去，"双中"风景独好；展望未来，"双中人"自信豪迈……

作为双流基础教育的风向标和领航者，双流中学这艘巨轮的风采与航程格外引人注目。而众多的成绩背后，是以双流中学新任掌门人熊伟为首的"双中人"的付出。2012 年夏天，熊伟入主双流中学，成为这艘巨轮新的"船长"。上任伊始，熊伟就对学校进行了大刀阔斧的改革，学校中层干部全部实行竞聘上岗，此举犹如一石激起千层浪，在师生中产生了很大的反响。在叫好声与质疑声并存之下，熊伟展现了自己的魄力与胆识，亮剑前行，稳步推进，改革的效应逐渐凸显，古老的双流中学再次生机勃发。

转眼间，熊伟到双流中学已经两年多了，在他的带领之下，学校教育教学等各方面改革进入全方位的运行之中。他最初提出的"施政策略"，即在传承双流中学"以育人为本，面向全体，全面发展"的核心教育价值理念的基础上，以打造"精英教育"品牌为目标，以校本课程为载体，实施双商（智商、情商）教育的理念，也早已在双流中学生根发芽，一系列扎实有效的举措逐步实施，一连串丰硕的成果接踵而至。熊伟以自己过人的魄力与胆识，一路亮剑前行，大胆实践，变革的效应如雨后春笋，名校双流中学再次生机勃发。

两年来，在熊伟校长的率领下，家长、老师、学生对双流中学的新变化心悦诚服，社会各界好评如潮。展望未来，他们和校长一样，信心满满，整装待发。

精英教育，双中"四剑齐发"

钱学森的一句"为什么我们的学校总是培养不出杰出人才？"无疑切中了今日中国

的教育体制之痛。对此，熊伟有着自己的理解："从总体上看，杰出人才的培养有赖于精英教育的完善和发展，虽然近年来，精英教育与大众教育存在争议，但从国际上来看，发展精英教育是各国教育大众化进程中反思后的选择。"

熊伟认为，做教育，必须更新观念，认识精英教育的战略重要性，为国家培养更多的"精英人才"。作为教育者，则应担负起为精英人才的培养寻求可行之策的历史重任，熊伟信心十足。

双流中学的"精英教育"是值得称赞的！笔者探访时，熊伟笑着一语道破："双中有'四剑'——'双商教育''二元导学''两类课程'和'国际化教育'。"

"双商教育"情智并重，德育是关键

什么是"精英"人才？熊伟认为，"精英"一方面要有高情商，要具备认识管理情绪、激励控制情感、意志品质修养、交往沟通水平、耐受挫折能力、领导管理艺术六个方面的素养；另一方面要有高智商，包括意志力、领导力、记忆力、领悟力、想象力、创造力六大方面。培养精英，关键在于发现，在于如何遵循教育规律，采用何种方法去引导、启迪、发掘学生的潜能并加以悉心培养，让其最大限度地发光发热。

"双流中学培养的精英，是在各行各业都出类拔萃的人才。"熊伟说，学校将从德才兼备入手，一要培养其强烈的精英意识，目标远大，意志坚强，能够朝着理想孜孜以求；二要培养其高尚的道德情操，关注民生，关心他人，能够带领团队共同奋斗；三要培养其扎实的业务功底，善于学习，精于创新，能够引领所处领域发展进步。"我们的'精英教育'强调的就是培养具有精英意识，有智慧、有品位、有尊严、有文化的学生！"

"每学期开学厘清自己的理想和目标；深入地与家长、老师交谈一次；读一本中外经典名著；找一个名人认真研究成才路径……"教学中，校长熊伟不提考试，不讲分数，而是语重心长地勉励广大学子做好十件事，引发师生们无尽思索。熊校长认为，要培养"精英"人才，必须"情""智"双商并重，而这其中，德育是关键。要把对学生情商的培养贯穿在德育工作中。

学校坚持"以导为主，严爱结合"的德育工作模式，建立了多层次、多渠道的德育工作目标管理体系。

高一年级以"养成教育"为主题，侧重于行为习惯教育、感恩教育、爱国主义教育、集体主义教育、诚信教育、勤奋教育、法制教育、生命教育、健康生活情趣和健全人格的培养教育等。

高二年级以"能力教育"为主题，侧重于阳光自信教育、科技创新教育、耐挫教育、劳动教育、国防教育、人文精神教育、自主学习积极探究习惯教育和自我管理能力教育等。

高三年级以"理想教育"为主题，侧重于自尊自爱自律自强教育、个人理想与社会需要相结合的教育、正确的恋爱观和家庭观教育、成人意识教育、职业理想教育和升学就业指导等。

不同层次的德育工作，学校通过多渠道的方式实施，如每周一次的主题班会、每周国旗下的演讲、定期主题黑板报、定期社团活动、社会实践活动、业余团校、业余党校和各种集会典礼等。通过经常开展这一系列行之有效的活动，充分发挥了学校团委会在青少年道德建设中的作用。双流中学良好的学风、班风和校风，深受社会各界好评。

此外，学校还将在自编校本教材《青少年求真向善尚美德育读本》的基础上，针对"精英教育"开展德育工作，从精英人才需要具备的情商——认识管理情绪、激励控制情感、意志品质修养、交往沟通水平、耐受挫折能力、领导管理艺术六个方面制订计划，编写新的德育校本教材，关爱每个学生，张扬个性特长。

"二元导学"高效教学，实现双目标

除了德育，"高效教学"是"精英教育"的又一亮点。熊伟"高效教学"有自己的理解：要以尽可能少的时间投入，获得尽可能好的教学效果。一是效率的最大化，也就是在单位时间内学生的受益量，主要表现在课堂容量、课内外学业负担等上；二是效益的最优化，也就是学生受教育教学影响的积极程度，主要表现在兴趣培养、习惯养成、学习能力、思维能力与品质等诸多方面。

为了实现高效教学，双流中学采取了"二元导学"教学模式。

其一，提高教师教学的针对性——目标、活动、评价。

目标：根据课程标准，确定每课时的微观教学目标，紧紧围绕此目标组织教学内容，增强内容与目标的关联性。

活动：根据课时微观目标，确定符合学情的教学方式，提高每课时教学活动的实效性，从而达到完成学科宏观教学目标的目的。

评价：根据学生在课中学习过程的信息反馈，在练习、作业、考试中的表现，老师给予激励、启发和有效的评价，从而提高学生的学习热情和纠错的能力。

其二，增强学生学习的参与度——预习、互动、训练。

预习：根据预习提纲，让学生的学习前置，培养学生发现问题的能力和自主学习的能力，从而实现因材施教的目的。

互动：在学习过程中，根据目标和学情，选择符合实际的传授学习、展示学习、合作学习或探究学习等方式，从而实现生生互动、师生互动，达到提高学生学习参与度的目的。

训练：优化课堂例题、习题、课后作业、考试，增强训练的目标性，督促学生有效完成，从而达到学生知识得以迁移的目的。

为了贯彻落实"二元导学"，学校自编了校本教材《益友》（包括"导学案""教学案""练习案"），采用了"学案导学"的操作模式——学生以《益友》为载体，在教师指导下有计划地自主学习。整个"二元导学"的过程，贯彻落实"先学后教，以学定教"的理念，体现教师"主导"、学生"主体"的地位。

采用"二元导学"的高效教学模式，教师教得潇洒，学生学得轻松，最终实现教师"鱼渔双授"，学生"鱼渔双收"的目的，使学生学有目标，学有路径，学有方法，学有信心。

"两类课程"奠基学生发展

在双流中学，学生除了可以选择语言与文学、数学、人文与社会、科学、技术、艺术、体育与健康和综合实践活动八个学习领域外，还可以选择以校本课程为主体的文化、高效和智慧等三个领域八大类课程。

以熊伟为首的"双中人"，一直坚持学校教育要"两类课程"并行。所谓的"两类课程"，就是学校要在开齐开足了国家课程的同时，开设独具特色的校本课程，课程设置要符合学生实际，综合社会实践课、选修课和各种活动课全面开展。现在的"双流中学"，建有学生电视台、校园广播站、学生合唱团、文学社、小记者团、奥赛班、科技创新兴趣小组、业余党校等；学校团委和学生会还组织学生成立了20余个学生

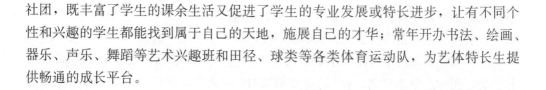

社团，既丰富了学生的课余生活又促进了学生的专业发展或特长进步，让有不同个性和兴趣的学生都能找到属于自己的天地，施展自己的才华；常年开办书法、绘画、器乐、声乐、舞蹈等艺术兴趣班和田径、球类等各类体育运动队，为艺体特长生提供畅通的成长平台。

"教育国际化"开拓国际视野

2014年9月25日，加拿大约翰艾伯特学院副院长访问双流中学并签订交流合作协议；2014年暑假，双流中学高2013级创新英才班的部分师生到美国哥伦比亚大学、普林斯顿大学等学府进行艺术交流……这些都是"双流中学"教育国际化、开拓国际视野的点滴记忆。"双流中学"普及国际理解教育，结对境外友好学校，每年都有师生来访或回访，常态开展师生访学交流；创办了"创新英才班"，课程设置为高考基础学科课程＋创新课程，可选创新课程有学科拓展课程、高校自主招生训练课程、外语应试课程（TOFEL/IELTS/TEF）、外教口语和听力等级考试训练课程、国际理解课程和国际预科课程等，重点培养具有国际视野的优秀人才，在教育国际化的道路上，"双流中学"一路前行，硕果满园。

多元发展，双中硕果盈枝闪耀蜀川

砥砺耕耘，硕果累累，"精英教育"成果喜人。高考连创佳绩，上本科线人数年年超过千人大关，位居成都市同类学校前茅。2014年，本科上线1278人（不含艺体）；全校共有5名同学上清华、北大线，李弘钰同学被北京大学录取；重点本科上线410人，"211"大学录取235人，"985"大学录取131人；单科进入全省万分之一的有2名同学（全县共4名）。在2014年7月进行的成都市2015年高考"零诊"测试中，双流中学高2012级取得优异成绩：双流县文科前8名均在该校，全县理科前10名占6人，其中第1名在该校。

学科竞赛成绩斐然——近年来，双流中学的学生在各类学科竞赛中，获全国、省、市等级奖2000余个；在各类学科竞赛中获国家级奖人数每年都超过100人次，名列成都市前茅。

艺体培训优势凸显——2014年，艺体类考生专业本科上线120人，高2014届9班文钧钰同学以581分考入艺术考生心目中的"最高学府"——中央美术学院，20班袁梦瑶同学因古筝特长以 577 分考入成都电子科技大学。2014 年，双流中学学子在各类特长竞赛中，也获得了大面积丰收：在四川省第 45 届元旦越野赛中，获团体一等奖；在双流县第二十四届中小学生田径运动会中，取得 18 枚金牌、4 枚银牌、6 枚铜牌，团体总分第一名；在"运动成都"2014 年成都市田径传统项目学校锦标赛中，取得 6 枚金牌、1 枚银牌、6 枚铜牌，团体总分第一名。在成都市定向越野赛中，获得一等奖第一名；在"运动成都"2014 年成都市中学生田径锦标赛中，取得 6 枚金牌、7 枚银牌、6 枚铜牌，团体总分第一名。在四川省中学生"多威杯"田径锦标赛中，周慧莹同学勇夺女子 100 米栏冠军，胡雪同学勇夺女子标枪冠军，田径队获得中超组团体总分第四名，篮球队在成都市第三届高中生综合运动会中荣获高中男子组亚军，在四川省中学生篮球赛中获甲组冠军，在中学生"耐克杯"篮球赛中获第三名。在 2014 全国全民健身操舞大赛（四川分站赛）暨四川省健美操锦标赛中，双流中学代表队获得街舞项目高中组一等奖第一名。在 2014 年 4 月 29 日至 5 月 4 日举行的全国中学生田径锦标赛中，龚亮学同学勇夺男子甲组 800 米冠军，刘智强同学获得男子乙组三级跳远冠军和跳远亚军，唐耀同学创造了四川省中学生短跑最佳运动成绩 10.66 秒，获得第四名，学校团体总分在今年全国参赛的 180 所学校中排名第 26 名，达到全国一流水平；双流中学唐俊美老师被评为本次比赛"优秀裁判员"。在 2014 成都市艺术人才选拔赛上，双流中学的学生 30 人获一等奖，38 人获二等奖，17 人获三等奖，获奖人次创新高。

特长发展个性张扬——每年的 5 月，双流中学都要举行庆祝五四青年节暨校园"雅文化"艺术节游园活动，今年也不例外。该活动的开展，宣传了"爱国、进步、民主、科学"的五四精神，营造了"校园典雅，教师儒雅，学生文雅"的校园文化氛围，让学生在轻松愉快的游园活动中，思想受到洗礼，品格得到升华。双流中学学生电视台聚集了一批优秀的双中学子，迄今已拍摄制作了两部校园微电影——《六月故事》《那个男生》，在 2014 年第九届四川省中小学校园电视评选活动中，获得了 1 个金奖、5 个银奖、4 个铜奖。在 2014 年的河南卫视"汉字英雄"选拔赛中，2012 级 21 班王克聪、1 班石佳两位同学入围（四川省共 5 名），其中王克聪同学已进入复赛。2013—2014 学年，双流中学在校学生的创造发明获国家专利 10 余项。在全省近百支中小学代表队参加的四川省第六届网络系列活动——机器人比赛总决赛中，双流中学代表队参加了机器人二人接力和机器人跨栏两项赛事的角逐：胡金迪、罗岚炘，徐艺帆、林红力压群雄，勇夺机器人二人接力赛两个高中组一等奖（全省仅三个一等奖）；陈研鹄、魏鑫森荣获机器人二人接力赛高中组二等奖；付金龙荣获机器人跨栏赛高中组二等奖。在四川省中小学电脑制作活动机器人竞赛中，以 2013 级学生孙子涵、廖熙文、何威、刘双宇为代表的双中队获高中组一等奖。在四川省青少年科技创新大赛中，2012 级 8 班杨蕊同学荣获一等奖。

特别值得一提的是，2014 年 8 月底，双流中学 2014 届 3 班曾雪同学从自己创业所得的收入中拿出 3.3 万元，捐助给同一届 10 位品学兼优的贫困同学。曾雪进入高中第三学年后，离开了学校，她一边坚持自学完成高中学业，通过高中学业水平考试取得毕业证书，一边自主创业，从事商业活动。从传统的化妆品营销，到如今流行的"微商"，曾雪的创业之路渐入佳境，每月利润约 3 万元。对于曾雪的举动，熊伟校长很自豪，他说，双流中学推进"精英教育"品牌战略，提出情商、智商并重的育人模式，相信在未来的双中学子中，会出现更多执着于理想、勇于拼搏、乐于助人的"曾雪"式人才。

手 记

"潮平两岸阔，风正一帆悬。"双流中学在创新发展的大道上，努力谱写着双流教育新篇章；这艘教育巨舰满怀信心地踏上新的征程，直指胜利的彼岸，扬帆远航。我们相信：在熊伟校长的带领下，一代名校，双中巨舰，定能劈波斩浪，开始新的航程，闪耀蜀川！

(三)"四川巴蜀课改联盟学科规划研讨会"在双流中学召开

2013 年 6 月 15 日上午 8：00，来自四川全省各地的中学校长、高中教师齐聚一堂，参加在双流中学举行的"四川巴蜀课改联盟学科规划研讨会"。

作为巴蜀课改联盟首任轮值主席学校的校长、东道主，熊伟代表双流中学向与会嘉宾表示了热烈的欢迎和诚挚的感谢，并与大家一起分享了双流中学高中新课改的实践与探索——打造"精英教育"品牌，实施"二元导学"教学模式。时任江西金太阳教育教科所所长的柏成刚，为大家带来了题为"化解教育千千结——打造高效课堂，追求教育成功"的精彩讲座。他剖析了当前学校课堂教学的各种误区，提出了打造高效课堂的有效策略，并指出：打造高效课堂的关键是教师的专业发展。他的讲

参加四川巴蜀课改联盟学科规划研讨会

分享"二元导学"教学模式

座充满激情、幽默风趣、深入浅出，会场上不时响起会心的笑声和热烈的掌声。

接下来，时任江西金太阳教育测试评价中心主任的徐昀，针对"如何进行高效训练"为大家进行了题为"名校是怎样'练'成的——333单元整体高效训练策略"的专题讲座。他对训练效益不高的病因进行了诊断，为大家提供了"打造高效训练的有效策略"——"333"单元整体高效训练模式，并对这种模式进行了详细解读："3"年一体规划、"3"项命题要求、"3"步训练方法。

下午精彩继续。时任江西金太阳教育测试评价中心副主任的谭锦生，从宏观视野与微观设计两方面提出了"三年一体化"学科规划的构想。他指出，学科规划不是简单的教学计划，更不是简单的教学时间安排，而是对一个学科在总的教学时段内的教学目标、教学内容、实施手段、评价方式等的总体统筹规划。它决定了"教什么，怎么教""学什么，怎么学""练什么，怎么练""考什么，怎么考"的问题，同时还涉及"教师发展规划""学生成长规划"。

最后，金太阳教育研究院院长刘春华对此次大会进行了总结，并祝福巴蜀课改联盟健康发展，祝福各学校在新课改的道路上越行越健，取得成功！

会后，各联盟校领导及教研组长进入由教室布置成的分会场，针对高考九个学科的"'三年一体化'学科规划"进行了深入研讨，争取在各联盟校更好地实施。

(四)垫江中学教育考察团到双流中学交流学习

随着教育教学质量和管理水平的不断提升，双流中学的办学水平得到了社会各界的认可，并吸引了越来越多的兄弟学校到校交流学习。2015年10月5日，重庆市垫江中学一行90位教师专程到双流中学进行交流学习。

垫江中学教育考察团领导与双流中学熊伟校长、向发友副书记、徐天福副校长等人在德馨楼一楼会议室针对大家关心和关注的问题进行了亲切交流，在办学思路、德育工作、教育管理、校园文化建设、人事管理和当前面临的许多问题等方面进行了广泛而深入的沟通。双方表示要以此次考察交流为起点，加强合作与交流，以达到共同促进、共同提高、共同发展的目的。

垫江中学各学课教师深入教学第一线，对双流中学高三年级课堂进行了随堂观摩。课后还与双流中学部分教师进行了交流研讨。听课教师对双流中学教师的课堂组织能力和教学方法给予了高度评价，对双流中学"二元导学、三分课堂"教学模式给予了充分肯定。

垫江中学教师们更全程参与了双流中学各教研组的教研活动。双流中学教研组

与垫江中学教育考察团集中交流学习

严谨的工作作风给安岳中学教师代表留下了深刻的印象。会议活动中，两校教师代表就双流中学"二元导学、三分课堂"模式的方法和经验及进一步推动新课改等议题进行了深入探讨和交流。

参观教师们充分肯定了双流中学在高中新课程中做出的卓越探索和取得的优异成绩，纷纷表示此次交流学习活动深受启发、受益匪浅，既解决了教学中的一些问题和困惑，也学到了双流中学教学中先进的理念、方法和举措，为垫江中学教育教学水平的提高起到了很好的推动作用。

(五)藏区名师到双流中学交流学习

2013年9月12日，在省教育科学研究所教师发展室导师的带领下，多位藏区名师来到双流中学开展交流学习活动。

藏区各学科名师在双流中学教研组长的陪同下，深入教学第一线，对双流中学高一、高二年级的课堂进行了随堂观摩。课后还与授课教师、青年教师们进行了交流研讨。听课教师对双流中学教师的教育教学水平给予了高度评价。

课后，双流中学数学、英语、物理、化学、生物等教研组分别召开了教研会，

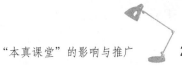

介绍经验，并同藏区名师们共同探讨了教育教学等方面的问题。藏区名师们充分肯定了双流中学在高中新课改中做出的积极探索和取得的优异成绩。本次活动给双方教师提供了一个更广阔的学习交流的平台，有利于双方教师专业化成长。

藏区名师到双流中学交流学习

（六）熊伟校长出席首届青年教师发展论坛

2015 年 12 月 23 日至 25 日，首届青年骨干教师发展论坛暨中国好教育联盟联合体同课异构年度冠军博览会在资阳中学隆重举行。双流中学党总支书记、校长熊伟应邀出席了此次会议并做了专题发言。物理教研组聂刚老师和朱洋老师一同参加了本次活动。

课改先锋齐聚资阳"论道"，熊伟校长介绍了双流中学现在进行的"三分课堂"。"三分课堂"分别是指：学科走课、分层走课、分微走课。学科走课：在大门学科类开启小课程，由学生进行爱好择课。分层走课：根据学生的学习领悟能力，将一门课程分为难、中、易三个层次的班级。学生根据自己的实际情况进行选课。分微走课：学生可以将没有听懂的课程部分，通过不同班级老师录制的教学微视频，进行自主学习。《资阳日报》对熊伟校长的发言进行了专题报道。

出席首届青年教师发展论坛

（七）熊伟校长出席四川省中学校长协会第 28 次学术年会

2015 年 12 月 3 日，四川省中学校长协会第 28 次学术年会"对话新高考——四川教育面临的机遇与挑战"学术高端论坛在广安市邓小平城乡发展学院隆重举行。双流中学党总支书记、校长熊伟作为教育专家，应邀出席了此次会议并在学术论坛发言。

在新形势下，中学应该怎么做？熊伟校长认为：一是尊重国家高考方案，根据学校实情，努力践行，不抱怨，不排斥，勇敢迎接困难与挑战；二是要有激情，有理性，

在四川省中学校长协会第 28 次学术年会上发言

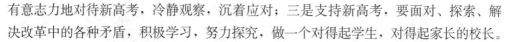

有意志力地对待新高考,冷静观察,沉着应对;三是支持新高考,要面对、探索、解决改革中的各种矛盾,积极学习,努力探究,做一个对得起学生,对得起家长的校长。

与会专家和参会人员就对新高考的观点态度以及在新高考形式下该如何办学进行了深入探讨和争鸣,现场气氛热烈而和谐,在交流过程中不时碰撞出思想的火花,让与会者或共鸣,或沉思,收益良多。

(八)澳大利亚中国工商委员会秘书长卡尔·杰特一行到访双流中学

2015 年 11 月 17 日,澳大利亚中国工商委员会秘书长卡尔·杰特(Carl Jetter)、澳大利亚迈思特集团董事长桂翀先生一行莅临双流中学交流访问。双流中学校长熊伟、副校长徐天福、英语教师覃梅热情接待了来访嘉宾并参加交流。

澳大利亚中国工商委员会秘书长卡尔·杰特一行到双流中学交流访问

下午 3∶00,双流中学熊伟校长、徐天福副校长等在德馨楼一楼会议室与来访嘉宾交流。首先,来宾们观看了双流中学宣传视频。随后,熊校长代表学校对澳大利亚嘉宾的到来表示热烈欢迎,并向他们介绍了双流中学的办学理念、办学特色,以及近几年来学校在国际化教育、拓宽学生国际视野等方面所取得的进展与成就。熊校长指出,双流中学一直以来都坚持精英教育,对学生的培养也做到情商、智商并重,期待能在墨尔本找到一所优质高中和双流中学建立姊妹学校关系。双流中学

澳大利亚迈思特集团董事长桂翀先生发言

十分愿意以多种方式与墨尔本高中开展合作与交流，并希望通过项目的合作研究、教师交流、互派学生等方式，拓宽双方合作领域。交流中，徐副校长也提到，希望能有机会进一步探讨双方在远程教学、在线课程等领域的合作。接下来，卡尔·杰特先生首先对双流中学为此次到访所做的精心安排表示感谢，并赞扬了双流中学美丽的校园环境及学校钟楼给他留下的深刻印象。卡尔·杰特先生介绍了墨尔本教育的基本情况，以及墨尔本近年来与中国城市建立的友好关系，期待双方共同努力，为彼此教育事业的发展搭建更加宽阔的平台。桂翀先生真诚邀请熊校长等学校领导到墨尔本高中实地考察访问，并表示愿意就学校管理、教师培训、学生成长、课程开发等方面的实践和学术研究与双流中学进行广泛交流，共享教育资源。

　　会后，来宾们在校领导的带领下参观了校园，他们对双流中学整洁的校园环境、浓厚的校园文化、积极向上的学生风貌以及学校和谐的氛围等表示由衷的赞叹。最后，大家合影留念，为本次交流访问画上了圆满的句号。

（九）韩国高丽大学国际交流院和语言学院主任到双流中学交流访问

　　随着双流中学国际对外交流项目的日益成熟壮大，越来越多的国际知名院校来到双流中学进行交流访问，为学校学生提供了更多的进入世界名校深造的机会。

2015 年 5 月 7 日下午，韩国高丽大学国际交流院洪锡镜主任和语言学院金主任应邀来到双流中学交流，与他们同行的还有国家留学基金管理委员会东方国际教育交流中心韩国部张秀丽总监，西南交大国际学院张梅主任。在双流中学徐天福副校长和国际部工作人员的陪同下，应邀来访的客人们参观了美丽的双流中学校园和校史陈列馆。

会见韩国客人

熊伟校长对他们的到来表示热烈的欢迎，希望他们能为双流中学的学生发展搭建更广阔的平台。双流中学党总支副书记向发友在两校交流会议上致欢迎词，他说："今年是世界反法西斯战争胜利 70 周年，大韩民族和中华民族有相同的历史，我们两校的合作有利于加深彼此的了解。双流中学作为四川省一级示范校，一直积极推动课程改革，实行'二元导学'，致力于培养走向世界的国际化人才。希望两校的合作能取得圆满成功！"随后，双流中学副校长徐天福介绍了学校近年来的对外交流概况。韩国高丽大学国际交流院洪锡镜主任表示："双流中学历史悠久，学生优秀，非常期待与双流中学的合作，共同开展合作项目。希望本次来访是一个起点，不断扩大双方的交流。"

在学术演讲厅与学生的见面会上，韩国高丽大学的老师向同学们介绍了高丽大学的情况和招生录取要求。韩国高丽大学建校于 1905 年，已拥有 100 多年历史，是韩国综合排名第二的大学（仅次于首尔大学），2014 年 QS 世界大学排名为 116 位。高丽大学已先后与日本、美国、中国、法国、智利等十几个国家的 60 多所大学进行

　　了学术交流，并且为那些来自发展中国家到该大学学习的学生提供不同等级的奖学金，是一所非常优秀的综合性大学。在交流的过程中，学生们非常踊跃地提出自己感兴趣的问题，相信此次合作必将会让双流中学的国际项目更上一个新台阶！

双流中学弘雅楼

双流中学正门